Cómo se pone en pie una obra de teatro

Manual para ayudantes de dirección

Natalia Menéndez (ed.)
Ainhoa Amestoy y Pilar Valenciano (coords.)
Ana Barceló, Cristina Hermida y Valle del Saz

Cómo se pone en pie una obra de teatro

Manual para ayudantes de dirección

CÁTEDRA
Teatro y artes escénicas

1.ª edición, mayo de 2026

Colección dirigida por Julio Vélez-Sainz

PAPEL DE FIBRA
CERTIFICADA

© Ainhoa Amestoy d'Ors, Ana Barceló Alfocea, Cristina Hermida Gómez,
Natalia Menéndez Miquel, María del Valle Gutiérrez del Saz y Pilar Valenciano Espinar, 2026
© Ediciones Cátedra (Grupo Anaya, S. A.), 2026
Valentín Beato, 21. 28037 Madrid
Depósito legal: M. 6.484-2026
I.S.B.N.: 978-84-376-5008-1
Printed in Spain

Índice

El arte de dar vida a una obra escénica

Natalia Menéndez

Es a partir de la consolidación de la dirección escénica tal y como la consideramos actualmente cuando se produce una mayor organización y estructura en los ensayos. Entonces aparece la persona que asiste al director de escena, que podía ser algún actor de la compañía o alguien que se dedicase también a labores cercanas a la producción o que tendería a «lanzar» la función, lo que ahora llamamos reguiduría. Podemos intuir que durante los siglos XVI y XVII la figura del actor que ayudaba al primer actor (entonces podía ser también empresario y ocuparse de funciones de dirección escénica) ya existía. Pero a principios del XX se empiezan a desempeñar trabajos de ayudantía de dirección en teatros públicos o en compañías estables que generaban espectáculos de gran formato. Poco a poco la ayudantía de dirección se ha ido haciendo imprescindible, sobre todo en teatros institucionales, y ha corrido diferentes tipos de suertes en teatros privados, en compañías independientes o en la calle…

La figura de ayudante, además de la dimensión evidentemente pragmática que posee su oficio, puesto que se basa en la confluencia, la coordinación y la organización, tiene también otra artística, e incluso colabora en la creación, siempre dependiendo del margen y las normas impuestos por los creadores, las compañías y los tea-

11

tros donde desempeña su trabajo. La ayudantía apuesta por la función mediadora en seguimiento y en gira, favoreciendo las relaciones con el equipo técnico y artístico. Es quien conoce los tiempos y proporciona calma cuando la tempestad aparece. La que vela por la reescritura escénica, la que sostiene sin mostrarse, la que susurra al artista para que no se caiga, la que anota el mapa de las emociones, de los silencios, de las pausas; la que está alerta y en la sombra coloca aquel elemento indispensable o sabe sostener la fragilidad de todos los que conforman la creación y la técnica… Por eso se plantean debates sobre si la ayudantía de dirección es técnica, artística o creadora. Sabemos que no debemos generalizar en lo referente a las peticiones que se les hace a los ayudantes, ni tampoco con respecto a los límites, las necesidades…, pues son diferentes en cada país, al igual que en cada una de las artes escénicas existen variaciones. Por eso ofrecemos aquí distintos puntos de vista que reflejen la pluralidad existente y que tal vez nos permitan soñar con que esta aportación sirva para sistematizar de algún modo esta profesión y algunas cuestiones de interés que contribuyan a hacernos reflexionar.

Mi elección de las autoras que intervienen en este volumen responde a motivos que tienen que ver con la admiración, la entrega y el amor por el teatro y las artes escénicas. Era evidente que Pilar Valenciano debía estar, puesto que hemos trabajado juntas tanto en la creación de montajes (fue mi ayudante de dirección desde 2007 hasta 2023) como durante la etapa en que gestioné el Teatro Español y las Naves del Español en Matadero (entre 2019 y 2023). Durante ese periodo, creé las Residencias de Ayudantía de Dirección, un programa que consistía en cuatro residencias anuales seleccionadas por un jurado especializado. A los participantes elegidos se les ofrecía una experiencia de inmersión completa a través de la ayudantía de dirección durante un año, interviniendo en procesos tanto de montaje como de exhibición, clases magistrales y otras actividades formativas. Solicité a Pilar Valenciano que asumiera la coordinación de estas residencias, tarea que desempeñó con excepcional dedicación y compromiso. De aquellas residencias salieron Ana Barceló (de la primera promoción), Valle del Saz (de la segun-

12

da) y Cristina Hermida (de la tercera). Pilar tuvo que sistematizar su conocimiento en las clases que impartía y fue perfeccionando progresivamente el material didáctico que desarrollaba. Las citadas ayudantes de dirección, junto con muchas otras personas a las que recuerdo con gran cariño, fueron formándose de manera gradual. Estas tres profesionales representan tanto aquellas residencias iniciales como otras que se crearon paralelamente. Las tres han desarrollado una voz propia en el sector, han trabajado y continúan trabajando como ayudantes de dirección y además ejercen otras profesiones con notable entusiasmo y dedicación.

Por su parte, Ainhoa Amestoy, que también ejerció como ayudante de dirección, aporta otra perspectiva valiosa que conecta el ámbito académico con la práctica profesional, estableciendo esos puentes tan necesarios entre ambos mundos. Las seis, por tanto, hemos ejercido como ayudantes de dirección, y conformamos un grupo diverso que ha decidido unirse para alzar nuestras voces en defensa de esta profesión tan digna y rica. Creemos en la naturaleza artística de la ayudantía de dirección, sin negar componentes técnicos y de producción. Hemos elaborado este manual como una herramienta práctica y vivencial.

También queremos provocar la curiosidad de los amantes de la cultura, de las artes escénicas y de las artes vivas con la voluntad de abarcar a un público más amplio que descubra un oficio oculto y bello que provoca y sugiere tantas revelaciones. Pretendemos que se dejen sorprender y que vibren con este encuentro.

Por todo ello nos ha parecido necesario escribir este manual. Todas consideramos que es preciso poner en valor la ayudantía de dirección porque, entre otras razones, menos poéticas, genera empleo. Si una persona es una buena ayudante de dirección, conseguirá trabajar mucho más que muchos creadores escénicos. Otra poderosa razón es visibilizar. Las personas y el oficio están en sombra, el lugar que deben ocupar, pero «estar en sombra» no significa ser invisible. El propósito de este trabajo es visibilizar, resaltar el papel de la ayudantía de dirección y, al tiempo, concretar sus funciones, creando una cierta metodología que defina el camino por recorrer.

Si se conoce en profundidad, puede ser una herramienta práctica, valiosa para ofrecer ideas y solucionar problemas tanto a la dirección escénica como a los creativos, los artistas y el equipo técnico.

En las siguientes páginas abordaremos, en primer lugar, un aspecto que consideramos esencial para la ayudantía de dirección y que, al mismo tiempo, constituye la base sobre la que se sustenta cualquier profesional de las artes escénicas: conocer las claves de género y estilo que emergen tanto de la autoría y la dramaturgia como de la dirección escénica. Es fundamental saber responder a cuestiones como: ¿qué es un género dramático?, ¿qué es un estilo dramático?, ¿existen diferencias estilísticas entre la autoría/dramaturgia y la puesta en escena? Cuando la ayudantía domina estas respuestas, puede ofrecer soluciones más acertadas a los desafíos que surgen durante el proceso creativo y aportar ideas valiosas tanto desde el punto de vista artístico como por lo que respecta a los aspectos técnicos. Ana Barceló y yo hemos apostado por presentar un amplio abanico de creadores y creadoras, tanto nacionales como internacionales, que forman parte de nuestro bagaje cultural histórico y de la construcción escénica actual. Esta selección nos permite explicar y comprender los signos y especificidades de cada estilo en cada disciplina profesional. La creación evoluciona constantemente, a veces de manera vertiginosa, y algunos de nuestros ejemplos reflejan etapas específicas de los creadores y creadoras más que sus procesos completos de desarrollo artístico. Pedimos disculpas por las omisiones inevitables: en toda selección quedan fuera personas geniales que merecerían ser incluidas.

En el siguiente capítulo, Cristina Hermida y Ana Barceló nos regalan el viaje que se produce desde el inicio de un montaje a través del texto (si lo hubiera), lo que todavía hoy llamamos «el papel», hasta la puesta en escena, y se valen de él para explicar las relaciones de la ayudantía de dirección con los diferentes departamentos del equipo creativo. Es el principio de lo que luego los espectadores y creadores podremos disfrutar en el escenario. Se basan en relaciones diferentes y específicas entre la ayudantía y la escenografía, el figurinismo o la videoescena. Cada sección creativa requiere un trato, un conocimiento y unas necesidades concretas y variadas según las personas. La ayudantía debe adaptarse y saber, entre otras cosas, qué necesita y qué pedir. Y estas relaciones no finalizan el día del estreno del espectáculo, puesto que los materiales pueden sufrir desgaste a través del uso durante las funciones y/o la gira, sino solo cuando se da por acabado el espectáculo completamente.

Valle del Saz aborda en su capítulo las relaciones que se establecen entre la ayudantía y los intérpretes. Como ella misma señala: «Es una de las más importantes y delicadas que se producen en el proceso creativo», ya que de esta relación puede depender en gran medida el resultado interpretativo. Los intérpretes son quienes más expuestos están y, por tanto, su fragilidad resulta evidente, al igual que su fortaleza. El capítulo siguiente, titulado «Del ensayo al estreno», está desarrollado nuevamente por Ana Barceló y Cristina Hermida, quienes analizan aquí las relaciones entre la ayudantía de dirección y los diferentes departamentos técnicos. La perspectiva que plantean está basada en la experiencia de la producción propia, tanto en espacios escénicos institucionales como privados, dado que las dinámicas relacionales varían entre ambos contextos. En los espacios institucionales, los equipos técnicos están claramente compartimentados y cumplen funciones específicas que debemos conocer para optimizar nuestra labor y disfrutar plenamente de ella. A lo largo del capítulo podremos conocer mejor estos encuentros, que también poseen una dimensión creativa y que en muchas ocasiones pueden resultar decisivos para el éxito de la función.

En el capítulo 5, Valle del Saz y Ana Barceló abordan las herramientas de comunicación que debe dominar la ayudantía de dirección para desempeñar su trabajo eficazmente. A lo largo del proceso de ensayos y la posterior exhibición, se encontrará con diversos equipos de profesionales, cada uno de los cuales requiere un trato específico. Precisamente ahí radica una de las claves maestras: saber comunicar, notificar, avisar e intercambiar toda la información necesaria con buen humor y profesionalidad. El pliego a color con dibujos, bocetos y ejemplos de diferentes cuadernos de dirección es obra de Cristina Hermida. Por su parte, Pilar Valenciano nos ofrece la sistematización de la guía para la ayudantía de dirección, un recurso con el que podemos aprender y comprender las múltiples tareas y relaciones que se establecen durante todo el proceso: ensayos, estreno, exhibición y la eventual gira posterior. Constituye el núcleo esencial que toda persona que desee formarse en la ayudantía de dirección debe conocer. Se trata de un material imprescindible para sistematizar y ordenar las diferentes fases, cuyo desglose de funciones aporta información sobre los recursos humanos y materiales con los que puede contar la ayudantía de dirección.

En el capítulo 7 abordo las particularidades que surgen al trabajar fuera de los teatros y espacios tradicionales dedicados a las artes escénicas. En los tiempos actuales han proliferado los festivales y propuestas en lugares específicos que plantean otras necesidades y requerimientos a la ayudantía de dirección. Además, este capítulo incorpora testimonios de diferentes ayudantes de dirección que han trabajado en la calle y para la calle, en exposiciones, inauguraciones diversas y otros contextos no convencionales. En el capítulo siguiente, Cristina Hermida, Valle del Saz y yo analizamos la ayudantía de dirección tanto dentro como fuera de nuestro país. Dirigimos la mirada hacia Europa e Hispanoamérica para conocer cómo trabajan estos profesionales y cuáles son sus derechos y obligaciones, cuando los tienen establecidos. Nos sorprende constatar el camino que aún queda por recorrer. Debemos insistir en que se trata de una aproximación y, por tanto, se han podido omitir algunos datos, ya que esta búsqueda se asemeja más a la labor detectivesca que a una investigación académica tradicional. En cualquier caso, ofrecemos diversas posibilidades para estudiar y ampliar conocimientos sobre esta materia en distintos países europeos.

Si hay algo que llama la atención cuando se ejerce con maestría la ayudantía de dirección es la creatividad con la que se pueden lograr mejoras en el montaje, facilitar la comunicación, encontrar soluciones o hacer posible la localización de objetos y recursos necesarios. Precisamente esto es lo que Cristina Hermida y Valle del Saz aportan al capítulo 9: experiencias narradas con humor, sentido común y muchas «horas de vuelo». Ambas formulan una petición que se ha ido repitiendo a lo largo de este manual: la posibilidad de que esta disciplina pueda estudiarse de manera más académica y que se logre constituir una asociación o sindicato. Esta profesión requiere mayor reconocimiento y cuidado institucional. Cerramos el volumen con Ainhoa Amestoy, quien nos ofrece testimonios sobre la ayudantía de dirección en teatro, danza y ópera. Nos van a sorprender nombres que actualmente ocupan los primeros puestos en la dirección escénica. Resulta extraordinario poder acercarnos a su mundo y descubrir cómo cada profesional pone el foco en aquello que considera esencial para que se refleje en este valioso trabajo.

La sistematización que proponemos nada tiene que ver con un dogma, así que pierdan el miedo y adéntrense en cada capítulo con las ganas de un principiante o de un amante de teatro que quiere saber cómo funciona la tripa de un reloj o la de una ballena o descifrar un misterio… Nuestra pretensión es la de investigar y a la vez explicarnos, acercarnos desde un lenguaje común. Somos varias autoras, pero se ha contado también con la contribución de una veintena de personas que han pasado por la ayudantía de dirección y que consideramos tienen mucho que aportar de su enfoque vivencial.

Antes de abrirles las puertas al primer capítulo, me siento en la obligación de agradecer a todas las personas que han colaborado de una u otra forma con nosotras en este proyecto: a Julio Vélez-Sainz, por acogernos en su colección, y a Josune García, quien hizo posible que este sueño se hiciera realidad.

Las preguntas que abren la escena. Claves de género y estilo para el ayudante de dirección

Natalia Menéndez y Ana Barceló

Primeras preguntas

Este capítulo nace con la intención de plantear las bases sobre las que se sustenta la puesta en escena, aportando a la ayudante de dirección los conocimientos y herramientas necesarios para acompañar de manera crítica y activa cualquier proceso de creación escénica. Para ello es imprescindible que, desde el momento en que es convocado, el ayudante sepa reconocer en qué estilo se sitúa el director o directora, cuáles son sus puestas en escena más representativas y qué autores suele trabajar. En primer lugar, se plantea una diferencia clave entre dos conceptos fundamentales: el hecho escénico y la dramaturgia. El hecho escénico alude al acontecimiento teatral, donde, según Jouvet[1], el acto teatral encuentra su fundamentación. Por su parte, la dramaturgia hace referencia al arte y la técnica de crear una obra teatral. Podríamos

---

[1] Destacado actor y director francés que dirigió el Théâtre de l'Athénée en París, convirtiéndolo en un referente del teatro del siglo XX.

decir que la literatura dramática atiende exclusivamente a la forma escrita de la obra, es decir, las palabras, mientras que la dramaturgia enfoca esas palabras a lo que llamamos el hecho escénico, representado en la puesta en escena. El director será el encargado de reescribir el texto desde su lectura escénica. No obstante, es importante considerar la literatura dramática como parte fundamental para crear los distintos estilos y líneas escénicas de la dirección de escena. La dramaturgia no solo se limita al texto escrito, sino que también incluye la construcción, la adaptación, el montaje y la puesta en escena[2]. La dramaturgia abarca el proceso de crear los elementos dramáticos (como la trama, los personajes, el espacio y el tiempo) para construir una experiencia teatral. El dramaturgo es el creador y autor de la obra, y la dramaturgia puede incluir adaptaciones y modificaciones durante el proceso de producción para ajustarse a las necesidades de la representación.

También habrá una toma de decisión en el tipo de dirección escénica y en la mirada teatral de donde puede surgir un diálogo entre la obra de teatro y la dirección escénica que terminará enfocándose en la forma con la que se quiere contar la historia y su contenido en sí, que quedará finalmente plasmado en el montaje teatral. Un mismo texto teatral puede dirigirse de diversas maneras y con diferentes enfoques; cada dirección escénica ofrece una mirada singular respecto a un mismo texto, lo que genera interpretaciones únicas. Debemos, por tanto, atender a la forma específica desde la que se lleva a cabo la puesta en escena, sustentados en la creación que el director proponga como método de trabajo.

---

[2] No debe ser confundida con el dramaturgismo, referido al análisis, adaptación e interpretación de un texto teatral dentro del contexto de su puesta en escena. Tampoco debe confundirse con la autoría teatral, pues será el autor el que escriba una obra de teatro sin contemplar necesariamente su puesta en escena, mientras que un dramaturgo escribirá con una conciencia teatral. A veces una misma persona encarna a la vez las figuras de dramaturgo, dramaturgista y autor, pero podría no ser así.

Ante montajes decimonónicos que intentaban representar fielmente las palabras de la obra, algunos autores, como Lehmann[3], considerarán que la puesta en escena está totalmente desligada del texto (2000: 207). Aunque la mirada decimonónica imperó durante décadas, no debemos olvidar que la puesta en escena trasciende la defensa del texto para convertirse en su interpretación, expresando la visión particular del director o directora. De este modo proceden algunos directores de escena, como sería el caso de Bob Wilson[4]. Pavis afirma también que debemos diferenciar la visión textocentrista de la escenocentrista y asumir que no existe una «prepuesta en escena», es decir, no partimos del texto de manera indiscutible para plantear la propuesta escénica. Esta visión es también apoyada por Jara Martínez y López-Antuñano, que describen el texto escénico como «el texto invisible e ilegible de la puesta en escena, es decir, el de la descripción del desarrollo del espectáculo» (2021: 15), ya que para ellos el espectáculo nace de la imaginación creadora de la dirección de escena.

Existe un debate sobre el origen de la dirección escénica, que se sitúa entre la segunda mitad del siglo xix[5] y la primera del siglo xx. Se asocia al momento en que el director escénico se convierte en el responsable «oficial» de la dirección del espectáculo teatral. La creación de esta figura responde a la necesidad de interpretar la literatura dramática desde distintos puntos de vista y, al mismo tiempo, a los avances tecnológicos que hicieron imprescindible una visión central que coordinara toda la maquinaria relativa a la puesta en

---

[3] Investigador y teórico teatral que da nombre al conocido «teatro posdramático».

[4] Influyente director de teatro y diseñador estadounidense conocido por su estilo visualmente innovador y sus producciones experimentales que fusionan teatro, danza, música y artes visuales.

[5] El duque Jorge II de Sajonia-Meiningen es reconocido como el primer director de escena moderno al coordinar de forma integral la producción teatral en Berlín en 1874. Más tarde, en el siglo xx, serán Konstantín Stanislavski en Rusia, Antoine en Francia, Max Reinhardt y Erwin Piscator en Alemania o Gregorio Martínez Sierra y Cipriano Rivas Cheriff en España.

escena. Es a principios del siglo XX cuando nace la figura de la ayudantía de dirección, inicialmente concebida como una asistencia técnica y organizativa al trabajo del director. Con el tiempo, este rol ha evolucionado hasta convertirse en una pieza clave dentro del proceso creativo, y no solo en el plano logístico, sino también en el artístico.

Debemos plantear una diferencia clara entre dos términos importantes: «género» y «estilo». El género teatral es la categoría o tipo de historia que se cuenta tanto en un texto teatral como en su puesta en escena, mientras que el estilo se refiere a la forma en que se presenta la obra. Podríamos decir que el género atiende al tipo de historia que se cuenta (el qué), y el estilo, a la forma en que esta se presenta (el cómo). Según Medina Vicario:

> Los tres primeros géneros teatrales (tragedia, drama satírico y comedia) encuentran sus últimas raíces en el ditirambo (las primeras habría que rastrearlas en los ritos agrarios preteatrales), canto religioso en honor a Dioniso (2000: 35).

Pero no será, según Aristóteles, hasta la distancia de lo cómico y satírico cuando el género culmine y termine de forjarse. Debemos considerar que cualquier obra de teatro (nos referimos al texto, no al hecho escénico) tiene un género y un estilo o varios. Una cosa es el estilo o estilos que ofrece la autoría literaria y otra la lectura estético-estilística que realiza el director y lo que quiera añadir. Los estilos pueden variar entre el texto y la puesta en escena. Tampoco importa si no hay palabras, porque eso no quiere decir que no haya dramaturgia, ni que la obra carezca de estilos y género. Por ejemplo, la obra de teatro *Forever* (2023), de los autores Iñaki Rikarte, José Dault, Garbiñe Insausti y Edu Cárcamo (la compañía teatral Kulunka), cuenta una historia sin decir ni una sola palabra. Hablamos en este caso de género de tragicomedia y de una mezcla de estilos que relacionan el realismo poético y el surrealismo. Suponemos que Iñaki Rikarte, como director escénico, pudo reforzar en el hecho escénico el estilo absurdo con el que trabaja en otros montajes.

Asimismo, el género que propone el texto desde su origen no tiene por qué ser el género que imponga la dirección escénica. La Companhia do Chapitô, mediante el hecho escénico, transforma la tragedia *Edipo Rey* en una comedia *(Édipo,* 2012). Es una compañía que sabe versionar de manera muy hábil los distintos géneros a través de la técnica del *clown.* Modificar los géneros y estilos que ofrecen los textos no es tan común en el teatro como por ejemplo puede serlo en la música, que ofrece versiones muy diferentes de la misma canción. Por ejemplo, de la canción «Sound of silence», compuesta por Simon & Garfunkel y publicada en 1964, existen innumerables versiones, entre las que destacan la del grupo Gregorian (1999), la de la intérprete Nouela (2014) y la del grupo Disturbed (2015).

Es importante, para la ayudantía de dirección, conocer los distintos géneros y estilos y saber diferenciarlos, y no solamente por estar al tanto del mundo al que el director quiere asomarse, sino porque, si este quisiera modificar, por ejemplo, el género original que propone un texto, o el estilo en el que se ha representado tradicionalmente una obra de teatro, por cuestiones narrativas y/o estéticas (o por las que fuere), debe saber reconocerlo y amoldarse a esa situación. Por ejemplo, *La casa de Bernarda Alba* es considerada generalmente un drama rural que se suele escenificar en estilo realista. Pero, con más frecuencia, surgen versiones que realizan lecturas escénicas desde otros estilos, como el simbolismo, el minimalismo o el realismo poético. Ejemplo de ellas son las puestas en escena de Calixto Bieito (1998) o Lluís Pascual (2009), el musical *Bernarda Alba* (2006), de Michael John LaChiusa, o el ballet flamenco, con la creación de Antonio Canales titulada *Bernarda* (1997).

A lo largo de la historia podemos observar cómo los géneros teatrales se mantienen más o menos estables. Tras los primeros géneros grecolatinos aparecerá la tragicomedia (nace en el prebarroco pero toma fuerza entrando en la época barroca) y, finalmente, con la llegada de la burguesía, surge un género menor llamado drama, que evoluciona y se consolida como uno de los principales.

Debemos tener en cuenta que, por su propia naturaleza, existen algunos subgéneros (como el drama trágico o la comedia dramática) que se asemejan, se complementan, se buscan. Dirá Medina Vicario en *Los géneros dramáticos* que «Drama y Tragedia ocupan territorios demasiado cercanos en algunos aspectos, incluso comparten espacios comunes que se disputan con mayor o menor cortesía» (2000: 130). Afirma Medina que las raíces trágicas sostienen el drama, y así será en autores como Eugene O'Neill, David Mamet, Antonio Buero Vallejo, Alfonso Sastre, Arthur Miller, Tennessee Williams, etc.

Tanto los géneros como los estilos teatrales surgen motivados por las inquietudes de los creadores, por un deseo de romper con lo anterior o por una búsqueda de nuevas formas de contar. Avanzar en nuevos estilos teatrales no es una necesidad solo de la autoría teatral y la dirección escénica. Otras artes como la videoescena, la iluminación, el espacio sonoro, el vestuario, la caracterización, etc., también marcaron su avance en los estilos, influidos por otras artes, ya que el teatro suele llegar tarde a las revoluciones estéticas.

Géneros dramáticos

En este apartado exploraremos cómo autoría y dirección escénica han abordado los géneros dramáticos, citando sus ideas y referencias fundamentales para comprender qué significa cada uno según su visión y contexto.

La tragedia

Respecto a la tragedia, algunos autores y autoras que han cultivado el género trágico son Esquilo, Sófocles, Eurípides, Séneca, William Shakespeare, Pedro Calderón de la Barca, Jean Racine, Friedrich Schiller, Eugene O'Neill, Federico García Lorca, Jean-Paul Sartre, Heiner Müller, Elfriede Jelinek, Angélica Liddell, Wajdi Mouawad y Sarah Kane.

Para el director escénico Thomas Ostermeier, la tragedia se encuentra en la búsqueda de una posición en la que él no está seguro de su moral:

> Cuando miramos las tragedias griegas, son conflictos que jamás se pueden resolver. Son dilemas: ¿Quién tiene razón, Creonte o Antígona? Los dos, ¡claro! Y un día, si estamos inspirados, podremos vivir esta contradicción. El teatro es sin duda un arte que implica una actitud. Quiero ver eso cuando voy al teatro (Ostermeier, 2021: 41).

Normalmente la tragedia es entendida como «una historia que acaba mal». Sin embargo, el director escénico Jean-Pierre Miquel opina justo lo contrario, ya que para él «la voluntad humana es el motor del ascenso a la tragedia. La tragedia es un camino» (1998: 7)[6]. Algunas de las características que podemos recoger de sus conclusiones son:

> El lenguaje del personaje que consigue el universo trágico solo puede ser diferente. No basta con hablar. Es por esto por lo que en las tragedias clásicas se cantaba. Se busca una forma de comunicar que sobresalga de la manera habitual de expresión (1998: 22-23).
> El héroe no se puede acomodar (1998: 23).
> Debemos merecer la tragedia, el público tiene que tener un cierto nivel cultural (esta reflexión viene dada por Roland Barthes) (1998: 27).
> La tragedia es la capacidad de transformar la desgracia en alegría. No se trata de una búsqueda de la felicidad al uso, sino de una felicidad que está por descubrir y que ni siquiera sabemos si realmente existe. Realizar ese camino ya libera al héroe (1998: 31).
> El personaje trágico nace de obstáculos, vive de lucha y muere de libertad (1998: 35).

---

[6] Actor, director y gestor teatral; fue nombrado director artístico del Teatro del Odeón entre 1971 y 1977, director del Conservatorio Superior de Arte Dramático desde 1982 hasta 1993 y administrador de la Comédie-Française entre 1993 y 2001.

También es interesante la opinión del director de escena y autor Wajdi Mouawad, que acerca de su texto *Cielos* dice:

> La poesía y la belleza pueden volverse destrucción. ¿Sabrás entender, sabrás cambiar el mundo de tu mundo? ¿El universo de tu universo? y ver que eso que se alza ante nosotros no tiene piernas delante ni detrás porque lo que está ahí y que tú quieres detener con tus propias manos es un agujero, un agujero hueco, pena inmemorial, que da paso a la caída, agujero invertido propulsando años luz toda posibilidad de sentido y de remisión. ¿Cómo harás para luchar contra un agujero? ¿Cómo harás para luchar contra un poeta que ha encontrado su caída? ¿Cómo harás? (Hernández Hierro, s.f.).

La comedia

En relación con la comedia, autores y autoras que han cultivado el género cómico son Aristófanes, Plauto, Terencio, Lope de Vega, Tirso de Molina, Aphra Behn, Molière, sor Juana Inés de la Cruz, Carlo Goldoni, Luigi Pirandello, Jardiel Poncela, Miguel Mihura, Fernando Arrabal, Suzanne Lebeau, Yasmina Reza, Tina Howe, Phoebe Waller-Bridge, Lucy Prebble, Galcerán y Alfredo Sanzol.

Dirá Medina Vicario que la sátira termina por ser insuficiente, pues ya no busca (como sí lo hace la tragedia) nutrirse del mito ni del rito, por lo que en su estructura de equilibrio-desequilibrio-equilibrio se asegura un final feliz (2000: 56-57). Una de las funciones más poderosas de la comedia es ofrecer alivio y una nueva forma de mirar los problemas, haciendo que las adversidades humanas sean digeribles a través del humor. La comedia divierte y proporciona un espacio de reflexión sobre la complejidad de la existencia humana.

En un sentido más filosófico, George Meredith reflexiona sobre la relación entre la comedia y la civilización: «Una prueba excelente de civilización de un país [...] es el florecimiento de la idea cómica y de la comedia, y la prueba de la verdadera comedia es que despierte una risa meditada» (Rodrigo Breto, 2018). La buena comedia exige no solo creatividad y destreza en el manejo del humor, sino también una sociedad educada y perceptiva capaz de captar sus matices más profundos.

Finalmente, en palabras del director escénico Luis de Tavira[7], Molière representa la esencia misma del teatro y la comedia: «Molière es el teatro, y yo diría que más precisamente la comedia. Y la comedia es la mitad de lo que es el teatro» (Olguín, 2022). La comedia, según Tavira, es parte fundamental de lo que hace humano al ser humano: reír y llorar, celebrar la vida y enfrentar la muerte.

La tragicomedia

Respecto a la tragicomedia, algunos autores y directores que han abordado en alguna de sus obras este género son Guillén de Castro, Francisco de Rojas Zorrilla, Alfred de Musset, Eduardo De Filippo, Harold Pinter, Dario Fo, Samuel Beckett, Eugène Ionesco, Slawomir Mrozek, Juan Radrigán, Caryl Churchill, Alejandro Ricaño, Lola Blasco, Ximena Escalante, Guillermo Calderón, José Sanchis Sinisterra, Grace Passô y Lluisa Cunillé, entre otros.

La tragicomedia surge como un género híbrido que combina elementos de la tragedia y la comedia, desdibujando los límites entre ambos. Su origen se remonta a la antigua Roma, con Plauto, quien en su *Anfitrión* (206 a. C.) utilizó el término para definir una obra que no era enteramente trágica ni completamente cómica. La tragicomedia es un género que combina lo grave con lo ligero, creando un espacio en el que los contrastes ofrecen una reflexión profunda sobre la vida humana. Jorge Hugo, director de la compañía La Maldita Vanidad, es conocido por obras como *La hija del*

---

[7] Destacado dramaturgo y director mexicano, fundador de La Casa del Teatro y el Centro Dramático de Michoacán y reconocido por su enfoque social y político en el teatro. Recibió el Premio Nacional de Ciencias y Artes en 2006.

mariachi (11 de junio de 2025) y *Florecita rockera* (15 de noviembre de 2024) en las que fusiona humor y drama para explorar temas sociales y emocionales de manera única. Martín Erazo, de la compañía Pato Gallina, ha explorado la tragicomedia desde una perspectiva física y emocional, usando el *clown* y elementos de la comedia física para abordar temas profundos, mientras mantiene un tono ligero que invita a la reflexión. En la misma línea, Guillermo Calderón, dramaturgo y director chileno, ha destacado por su capacidad para integrar la tragedia y la comedia en una sola narrativa, creando obras que captan la absurdidad de la condición humana mientras mantienen una crítica social punzante. Marianela Moreno, autora y directora de Artes Vivas, se caracteriza por un estilo que mezcla el humor con la seriedad de los conflictos existenciales y sociales. Estos creadores demuestran cómo la tragicomedia sigue siendo un género poderoso para abordar y conjugar las luces y las sombras del ser humano.

El drama

Con relación al drama, algunos autores y directores conocidos por este género son Henrik Ibsen, August Strindberg, Antón Chéjov, Eugene O'Neill, Tennessee Williams, Arthur Miller, Lorraine Hansberry, Lynn Nottage, Thomas Bernhard, Bernard-Marie Koltès, Ana Diosdado, Albert Camus, Gao Xingjian, Denise Bonal, Tony Kushner, Tawfiq al-Hakim, Anupama Chandrasekhar, Jon Fosse, Josep Maria Benet i Jornet, Juan Mayorga, Itziar Pascual, María Velasco y Mauricio Kartún, entre otros.

En palabras de Medina Vicario, el drama burgués nació como un espejo de la realidad. Los ciudadanos necesitaban empezar a ver sus problemas cotidianos reflejados en el escenario y ser ellos mismos los protagonistas de sus propias historias. La aparición de este género está directamente relacionada con el desarrollo de los estilos naturalista y realista, que analizaremos más adelante en mayor profundidad.

En el ámbito del drama contemporáneo, diversas autoras y directoras han logrado destacar por su enfoque innovador y la profundidad emocional de sus obras. Marta Márquez, figura clave en el panorama del drama colombiano, es conocida por su capacidad para explorar las complejidades de las relaciones humanas y los conflictos internos a través de un lenguaje visceral y conmovedor. Nona Fernández, directora y dramaturga chilena, ha utilizado el drama como una herramienta para confrontar las cicatrices históricas y sociales de su país. En el mismo campo, Alexis Moreno ha hecho una contribución significativa al drama contemporáneo con su enfoque en los dilemas existenciales y las luchas personales. Marco Antonio de la Parra ha sido un referente en el teatro dramático latinoamericano con algunas de sus obras, que exploran la psicología de sus personajes y las tensiones sociales de su contexto.

Estilos

En este apartado veremos algunos de los estilos más representativos del panorama teatral desde finales del siglo xix hasta la actualidad. No es nuestro propósito realizar un recorrido pormenorizado por todos los estilos existentes, de lo que resultaría un listado infinito e inservible para la ayudantía de dirección.

Cada estilo nace como respuesta a las necesidades de expresión de los artistas a lo largo de la historia, así como a los avances tecnológicos que van apareciendo. Es complicado, a veces, ubicarlos en un solo estilo. Al mismo tiempo, cada obra se sitúa en un estilo concreto, y la trayectoria de los creadores escénicos y dramaturgos puede navegar en varios de ellos. Por otro lado, no debemos confundir un estilo con un tipo; por ejemplo, el género comedia puede ser de distintos tipos: comedia negra, *stand up,* de salón, romántica, etc., denominaciones que los describen pero no hacen referencia a los estilos.

Naturalismo

El naturalismo coloca el realismo en el más alto nivel, intentando llevar a escena de manera concreta la realidad cotidiana que vivimos. Investiga el modo en que las fuerzas externas (sociales, económicas y biológicas) influyen en los personajes y sus historias. Se trata no solo de representar fielmente la realidad, sino también de analizarla, revelando sus aspectos más oscuros y deterministas. Utiliza escenografía hiperrealista y aborda temas sociales, guiado por una visión determinista en la que el entorno y la herencia condicionan la conducta humana. André Antoine, conocido como «Antoine», fue un destacado director de teatro francés, considerado uno de los pioneros del teatro moderno y emblema del naturalismo escénico.

Actualmente, el naturalismo necesita una precisión tan exacerbada de la puesta en escena en relación con la realidad que tendría unos costes inasumibles. No obstante, es interesante apuntar que este estilo, que acompaña al drama sobre todo en sus inicios, ha podido cohabitar con otros. Es el caso de la obra de teatro *Empire* (2016), de Milo Rau, que recrea la casa de una de las actrices de la función para poder desarrollar la historia. Aunque se utilizan otros medios que lo conducen hacia el teatro documento, la necesidad de reproducir para el público la habitación con total exactitud comparte con el naturalismo más puro esta intención de recrear ante el espectador la cruda realidad de ese lugar. Este ejemplo nos permite además observar cómo unos estilos influyen en otros y aparecen nuevas formas de expresión y creación[8].

Podemos considerar a Émile Zola el padre de este estilo con su manifiesto naturalista, *El naturalismo,* con el que busca crear una

---

[8] Se puede observar cómo el posmodernismo utiliza el naturalismo no solo en obras de teatro, sino también en instalaciones (como puede ser *Mi cama* [1998], obra de Tracy Amy), filosofía (la teoría de los indiscernibles de Danto) o pintura (movimiento hiperrealista que necesita ir más allá de la propia realidad).

ilusión de la realidad a todos los niveles desmenuzando el comportamiento de la vida cotidiana y reparando en todos los detalles: si sale algún animal, que sea de verdad, que los actores no miren al público, que el mobiliario sea auténtico, como la comida y bebida; todo debe ser real. Este objetivo se extrapola a la parte técnica de la puesta en escena, intentando que la luz provenga de fuentes como el sol, la luna, las velas, etc. El naturalismo tuvo como más destacado representante al gran director Konstantín Stanislavski e influyó de manera muy notable en el cine norteamericano, por ejemplo dando pie a la aparición del Actor's Studio de Nueva York. Podemos hablar de un posnaturalismo representado por directores como Sam Shepard, con *Buried child* (1978), Juan Pastor, Ángel Gutiérrez o William Layton.

Realismo

No debemos confundir la corriente artística realista que abarcó la última mitad del siglo XIX con el estilo realista que aún hoy sigue vigente. El estilo realista aborda la verosimilitud de una obra sin que esta sea una copia estricta de la realidad. El realismo no puede apresar la realidad: es una construcción, una recreación, y por lo tanto contiene un cierto alejamiento de aquella. Es uno de los estilos más empleados desde su aparición. En muchas ocasiones se suele adjetivar el estilo realista con términos como «poético», «mágico», «psicológico», etc. (Mateo, 2020: 47). Cada adjetivo produce una variante en el propio estilo, y es posible que una misma puesta en escena ofrezca distintas variantes del estilo. El director Miguel del Arco suele emplear en sus puestas en escena propuestas de realismo poético, como es el caso de *Ilusiones* (2018) o de *Jauría* (2019). Para Thomas Ostermeier, el realismo no es una simple representación del mundo tal y como la vemos (2021: 52-53), sino el impulso que nos lleva a crear a partir de la herida y el dolor de la propia realidad humana.

Por otro lado, Sara Joffré Gonzales destaca en el movimiento teatral de Perú. En 1963 fundó y dirigió el grupo Homero Teatro de Grillos, donde inició su singular interés por el teatro para los niños desasistidos, además de abordar temas que ponen de manifiesto el drama real de su país.

Realismo crítico

El realismo crítico, también conocido como teatro épico o distanciamiento, es el que plantea el dramaturgo, director de escena y teórico Bertolt Brecht. Este desarrolló, a partir del teatro político de Erwin Piscator[9], una forma de comprender la escena dramática basada en la transformación social y en la que al público le correspondía la tarea de mantener una actitud crítica y reflexiva. Esta visión es opuesta al teatro aristotélico, concebido para generar una catarsis emocional que transforme al individuo a través de la reunión del público y los intérpretes.

Las diferencias básicas entre el teatro épico y la poética de Aristóteles pueden resumirse en varios aspectos. Para Aristóteles, la función esencial del teatro es catártica: provocar compasión y miedo en el espectador para purgar sus pasiones. Sus personajes son coherentes, psicológicamente complejos y con una evolución interna clara; se insertan en una estructura dramática regida por el principio, el medio y el fin que avanza lógicamente hasta el clímax y su resolución. La emoción es fundamental, y se logra mediante la identificación con los personajes, dentro de una representación que busca la ilusión de realidad como vía para comprender la naturaleza humana a través de la mímesis.

Brecht, por el contrario, concibe el teatro como un instrumento de transformación social, con un fin didáctico y político. Frente a la identificación emocional, propone el distanciamiento

---

[9] Renombrado director de teatro alemán, pionero en el teatro político en la década de 1920 mediante la utilización de innovadoras técnicas escénicas que influirán en el desarrollo del teatro épico de Bertolt Brecht.

(Verfremdungseffekt), que rompe la ilusión escénica y obliga al espectador a pensar críticamente. Sus personajes no buscan coherencia psicológica, sino que representan clases sociales, ideologías o contradicciones, y su dramaturgia se articula de manera episódica, con escenas autónomas más que con un desarrollo lineal. La emoción se considera secundaria respecto al pensamiento, y la representación incorpora recursos visibles —carteles, canciones, narraciones directas— que interrumpen la acción y revelan el artificio teatral, mostrando la sociedad como algo modificable y abierto al cambio. Un ejemplo de teatro brechtiano en España fue el montaje *Ascenso y caída a la ciudad de Mahagonny,* del director escénico español nacido en Uruguay Mario Gas, con el que abrió una de las Naves del Español en Matadero en 2007.

Simbolismo

El simbolismo teatral se centra en la búsqueda de lo espiritual, emocional y universal y el rechazo del materialismo propio del realismo y naturalismo. Mediante símbolos, metáforas y atmósferas evocadoras, este estilo invita al espectador a reflexionar sobre los aspectos profundos e intangibles de la existencia. Es un teatro de la sugestión, donde cada elemento (desde el diálogo hasta la escenografía) está pensado para resonar en el nivel emocional y filosófico del público. Nace en Francia y en Bélgica, con un manifiesto literario de Jean Moréas, publicado en 1886. Le precede el presurrealismo de Alfred Jarry con su *Ubu Rey* (2000: 131), conocido como iluminador de las vanguardias.

En una conversación con José Ramón Fernández, este comenta que «la mirada realista se puebla de signos que son algo más que su primer significado»[10]. Anteriormente poníamos el ejemplo de *La*

---

[10] Dramaturgo español, reconocido por obras como *La colmena científica o El café de Negrín* (1938), que le valió el Premio Nacional de Literatura Dramática en 2011.

casa de Bernarda Alba, que siempre ha sido representada como un drama realista. Pero podemos observar que el propio texto propone en el 1.er acto mujeres vestidas de negro dentro de paredes blancas; en el 2.º acto, mujeres de negro con un ajuar blanco que cosen sobre su cintura dentro de paredes azuladas, y en el 3.er acto, mujeres vestidas de blanco dentro de la oscuridad. El mismo Federico manda a Yerma ahogar con sus manos a Juan (imposible fisiológicamente, pues ella es descrita como una chica menuda mientras que él es un hombre grande y alto). Sucede igual en *Historia de una escalera* (1949, Buero Vallejo) con los ejes simbólicos: la escalera, el tiempo que regresa y la jarra de leche.

En dirección escénica, es común el uso de la sinestesia[11], se busca también una cierta musicalidad en el hablar y se impregna la escena de misterio y, a veces, de misticismo. Los personajes, que están en una búsqueda interior, se pueden servir de los sueños. Se suele utilizar la magia para crear la fantasía o la subjetividad exaltada. Podría decirse que el director Bob Wilson está marcado por este estilo, además de abrazar otros como el minimalismo[12]. Se ha llevado a escena a Oscar Wilde, que fue uno de los escritores simbolistas con su *Retrato de Dorian Gray* (1890). En España, parte de la obra del premio Nobel y director Jacinto Benavente es simbolista[13]; también destaca la figura del director Miguel Narros con *Salomé* (2005). Marta Pazos también es considerada una de las directoras que más trabaja con este estilo, como muestran sus puestas en escena de *Orlando* (2025) o *La comedia sin título* (2021).

Cabe destacar el «teatro del sueño», técnica experimental empleada por August Strindberg en sus últimas obras, como *El sueño* (1901), que busca reflejar la mente humana en un estado onírico,

---

[11] Sensación secundaria o asociada que se produce en una parte del cuerpo a consecuencia de un estímulo aplicado en otra parte de él.

[12] Como ejemplo, *La dama y el mar* (1888), de Casona, que se representó en las Naves del Español de Matadero en 2013.

[13] En el Teatro Español se vio *El encanto de una hora* (2022), dirigido por Carlos Tuñón.

fusionando realidad y sueños. Utilizando elementos de simbolismo y surrealismo, Strindberg explora el subconsciente, la psique humana y las luchas internas de los personajes, con una estructura fragmentada y cambios abruptos para generar una sensación de desorientación. Esta aproximación marcó la transición hacia una dramaturgia más psicológica y experimental en el teatro moderno[14].

Expresionismo

Este estilo mezcla lo onírico, el realismo más descarnado y una estética de lo grotesco insertada en un radical romanticismo. El teatro expresionista utiliza distorsiones visuales, narrativas fragmentadas y personajes simbólicos para reflejar la subjetividad y la alienación en un mundo industrializado y opresivo. Escenografía geométrica y angulosa derivada del surrealismo, con un cromatismo limitado (colores primarios, blanco y negro) que acabará derivando en el estilo minimalista. La iluminación va en la misma línea y se apoya en las sombras. Con trazos violentos se expresan la angustia o la alegría exacerbada. La deformidad de los objetos o personas a través de ellas tiene como objetivo plasmar la experiencia emocional y mental del personaje o de la dirección escénica.

Strindberg abandona el naturalismo desde la propia escritura, llevando a sus personajes a dividirse, desolarse, evaporarse, condensarse y reunirse (1996: 42). Vsévolod Meyerhold comienza a plantear ciertos rasgos expresionistas al trabajar con su biomecánica.

---

[14] En otras artes como la poesía aparecen autores como Charles Baudelaire, Arthur Rimbaud, Gabriela Mistral, María Zambrano, Sylvia Plath, Edgar Allan Poe, Marie Krysinska, Mallarmé, Julia de Burgos, Delmira Agustini o Marguerite Yourcenar. También los hermanos Machado, Rubén Darío y Juan Ramón Jiménez. En pintura se le ha asociado al modernismo en diferentes ocasiones: Gustave Moreau, Pierre Puvis de Chavannes y Odilon Redon. En España Manuel Bujados, Antoni Ros i Güell, Santiago Rusiñol y Néstor Martín-Fernández de la Torre. En escultura destacarían Auguste Rodin y Antoine Bourdelle, y en música, Ernest Chausson.

Cien años después del estreno de *La transformación* (1923), de Ernst Toller, esta obra emblemática del expresionismo alemán sigue vigente. Surgió como reacción al naturalismo y al carácter positivista de la época, abordando temas como la soledad y la miseria humana. Igualmente, sirve de plataforma para sostener las teorías teatrales de Brecht y su teatro épico y Piscator y su teatro político (2000: 137). En narrativa, Franz Kafka es uno de los grandes influyentes del expresionismo, y, más concretamente desde la dramaturgia, resuenan nombres como Georg Büchner, Djuna Barnes, Elfriede Jelinek y/o Wedekind. Azorín y Ramón María del Valle-Inclán también pertenecen a este estilo, aunque este último queda mejor encuadrado en el apartado de lo grotesco con su esperpento. Con respecto a la dirección de escena, destacan una serie de figuras alemanas que han abrazado en algún momento el expresionismo: Christoph Schlingensief, Frank Castorf, Nikolas Stemann, Peter Zadek, Peter Stein, Hans Neuenfels, Klaus Michael Grüber, etc. En ópera se englobaría en este estilo Alban Berg con *Woyzek* (1925).

En España, hace pocos años, un ejemplo de expresionismo fue el montaje de Andrés Lima *Asesinato y adolescencia*[15] (2023). Otro montaje fue el dirigido por Guillermo Heras, *Nosferatu* (1993) de Francisco Nieva[16]. De hecho, el escenógrafo, autor y director de escena Francisco Nieva[17] abraza el expresionismo en sus montajes, así como otros estilos. Destaca la figura de Eduardo Vasco con *Luces de bohemia* (2024). También podemos observar los especiales rasgos de los personajes en los montajes de José Troncoso, con sus direcciones de *Ferretería Esteban* (2018) o *Los despiertos* (2020). Destacamos la compañía La Zaranda, que navega en un estilo que podríamos denominar «posexpresionista» conjugado con los estilos

---

[15] De Alberto San Juan, estrenada el 28 de septiembre de 2023 en Naves del Español en Matadero. Partía de *M, El vampiro de Düsseldorf* (1931), del cineasta Fritz Lang.

[16] Para la sala Olimpia de Madrid, 1993.

[17] Que vino de París del movimiento artístico postsurrealista y de corrientes europeas interdisciplinares.

absurdo y grotesco, por ejemplo, con su montaje *Futuros difuntos* (2008), por el que recibieron el Premio Nacional de Teatro.

Teatro del absurdo

El teatro del absurdo rompe con las convenciones tradicionales para mostrar la irracionalidad de la vida y la incomunicación humana en un mundo caótico y desprovisto de sentido común. Con un lenguaje fragmentado, personajes desorientados y situaciones grotescas, este teatro invita al espectador a reflexionar sobre la condición humana desde una perspectiva existencialista. Ofrece otra lógica y una fuerte crítica política, y suele utilizar el humor.

El teatro del absurdo plantea un debate en torno a su definición, pues hay quien lo considera un estilo teatral y quien lo considera como subgénero de la comedia y el drama. Según Ionesco, el teatro del absurdo comienza con Miguel Mihura (llamándolo incluso «absurdo mediterráneo») (2000: 88) y sus *Tres sombreros de copa* (escrita en 1932 y publicada en 1947). Así lo declara en una carta[18], aunque él es el más claro exponente de este estilo con obras

---

[18] *Los Tres sombreros de copa,* de Miguel Mihura, «tiene la ventaja de poder unir el humor a lo trágico, la verdad profunda a la gracia, que, en tanto que es elemento caricaturesco, subraya y hace destacar, agrandándola, la verdad de las cosas. El estilo irracional de esta pieza puede desvelar, mejor que el racionalismo formal o la dialéctica mecánica, las contradicciones del espíritu humano, la estupidez y el absurdo. La fantasía es reveladora; es un método de conocimiento: todo lo imaginario es verdad; nada es verdad si no es imaginario. El humor no es solo la única visión crítica valedera, no es solo el espíritu crítico, sino que, además —contrariamente a la evasión, a la fuga que resulta del sistema que nos arrastra bajo el nombre de realismo a un sueño helado, frío, fuera de toda realidad—, el humor es la única posibilidad que tenemos de liberarnos —pero solamente después de haberlo digerido, asimilado, conocido— de nuestra condición humana tragicómica de la desazón de la existencia. Adquirir consciencia de que es atroz y reírse es llegar a ser superior a lo que es atroz. Los asesinos se encuentran entre los que no saben reír, entre los ciegos de espíritu, entre los débiles, para los cuales el furor, el crimen, son el único medio para liberarse» (Ionesco, 1959: 63 y 64).

como *Rinoceronte* (1959), *La cantante calva* (1959) o *Las sillas* (1952). Samuel Beckett, Roland Topor, Jarry, Alejandro Jodorowski, Julio Cortázar y Jean Genet son también grandes ejemplos de teatro del absurdo en teatro y en literatura[19].

Algunas direcciones teatrales de estilo absurdo son: *Esperando a Godot* (2019) de Beckett dirigido por Antonio Simón; *La sumisión y el porvenir está en los huevos* (2022), de Ionesco, con dirección de Francisco Negro, y *El invierno bajo la mesa* (2005), de Roland Topor, dirigido por Natalia Menéndez, quien asimismo dirigió *Uz, el pueblo* (2023), de Gabriel Calderón, estrenada por este en Montevideo (2005). También destacan José Luis Gómez con *El rey se muere* (2004) y *Rinoceronte,* de Ionesco, bajo la dirección del francés Emanuel Demarcy-Mota (2004) o el español Ernesto Caballero (2014), así como *La cantante calva* (1952), de Ionesco, cuya primera dirección corrió a cargo de Nicolás Bataille (1950). Asimismo destacan las direcciones del uruguayo Daniel Spinno y la obra *Los días felices* (1961), de Beckett, con direcciones escénicas como la del argentino Pablo Messiez (2020) o los españoles Alberto Isola (2021), Teresa Villena y Álvaro Moliner (2022).

Fuera de España, destacan algunas mujeres dramaturgas y/o escritoras como Tina Howe, adscrita a un teatro contemporáneo con toques de realismo mágico, absurdo elegante y poesía emocional; Diana Raznovich, autora argentina que escribe comedia absurda y surrealista; Lea Nanako Winkler (Estados Unidos / Japón), dramaturga con humor absurdo y crítica social contemporánea; la estadounidense Joan Schenkar, autora de *Signs of Life* (1976), teatro experimental con elementos absurdos; la polaca Ireneusz

---

[19] También cabe destacar a Harold Pinter, heredero del teatro del absurdo. Se ha calificado su dramaturgia como «teatro de la inseguridad» o «comedias de amenaza»; su utilización de las palabras otorga una importancia extrema al subtexto, creando el llamado «teatro de la sospecha». Por lo que respecta al cine, José Luis Cuerda ofrece su aclamada *Amanece que no es poco* (1989); Jim Abrahams, *Aterriza como puedas* (1980); Spike Jonze, *Cómo ser John Malkovich* (1999, mezcla absurdo con el estilo surrealista); Monty Python, *El sentido de la vida* (1983) y *La vida de Bryan* (1979), etc.

Iredyński, menos conocida pero cuyas obras abordan la alienación con estructuras no realistas; la canadiense Chantal Bilodeau, con sus dramas ecológicos con estructuras de dislocación y sentido fragmentado, y la hispanomexicana Maruxa Vilalta, escritora de teatro simbólico y existencial con rasgos absurdos. También destaca la autora y directora uruguaya Denise Despeyroux, por su enfoque del realismo poético en la comedia disparatada e inverosímil.

Surrealismo

Se centra en expresar lo irracional, lo onírico y lo subconsciente, rompiendo con las reglas del realismo y el racionalismo. Mediante símbolos abstractos, narrativas ilógicas y una fuerte carga visual y sensorial, busca liberar al espectador de las normas tradicionales y sumergirlo en una experiencia artística que desafíe la percepción de la realidad.

El surrealismo nace con André Breton y su *Manifiesto del Surrealismo* (1924). El autor francés desarrolló este estilo contactando con las zonas prohibidas de la mente en una nueva realidad. La pintura, la escritura y el cine fueron los principales exponentes. A través de la sana locura, de una mirada filosófica interior, engañando al ojo y permitiendo que el inconsciente aflorara, se hicieron la pregunta: ¿Cómo puedo ser libre? Guillaume Apollinaire en Francia fue quien inventó el término «surrealismo» con *Las tetas de Tiresias* (1917). Será muy importante la influencia de Antonin Artaud en este movimiento, aunque finalmente fue rechazado por el grupo surrealista tras la publicación de *El teatro y su doble* (1938).

En lo referente a la puesta en escena, se apela a escenografías llamativas, vestuarios extravagantes, una lógica narrativa diferente y un relato delirante, construido a través de escenas atemporales y sugestivas. El mundo onírico se representa por un lado con delicadeza y por otro con brutalidad. Creen en la mirada infantil y la locura frente a un mundo intolerante. La compañía hispanochilena La Llave Maestra es clave para entender este estilo. El unipersonal

Surrealismo, de Nora Fernández, estrenado en 1993 en Mendoza, giró ininterrumpidamente durante más de dieciocho años por diversos países de Latinoamérica. Asimismo, destacan los montajes *El público* (escrita en 1930 y publicada en 1976) de Federico García Lorca, tanto de Lluís Pascual (1986) como de Álex Rigola (2015), como claros ejemplos de estilo surrealista.

Los ballets rusos de Serguéi Diaghilev se unieron a los figurines y la escenografía de Pablo Picasso en la célebre coreografía de *El sombrero de tres picos,* con la música de Falla, estrenada en el Alhambra Theatre de Londres el 22 de julio de 1919. En la Residencia de Estudiantes de Madrid, en 1924, Dalí desarrolla su *Don Juan Tenorio,* que será uno de los claros referentes de la escena surrealista.

Futurismo

El estilo teatral futurista hunde sus raíces en las ideas de Filippo Tommaso Marinetti, fundador del futurismo, quien llevó al teatro su entusiasmo por la velocidad, la tecnología y la ruptura con la tradición. Artistas como Fortunato Depero y Luigi Russolo también fueron claves en este movimiento, el primero con sus coreografías mecánicas y el segundo como pionero de la música de vanguardia con su manifiesto *El arte de los ruidos* (1913). En tiempos más recientes, compañías como La Fura dels Baus en España han revitalizado la estética futurista con montajes que integran tecnología, estética poshumana y espectacularidad multimedia. En el ámbito de la danza, creadores como Wayne McGregor en el Reino Unido, Chunky Move en Australia y Tero Saarinen en Finlandia exploran la relación entre cuerpo, ciencia y tecnología desde una visión contemporánea del futurismo. En Estados Unidos, César Álvarez y su grupo The Lisps aportan una mirada tecnocientífica a través del musical experimental *Futurity* (2012), integrando elementos del pensamiento futurista con nuevas formas narrativas y sonoras.

El futurismo se caracteriza por un ritmo acelerado, movimiento y violencia, y hace uso de espacios no convencionales para romper con las formas establecidas. Aunque el futurismo se considera un estilo eminentemente masculino, son muchas las mujeres que destacaron durante su desarrollo como movimiento artístico. Benedetta Cappa Marinetti, pintora y escritora italiana y autora del manifiesto *Tactilità* (1921), fue clave en la evolución del futurismo hacia formas más sensoriales y espirituales. También Valentine de Saint-Point, quien desafió la visión misógina del movimiento con su *Manifiesto de la mujer futurista* (1912), donde reivindicó una fuerza femenina activa y combativa. La escultora y pintora Barbara Steffenone aportó una mirada plástica al futurismo italiano, mientras que artistas del futurismo ruso como Olga Rozanova, con sus composiciones visuales innovadoras, y Aleksandra Ekster, pionera de la escenografía moderna y la obra de arte total, ampliaron los límites estéticos del movimiento. Por su parte, Elsa von Freytag-Loringhoven, figura radical vinculada tanto al futurismo como al dadaísmo, anticipó la *performance* contemporánea con su arte provocador y corporal. La poeta y artista Mina Loy, cercana al futurismo italiano, criticó la opresión de género en su *Feminist Manifesto* (escrito en 1914 y publicado en 1982), mientras que la bailarina Giannina Censi tradujo los principios del futurismo en un lenguaje coreográfico vanguardista. Finalmente, Irena Krzywicka, escritora y activista polaca, plasmó en sus obras una visión audaz de la mujer moderna en sintonía con los ideales de ruptura y transformación propios del futurismo.

Estas mujeres no solo participaron del movimiento: lo reinventaron desde dentro, demostrando que la modernidad era patrimonio de todos y la voz femenina tenía mucho que decir al respecto.

Lo grotesco

Lo grotesco nace de un género que atiende a una cierta ritualidad y juego, la farsa, que aunque tuvo corta vida, en España fue recuperado por Valle-Inclán con su esperpento. Muchas veces lo grotesco está cercano a una tradición carnavalesca. Existe una variante, el «grotesco criollo», desarrollado en América Latina por directores como Armando Discépolo, Jacobo Langsner o el mexicano Luis de Tavira, que apuestan por este estilo. En España, la compañía Dagoll Dagom, Francisco Nieva o La Zaranda, a quienes ya hemos citado en el estilo expresionista, pueden englobarse también en el estilo grotesco. Estos últimos directores escénicos españoles vienen de una gran tradición barroca.

A través de la exageración de los rasgos físicos y psicológicos de los personajes, este estilo nos confronta con nuestras propias contradicciones y absurdos, revelando las tensiones y conflictos de la sociedad en la que vivimos. Entre los autores contemporáneos se ha manifestado como un estilo apreciado porque lleva implícita una crítica social y política realizada a través de un extrañamiento provocado con muy variados momentos de humor[20].

En el teatro contemporáneo, Griselda Gambaro utiliza el humor negro y el absurdo para desentrañar las injusticias políticas de Argentina, convirtiendo sus dramas, como *El campo* (1968), en un ejercicio de reflexión sobre el poder, la opresión y la violencia. Por otro lado, Dacia Maraini y la mexicana Sabina Berman exploran el grotesco desde una perspectiva feminista y presentan a mujeres que transgreden las normas sociales que reflejan las tensiones sociales de su tiempo. Finalmente, la premio Nobel Elfriede Jelinek construye una crítica feroz de la sociedad contemporánea con su estilo grotesco, satírico y feminista, que no deja lugar a la indulgencia, destripando las estructuras de poder y poniendo en evidencia las opresiones más profundas.

El grotesco encuentra ecos y exploraciones en el trabajo de numerosos artistas escénicos y visuales. Tadeusz Kantor llevó al escenario una poética de la memoria cargada de cuerpos-muñeco, entre lo absurdo y lo grotesco. Desde Francia, Jérôme Deschamps y Macha Makeïeff desarrollaron una comedia física decadente y defor-

---

[20] En la pintura podemos destacar algunos antecedentes del grotesco como el Bosco, Francisco de Goya, Michelangelo Merisi da Caravaggio o Joos van Craesbeeck.

mada, mientras que, en Canadá, Robert Lepage ha integrado elementos grotescos dentro de estéticas escénicas mutantes y oníricas. En Italia, Pippo Delbono introduce cuerpos fuera de la norma escénica tradicional (incluyendo actores con discapacidades) en una teatralidad cruda, poética y desbordada. La compañía belga Peeping Tom transforma lo doméstico en una pesadilla visual cargada de distorsión corporal y emocional.

A través de la escultura y la *performance,* la obra de Marina Abramović no es solo una prueba de resistencia física, sino también una invitación a confrontar lo monstruoso que reside dentro de nosotros mismos, al desafiar los límites del dolor y la vulnerabilidad humana. Carolee Schneemann fue una escritora y *performer* estadounidense conocida por su exploración del cuerpo en lo grotesco y lo sexual, desafiando normas de género y sexualidad en sus provocadoras obras artísticas. Patricia Piccinini, por su parte, crea figuras híbridas y perturbadoras que transitan entre lo tierno y lo inquietante, en un espacio en el que los límites entre lo humano y lo animal se desdibujan. La fascinación por lo grotesco no se detiene en lo físico: Wangechi Mutu usa el *collage* para reconfigurar los cuerpos humanos en formas alienígenas y monstruosas, en un gesto que no solo aborda la identidad femenina, sino también la lucha contra la opresión racial y cultural. En una línea similar, Cindy Sherman transforma su cuerpo en diferentes identidades grotescas y deformadas, preguntándose hasta dónde la sociedad impone representaciones estéticas y de género, mientras desafía nuestras nociones de belleza y monstruosidad. Las artistas mencionadas no solo han explorado lo grotesco como una estética, sino como un lenguaje visual y performático que invita a reflexionar sobre los márgenes de lo humano, la identidad y la cultura.

La compañía estadounidense Bread and Puppet fue determinante para compañías catalanas como Els Comediants y Els Joglars, que abrazaron en algunos espectáculos el estilo grotesco. La huella de Ramón María del Valle-Inclán resultó decisiva para que este estilo se desarrollara en Galicia a través de numerosos directores de escena. Roberto Vidal Bolaño y su grupo Antroido, que mezclaban objetos, muñecos y actores amuñecados en sus espectáculos, marcaron un hito que siguieron varios grupos independientes y creadores como el director escénico Quico Cadaval. Recordamos a Etelvino Vázquez y su Teatro del Norte, muy fiel a la estética farsesca, que influyó en Galicia en grupos como el Teatro de Ningures. Y una mención especial merece Ángel Facio, director y fundador del mítico grupo de teatro independiente Los Goliardos.

Minimalismo

En la Alemania de finales del siglo xx, Richard Wagner encabeza un estilo cargado de imágenes y signos escénicos que pretende llevar hacia su obra de arte total. En ese mismo momento, dos jóvenes creadores desafían esta moda dando paso a un estilo sencillo, hegemónico y ordenado. Se trata de Adolph Appia y Gordon Craig, quienes se permitieron unas propuestas escénicas que dan nombre a lo que hoy llamamos minimalismo[21].

El estilo minimalista en teatro se caracteriza por la búsqueda de la desnudez de los medios para que el público proyecte sentido y se abra a lo invisible. Esta austeridad favorece una relación contemplativa e introspectiva entre espectador y escena, donde la pausa, el gesto contenido o incluso el silencio pueden tener tanto peso como una gran declamación. También destaca por la simplicidad en el lenguaje y en los diálogos. Se enfoca en la repetición y el ritmo, y busca generar un impacto a través de lo esencial.

Es una herramienta poderosa para explorar temas como la intimidad, la memoria, el duelo o la alienación contemporánea. Existen distintas formas de aplicar el minimalismo en la puesta en escena. Por ejemplo, Romeo Castellucci[22] utiliza el minimalismo como

---

[21] Este hecho es clave para entender la evolución de la escenografía en Occidente.

[22] Director italiano y cofundador de la compañía Sòcietas Raffaello Sanzio junto con Claudia Castellucci, Chiara Guidi y Paolo Guidi.

reducción conceptual: elimina la narrativa tradicional, el texto y la psicología del personaje para que el espectador entre en una experiencia sensorial, casi ritual, cargada de significación, donde cada elemento escénico (una luz, un sonido, una imagen) no representa, sino que evoca[23].

Influenciado por la repetición en la música minimalista, como en *Music for 18 Musicians* (compuesta entre 1974 y 1976 y estrenada en 1976) de Steve Reich, el teatro ha comenzado a emplear estructuras narrativas que recurren a la repetición de gestos o palabras para crear una atmósfera más contemplativa, como en *Stifters Dinge* (2006) de Heiner Goebbels o Merce Cunningham en la danza. Al igual que en la escultura, donde el espacio y la forma son clave, el teatro minimalista utiliza el vacío y la proporción del espacio escénico, como el coreógrafo y director de escena Josep Najd con su *Woyzeck or the hint of vertigo* (1994), que recuerda las esculturas geométricas de Donald Judd. Son los casos también del coreógrafo y director Win Vandekeybus, de Mats Ek (minimalismo místico, en colaboración con Sylvie Guillen) o de Anne Teresa Keersmaeker. En España podemos hablar de los inicios de la compañía de danza gallega Matarile con el tándem formado por Ana Vallés y Baltasar Patiño. Debbie Tucker Green es una directora y dramaturga británica cuyo teatro se caracteriza por un lenguaje afilado, una tensión tragicómica y una sensibilidad única hacia el ritmo y el dolor contenido. Ha sido descrita como una de las creadoras más innovadoras y políticamente comprometidas del teatro contemporáneo en el Reino Unido[24].

En definitiva, el minimalismo desafía los excesos visuales y nos invita a una mirada atenta y profunda. En su simplicidad, revela

---

[23] Por otro lado, otra parte del trabajo de Bob Wilson está profundamente influenciado por las artes plásticas, la arquitectura y la música, y se caracteriza por una reducción formal extrema y un control riguroso del tiempo y el espacio.

[24] Estos enfoques buscan una experiencia sensorial y reflexiva donde el espacio, el tiempo y los elementos mínimos se cargan de significados profundos. Cabe destacar el gran ejemplo musical minimalista de John Cage *4'33* (1952), interpretada en un silencio absoluto que permite al público apreciar el sonido ambiente para recibir el ruido cotidiano como parte de la obra de arte.

una complejidad simbólica y una ética del cuidado de lo esencial. Más que ofrecer respuestas, crea espacios de escucha y contemplación, ralentizando el tiempo y revelando lo invisible.

Teatro posdramático

Hans-Thies Lehmann acuña el término «teatro posdramático» analizando cómo el teatro ha superado la línea del drama clásico (basado en la estructura aristotélica) para dar pie a nuevas estructuras fragmentarias, abiertas y experimentales:

> El teatro posdramático se distancia del dramático (sea de la «representación» o de la «presentación») porque el primero (el posdramático) expone, construye, gestiona, desarrolla e inventa modos de relación y comunicación posibles de una situación real, sin extraer conclusiones, ni crear ficciones. Además, es vehículo de relaciones sociales, prácticas políticas, pedagógicas o documentales, pero no objeto de contemplación, y, por tanto, no necesita una forma estética estilística: «Su gesto artístico no se centra en dar forma a un objeto estético de una puesta en escena» (Lehmann, 2011: 329).

Aunque algunos directores escénicos se posicionarán en contra de este estilo, reconocen su influencia en destacados directores de escena, dramaturgos y creadores, por ejemplo Milo Rau o la compañía Rimini Protokoll.

El teatro posdramático se caracteriza por la hibridación de géneros y estilos y la fragmentación de la narrativa. Incluye metateatro y autorreferencialidad, con intertextualidad y referencias culturales, y muestra desconfianza hacia las «grandes narrativas» y la verdad universal. Del teatro posdramático han derivado otras formas como el teatro documental con directores escénicos como Rodrigo García, Andrés Lima *(Shock* [2019]) o Sergio Peris-Mencheta *(14.4* [2024]). El teatro documental ha sido abordado en algunos montajes de directores como Carlos Marquerie, Alain Platel, Tabucchi o René Polleck y el colectivo mexicano Lagartijas tiradas al sol. También destaca la figura de Lola Arias, dramaturga, directora y artista multidisciplinar argentina que se mueve en el teatro documental. También queremos citar un estilo llamado en Argentina «biodrama», con Javier Dolte a la cabeza, y que tras su posterior desarrollo recibe ahora el nombre de «autoficción», representado por figuras como Sergio Blanco con *Tebas Land,* Fernando Delgado Hierro y Pablo Chávez con *Los remedios* (2021) o Andrea Jiménez y Úrsula Martínez con *Casting Lear* (2023). Destacan también la creadora argentina Marina Otero con sus creaciones *Fuck me* (2020) y *Love me* (2022) y la chilena Aliocha de la Sotta, conocida por su capacidad para combinar la comedia con una crítica social aguda. En términos de biodrama también destaca Jesús Nieto y su compañía Onírica Mecánica.

En Latinoamérica se ha abordado un estilo que puede considerarse otra de las ramas del teatro posdramático: el teatro de los sentidos, con Enrique Buenaventura a la cabeza. Su propio nombre indica que se trata de un teatro sensorial donde se valora la experiencia teatral también desde los sentidos. Destaca asimismo Manuela Infante, dramaturga y directora chilena que explora el pensamiento poshumano y el descentramiento de lo humano en escena.

Muchos son los directores que abordan diferentes ramas del estilo posdramático, entre ellos Krystian Lupa, Radu Afrimo, Jelinek y Falk Richter. También en danza destacan Jan Fabre y Jan Lauwers.

Artes vivas

A partir del teatro posdramático, la práctica escénica se abre a una multiplicidad de lenguajes que privilegian la presencia, la corporalidad, la imagen y la acción, acercándose a las estéticas y modos de producción de las artes vivas. Estas engloban en el teatro un abanico de propuestas y creaciones que, al integrar diversas disciplinas y explorar nuevas formas de interacción con el público, rompen con las convenciones tradicionales de la escena. A lo largo de los años, numerosos artistas han reconfigurado el concepto de lo teatral, expandiendo los límites entre el teatro, la danza, la *performance* y las artes visuales. Las artes vivas se caracterizan por la interacción en tiempo real con el público, la multidisciplinariedad y el proceso de creación en vivo. El cuerpo se utiliza como medio expresivo, transgrediendo las fronteras entre el arte y la vida cotidiana.

Un claro ejemplo de esta transgresión es Angélica Liddell, quien ha logrado una conexión profunda con su público mediante obras intensas y provocativas que exploran la condición humana en su máxima expresión. Su estilo, que mezcla el dolor, la belleza y la transgresión, invita a una reflexión crítica sobre la sociedad contemporánea.

Asimismo, artistas de diversas partes del mundo como Itziar Barrio y María Jerez se han destacado por su enfoque multidisciplinario, desafiando las fronteras entre el arte visual, la danza y el teatro experimental. La obra de Barrio se enfoca en la investigación del cuerpo como elemento principal del discurso teatral, mientras que Jerez explora los límites entre el teatro y las artes visuales, creando experiencias sensoriales únicas. Stéphane Gladyszewski, artista canadiense, se une a esta corriente con su trabajo, que explora la relación entre la imagen y la tecnología, creando una experiencia inmersiva para el espectador.

Artistas como Robyn Orlin destacan por sus propuestas subversivas que irrigan la escena con un fuerte componente crítico, en su caso, relacionado con las tensiones sociales y políticas de Sudáfrica. Su obra *And so you see...* (2016), con una interpretación impactante de Albert Khoza, demuestra cómo la danza y el teatro pueden ser un vehículo para afrontar los tabúes de la sociedad. En el ámbito de la creación individual, destacan nombres como el del artista taiwanés Chen Chieh-jen, que a través de la videoinstalación explora los dispositivos de poder y control.

Además, el trabajo de artistas como Miguel Bonneville, que propone *performances* para un solo espectador, o VA Wölf, pionero de la danza alemana, muestra cómo el cuerpo, la autoficción y la interacción con el espectador se convierten en elementos fundamentales de las artes vivas. El coreógrafo japonés Hiroaki Umeda combina el movimiento con la tecnología.

En lo relativo a la danza, artistas como Miet Warlop y Mónica Valenciano son exponentes clave de este enfoque que reinventa la relación entre el público y el escenario. Destaca la obra de Clarissa Malheiros, actriz, autora y directora escénica brasileña. Es cofundadora de La Máquina de Teatro junto con Juliana Faesler. Cabe resaltar también el trabajo de Valie Export, artista austriaca pionera en el arte feminista y performativo, conocida por obras provocadoras que cuestionan las políticas de género y el uso del cuerpo en el arte. Su trabajo abarca *performance,* videoarte, cine expandido y fotografía, siempre con una actitud crítica y transgresora. Por último, Satoko Ichihara es una dramaturga y directora japonesa que crea un teatro absurdo, performativo y poshumano, con influencias zoomórficas.

Destacan los trabajos de Basurama, que reflexionan sobre la reutilización del espacio y los residuos, de Alacrán Teatro, que combina el *thriller,* la música y la *performance* en una experiencia única, o de Les Matarifes, con su reflexión sobre las expectativas en torno a la creación contemporánea.

De esta forma, las artes vivas siguen evolucionando, fusionando lenguajes, reconfigurando el teatro y buscando nuevas formas de involucrar al público en la experiencia estética. Se nutren así de las interacciones entre múltiples disciplinas y culturas, y colocan al espectador en el centro de una experiencia que desafía las nociones tradicionales de lo que significa «ver» y «vivir» el arte.

La distinción entre género y estilo constituye un conocimiento imprescindible para la ayudantía de dirección. Esta cuestión merece especial atención, pues la función del ayudante debe integrar tanto la dimensión técnica como la artística del hecho escénico. Solo desde esta doble perspectiva podrá asistir eficazmente al director, comprendiendo en profundidad el lenguaje escénico y las decisiones estéticas que articulan el sentido del montaje.

Capítulo 2

Del papel a la puesta en escena. Las relaciones de la ayudantía de dirección con los diferentes departamentos del equipo creativo

Ana Barceló y Cristina Hermida

A lo largo de este capítulo veremos cómo el universo de un montaje se despliega y adquiere otras dimensiones gracias al equipo creativo. Son sus miembros, guiados por la estética y el código de dirección, quienes dotarán a la pieza de *cuerpo,* de volumen, haciendo que crezca y viaje hacia lugares nuevos.

Con el paso de los años la plástica escénica se ha ido sofisticando, adquiriendo cada vez mayor presencia. Sabemos que el hecho teatral sucede cuando alguien dice, hace, mueve o compone algo para ser visto por otra persona con quien comparte tiempo y espacio; eso era Grecia y eso ha sido el teatro a través de los años. Ahora las cosas han cambiado, los medios, los recursos y la mirada se han expandido, a la par que lo han hecho los presupuestos. Esto ha permitido ir añadiendo capas que dotan a la puesta en escena de relieve y hacen del teatro una experiencia sensorial completa, ya que no solo colocan el texto y la palabra como prioritarios sino que son, o pueden ser, materiales con los que trabajar al mismo nivel que con el sonido, la composición espacial, el vestuario o las luces. Con todo ello se busca, en definitiva, una poética que transmita aquello que pretende la dirección artística.

Esto no quiere decir, necesariamente, que la utilización de todos estos elementos siempre favorezca el montaje. A veces no sucede así, y puede ser que nosotros como ayudantes lo detectemos. Sin embargo, no podemos olvidar que somos parte del equipo directivo y que debemos remar a favor de esa mirada, dejando a un lado nuestras propias subjetividades o comunicándolas exclusivamente si la dirección nos brinda el espacio para hacerlo. Todos tenemos gustos y opiniones, pero hemos de ser conscientes de cuándo y cómo transmitirlos y de si realmente lo estamos haciendo desde una perspectiva personal o desde una mirada completa hacia el proyecto.

En cualquier caso, este crecimiento de la plástica escénica la constituye como un engranaje que debe trabajar alineado en una misma dirección. Nosotros somos responsables de que eso suceda: pondremos en relación a unos y otros, buscaremos y generaremos espacios de diálogo entre todos los creativos e individualmente y escucharemos sus necesidades y las de dirección al respecto. En definitiva, serviremos de aglutinante a lo largo de todo el camino. No debemos olvidar que nuestros ojos son conocedores (si nos incorporamos al proyecto en la fase de preproducción) de las primeras ideas y esbozos, de los cambios que han ido surgiendo, de los comentarios que desde dirección se han hecho a las propuestas iniciales y de cómo se ha ido desarrollando el concepto desde el papel hasta llegar a la puesta en escena. Eso es un privilegio y una responsabilidad, y debemos ser conscientes y entender que nuestra relación con los diseñadores será constante y atravesará todo el proceso, por lo que debemos sentar unas bases sólidas desde el comienzo.

Antes de detallar las funciones que realizaremos en relación con los diferentes miembros del equipo artístico, hemos desarrollado un esquema que desglosa las distintas figuras que forman o pueden formar parte de un montaje y que son similares en cualquier tipo de producción (pública, coproducción o privada), aunque puede variar en función del presupuesto del que disponga la producción.

Tabla 2.1
Figuras del equipo artístico

Dirección escénica
Dramaturgia
— Dramaturga
— Dramaturgista
Escenografía
— Escenógrafa
— Ayudante de escenografía
Vestuario
— Vestuarista
— Ayudante de vestuario
Caracterización
— Diseñadora de caracterización
— Ayudante de caracterización
Iluminación
— Diseñadora de iluminación
— Ayudante de iluminación
Sonido
— Composición
— Diseñadora de espacio sonoro
— Ayudante de espacio sonoro
Videoescena
— Videoescenista
— Ayudante de videoescena
Coreografía
— Coreógrafa
— Asesoría de movimiento

Dirección escénica

Esta figura es la cabeza de toda la creación artística, y su relación con el ayudante debe ser constante y muy cercana. No debemos olvidar que el objetivo del ayudante debe ser siempre que el director de escena pueda dirigir la obra de teatro, esto es, pensar en la creación escénica. Para ello debemos acompañarle, ser soporte en la tarea y allanar el camino entre la maleza. De alguna forma, somos algo así como una sombra protectora, un guardián con quien hablarán todos aquellos profesionales que intervienen en el levantamiento de una producción, mientras dirección se encarga de tomar todas las decisiones artísticas. Su camino debe quedar libre para ello, su energía debe estar enfocada ahí, sin distracciones, sin problemáticas externas que dificulten ese trabajo. Transmitiremos lo importante, lo innegociable, lo indispensable, pero otras situaciones las resolveremos con quienes corresponda sin necesidad de que salpique más allá de nuestra parcela. No es una posición sencilla: por un lado somos la persona de referencia y confianza para la dirección artística, pues nos consultará no solo temas organizativos, sino también dudas y necesidades que vayan surgiendo en el proceso, y por otro hemos de atender todos aquellos frentes abiertos por los creativos, para los cuales representaremos ese mismo espacio fiable, calmado y discreto.

Antes de comenzar el proceso de ensayos, si ya formamos parte de la producción, una de las tareas más importantes es la investigación previa. No solo se trata de analizar y comentar la obra (en caso de que el proyecto parta de un texto ya escrito), sino de elaborar una documentación sobre el material de partida y su contexto y sobre aquellos otros materiales (películas, series, entrevistas, documentales, pinturas, esculturas, fotografías, *performances,* textos…) que puedan servir como referencias o inspiración. Como ayudantes, podemos ampliar la mirada de la dirección y realizar una labor de investigación que enriquezca y dialogue con la suya. Es aconsejable elaborar un dosier o un documento que reúna esta información de forma que sea accesible y pueda compartirse con otros miembros del equipo artístico o del elenco y que, a su vez, sirva de disparador para la propia creación escénica.

Otra de las tareas fundamentales en las que podemos vernos involucrados es la búsqueda de elenco, siempre y cuando el director de escena lo requiera. A veces el elenco está cerrado cuando la ayudantía de dirección se incorpora al proyecto, pero en otras ocasiones se nos solicita ayuda para este cometido. De hacerse, deberemos atender al perfil que la dirección imagine para proponer intérpretes que encajen en esa misma línea, evitando dejarnos llevar excesivamente por nuestra subjetividad. En este sentido, recomendamos consultar el capítulo 3 de este manual, donde se detalla en profundidad la relación con el elenco.

Una vez el *casting* y el equipo creativo están cerrados, y aproximadamente un mes antes del comienzo de los ensayos, debemos elaborar un plan o calendario donde se indiquen los días y horarios de estos y de las funciones. Tras revisarlo con producción y dirección, se lo enviaremos a todos los profesionales que formen parte del proyecto. Este será un momento ideal para presentarnos en nuestro rol de ayudantes y darles la bienvenida al proyecto. Además, si hay una última versión de texto sobre la que se va a trabajar, es recomendable enviarla en este momento, de forma que el elenco pueda avanzar en la preparación.

Con el comienzo de ensayos empieza la aventura. El día a día estará lleno de tareas, y aunque estas se detallarán en el capítulo 6, conviene comentar aquellas que atienden directamente a nuestra relación con dirección, por ejemplo anotar en el libreto cada decisión o pauta que esta marque (movimientos de actores, de utilería, de vestuario; pausas, silencios, intenciones; entradas y salidas de escena; tops de sonido, vídeo o maquinaria, etc.), elaborar un listado de las necesidades surgidas (utilería nueva, arreglos de escenografía o vestuario…) y contactar con el creativo responsable o con oficina técnica o producción si es necesario. Cada día es diferente al anterior, y aunque creamos que lo tenemos todo controlado, debemos asegurarnos y constatar regularmente que es así. Nunca sabemos cuándo se puede descuadrar todo.

Por ello, nuestra relación con la dirección debe priorizar la comunicación, tanto en temas de planificación como de seguimiento del proceso y necesidades. Desde el punto de vista organizativo, enviaremos las citaciones diarias y semanales para informar sobre el trabajo que se realizará en cada ensayo de modo que el elenco pueda repasar lo que necesite con cierta antelación, así como saber qué días va a estar convocado o no. Esta planificación será previamente acordada con el director de escena al finalizar cada ensayo, e inclui-rá otras posibles citaciones para pruebas de vestuario, sesiones de fotos, rodajes (si los hubiera), cambios de hora o de plan de ensayo, etc. No debemos dar nada por hecho, pues muchas veces, después de un día de ensayo, cambia lo que se quiere trabajar al siguiente.

Como se verá en el capítulo referente a las herramientas de co-municación, la citación diaria no será lo único que nos ayude a planificar el proceso de ensayos. Junto a ello, el plan semanal será muy importante, también para el equipo creativo, que podrá com-probar en qué días hay previstos pases de aquellas escenas que más le convenga ver, de actos completos o de toda la obra. Normalmen-te el plan es semanal e incluye horario de trabajo, tipo de calenta-miento, escenas que se van a trabajar, pruebas de vestuario, caracte-rización y ensayos específicos (por ejemplo, de una canción).

También seremos una figura clave en el aspecto emocional. De-bemos ganarnos la confianza del equipo: ser conscientes de cómo están, conocer las vulnerabilidades de cada miembro y cui-darlos y estar disponibles para cualquier cosa de la que necesiten hablar. En este sentido, ser discretos, cercanos y empáticos es fun-damental. No debemos dudar, igualmente, en acercarnos al direc-tor y preguntarle por las sensaciones que va teniendo respecto al montaje y el proceso, cómo se siente y en qué medida puede nece-sitar más de nuestra mirada. Un proceso de ensayos es delicado, con días en los que parece que no se avanza y surgen bloqueos por uno u otro lado; debemos, pues, tener la delicadeza de saber cuándo y cómo preguntar, sin miedo pero sin resultar invasivos. Hacer caso a nuestra intuición y capacidad de escucha jugará a nuestro favor.

Después de varias semanas de ensayos, por fin entraremos en la sala de exhibición para realizar el montaje. En este sentido, aunque dirección técnica es la encargada de organizar y ejecutar el montaje en sala, nosotros debemos prever con suficiente antelación junto a dirección escénica las necesidades tanto del director de escena como del elenco para no perder tiempo una vez que se acceda al escenario.

Durante las funciones nuestra relación con la dirección no se desvanece. Al contrario. Aunque ellos no acudan a todas, nosotros seremos sus ojos cada día, los responsables de sostener las funciones y de evaluar si hay algo que se está desvirtuando o cambiando marcadamente. Cada director tiene unos hábitos diferentes, y es importante que los hablemos previamente y los conozcamos. Hay a quienes les gusta ir muy a menudo y siguen dando pautas al elenco, quienes están varias semanas sin pasar por el teatro y quienes disfrutan viendo la obra un día a la semana para no perder el contacto y comprobar que todo va bien. Sea cual sea su preferencia, nosotros enviaremos un informe de seguimiento diario al director para comunicarle cómo ha ido la función, imprevistos, cambios, evoluciones, errores técnicos, fallos de texto o notas que, reiteradamente, estemos dando al elenco o al equipo técnico y consideremos importante transmitirle.

Equipo de dramaturgia

Dramaturgo

En lo que se refiere a nuestra relación con el dramaturgo, existen cuatro posibilidades:

a) Puede que el dramaturgo haya fallecido, por lo que la comunicación en todo lo referido al texto queda entre nosotros y la persona encargada de la versión de este, que puede ser el director de escena u otra persona.

b) Puede que el dramaturgo sea también el director de escena, por lo que la comunicación queda entre este y nosotros. En este sentido, hay compañías y procesos en los que el texto va escribiéndose según avanzan los ensayos. En estos casos es habitual que, llegado determinado momento, el elenco se ponga nervioso dado que tanto el tiempo para estudiar las escenas restantes (generalmente las del final de la obra) como los días que quedan en sala de ensayos son reducidos. A veces —como sucedió en un montaje de grandes dimensiones—, justamente la escena que falta por escribirse es coral, implica a todos los intérpretes y requiere repetidas pasadas de texto y ensayos para los que no siempre hay tiempo. Como ayudantes, además de calmar las aguas, debemos buscar esos pequeños intersticios que quedan cuando se entra en la sala de montaje o antes de las primeras funciones, durante el calentamiento, para que el elenco pase texto de esa u otras escenas que son más complejas o propensas al error.

c) Puede que el dramaturgo esté vivo (o haya hecho la adaptación del texto) y no sea el director de la pieza, por lo que acudirá el primer día de ensayos y tendrá libertad, previo acuerdo con el director, y avisándonos a nosotros como ayudantes, para acercarse a ver ensayos. Es posible, incluso, que, dependiendo del proyecto, el texto sea un material permeable, no cerrado, que vaya modificándose en el proceso gracias a improvisaciones o ejercicios de trabajo. En este caso, se requerirá una mayor presencia del dramaturgo, a quien citaremos de forma habitual.

d) Puede que no haya dramaturgo como tal porque la obra de teatro parta de otro lugar, en cuyo caso no existiría tal comunicación.

Como ayudantes, sea cual sea la condición del dramaturgo en el montaje, debemos aprender a educar nuestra mirada y saber qué partes del texto pueden acortarse, qué escenas pueden quitarse, qué información se repite o no es relevante, etc. En el caso de que se trate de una versión de un texto escrito en verso, es posible que tengamos que revisar los cortes que haga el dramaturgo, y debemos, por tanto, tener conocimiento sobre métrica y estructuras clásicas. De igual forma, hemos de estar al corriente de todos los cambios que se produzcan en el texto en cualquier momento, tanto por parte de dirección durante los ensayos como por parte del dramaturgo en revisiones a lo largo del proceso. Hemos de informar a todo el equipo de los cambios que se produzcan y, por supuesto, mantener nuestro libreto actualizado, pues será la guía a la que el elenco y dirección acudirán en caso de dudas.

Finalmente, conforme vayamos llegando al final de los ensayos, y antes de la entrada en sala de montaje, elaboramos una versión de texto final que remitiremos a producción para que se la haga llegar, su vez, a los técnicos y regiduría. Asimismo, esta versión podemos enviársela también a comunicación para que la puedan utilizar en otros fines, como publicidad o trabajo de derechos de autor.

Dramaturgista

Aunque esta figura no suele aparecer en el panorama teatral español, es importante que la conozcamos. Para ello aconsejamos revisar el primer capítulo de este manual. En caso de que la obra cuente con uno, estaremos en constante comunicación y atenderemos a posibles ausencias que tenga en ensayos.

Equipo artístico

Como decíamos al inicio de este capítulo, el equipo artístico de una producción se compone de profesionales de diferentes disciplinas, cada una de las cuales es fundamental para componer la puesta en escena al completo. Todos ellos, de la mano de dirección, deben trabajar al unísono, dialogar entre sí y elevar la producción a otro nivel. Son artistas del sonido, del espacio, de la luz, del vestuario, de la videoescena y del movimiento, y son indispensables.

Una vez elegidos los creativos que formarán parte de la producción, los directores tendrán reuniones previas con ellos. En algunos procesos podremos formar parte de estas reuniones y estar al corriente de sus propuestas y primeras ideas. Son días importantes, porque exponer estas propuestas nunca es fácil: requiere exponerse y defender una visión propia a veces ante equipos con los que nunca antes se ha trabajado. Es entonces cuando nosotros empezaremos a conocerlos y a detectar cuál es su mirada, a escuchar y a entender cómo es cada uno, así como a generar confianza con ellos de cara al futuro.

Tras estas primeras reuniones, debemos prepararnos, pues estamos a las puertas de iniciar el proceso. Para ello, además de estudiarnos los diferentes dosieres que los creativos hayan elaborado y atender bien a sus propuestas, es aconsejable elaborar un listado de elementos de utilería, vestuario y caracterización que se necesiten antes de comenzar, de forma que los diseñadores puedan buscarlos con cierta antelación. Evidentemente, estos elementos no serán los definitivos, pero sí servirán para el trabajo durante ensayos. Asimismo, se tendrán en cuenta también necesidades de sonido (micrófonos, mesa de mezclas…) o incluso de luces que la dirección considere indispensables previo inicio de los ensayos. Esta preparación del espacio incluye también la implantación de elementos que puedan, dentro de unos límites, simular la escenografía, de modo que se asemejen lo más posible a la que luego será la escenografía real mediante el uso de biombos, bastidores y mobiliario y marcas en el suelo que indiquen la ubicación de aquellos elementos divisores, puertas, escaleras etc. Producción y oficina técnica, junto con los diseñadores, serán los encargados de que todos los elementos requeridos estén en la sala antes del comienzo de ensayos, si bien nosotros debemos asegurarnos de ello y estar al corriente de posibles retrasos para comentarlo con dirección.

Tras estos primeros preparativos, comenzaremos a ensayar. Es frecuente que el primer día acuda todo el equipo: dirección, elenco, creativos, ayudantes y producción, y podamos, por fin, conocernos todos. Tras las presentaciones y una presumible introducción por parte de dirección, cada creativo hablará sobre su disciplina y expondrá aquellas ideas y conceptos sobre los que ha estado trabajando los meses previos. Son momentos muy emocionantes, llenos de magia y nervios: por fin empezamos a caminar juntos.

Posteriormente a este primer día, la presencia en la sala de ensayos de los diferentes creativos y sus ayudantes dependerá de las necesidades de la puesta en escena. Es habitual que escenografía y vestuario vengan a menudo para comentar con dirección propuestas respecto a aquellos elementos de utilería o indumentaria que van apareciendo durante el proceso. En el caso de sonido, videoescena y movimiento, dependerá de las necesidades de cada producción; por ejemplo, en el caso de tratarse de un espectáculo de teatro físico o con gran presencia del cuerpo, presumiblemente el coreógrafo o asesor de movimiento asistirá con mucha frecuencia. Del mismo modo, puede que el sonido tenga mucho peso en el montaje, e incluso que haya música en directo, en cuyo caso el diseñador de sonido estará muy presente y será una figura fundamental para avanzar en el montaje de la pieza. En resumidas cuentas, será la propuesta artística de dirección la que determine qué figuras son necesarias en el día a día de la sala de ensayos.

En cualquier caso, nosotros debemos mantener una comunicación fluida y constante con todos los miembros que componen el equipo artístico, sea cual sea su frecuencia de asistencia a ensayos en las primeras semanas. Preveremos con ellos los ensayos a los que acudirán, tendremos en cuenta sus posibles ausencias para elaborar los planes semanales y les comunicaremos con anterioridad los días en que su asistencia es necesaria en sala. En este aspecto, es importante que los pongamos en contacto con el resto de diseñadores para solventar cuestiones comunes. Por ejemplo, si es necesario colocar una lámpara en una parte de la escenografía, debemos consultarlo con el escenógrafo y el iluminador.

Según vaya avanzando el proceso de ensayos irán surgiendo nuevas necesidades para cada uno de los departamentos. Es importante que seamos ordenados en nuestras anotaciones y que vayamos comunicándoselas a los creativos. En este aspecto es recomendable aclarar con ellos cómo prefieren que lo hagamos. Por ejemplo, puede que prefieran que vayamos comunicándoles por WhatsApp las necesidades que surjan o, por el contrario, que les resulte más fácil que elaboremos un listado vía *mail* o Google Drive que vayamos actualizando y ellos puedan consultar. Cada profesional tiene su propia manera de trabajar y sus preferencias, y no debemos dar por hecho un método o forma de hacer. Hablar y preguntar será la única forma de entendernos. En el caso de que en la producción haya ayudantes artísticos (de escenografía, vestuario, luces, sonido o vídeo), nuestra labor comunicativa al respecto de las necesidades diarias se desarrollará fundamentalmente con ellos. Además, si durante los ensayos hay que realizar compras, ellos serán, junto con el ayudante de producción (si lo hay), los encargados de realizarlas.

Después de las primeras semanas es muy habitual que los diseñadores acudan más frecuentemente a ensayos y detecten posibles problemas previos a la entrada en sala. Debemos estar cerca de ellos, preguntarles, atender sus sugerencias y proponer reuniones sobre aquellos aspectos que lo requieran. En cada uno de los apartados posteriores analizaremos con detenimiento en qué medida hemos de atender a cada diseñador y cuáles son los puntos en los que somos más necesarios. En cualquier caso, antes de entrar en la sala de montaje, es vital que entreguemos la versión definitiva del libreto con los cambios de texto actualizados para la implantación de *cues*.

Relaciones con cada equipo creativo y de diseño

Escenografía

El diseñador o diseñadora de escenografía es la figura encargada de concebir, planificar y crear los espacios físicos donde se desarrollará la acción dramática. Asimismo, será también responsable del diseño del mobiliario y la utilería.

Como ayudantes, además de tener en cuenta todo lo explicado en el punto anterior, debemos prestar especial atención a la entrada en la sala de exhibición. Una vez el montaje de iluminación y escenografía se ha realizado y solo faltan por ultimar los detalles, será cuando el elenco y la dirección empecemos a ensayar allí. Este primer día es importante: es un nuevo lugar, un nuevo espacio, y todos debemos adaptarnos. Generalmente el diseñador presenta al elenco la escenografía y les hace un recorrido por ella para que puedan conocer las entradas, salidas, visuales, recovecos y espacios dentro y fuera de escena, de modo que se familiaricen con él.

De igual modo, y como sucede ante cualquier mudanza, hemos de estar muy atentos al traslado de los elementos de utilería que se han usado en ensayos y que, bien porque ya son los definitivos, bien porque son los que se emplean hasta que lleguen los finales, intervienen en escena. Es muy habitual que durante la recogida para el traslado creamos que lo tenemos todo controlado y que al día siguiente, en el espacio de exhibición, con los nervios y las prisas, impere el descontrol. Calma, paciencia, orden y cajas con etiquetas son la clave para sobrevivir esos días.

Igualmente, hemos de tener previstos repuestos de fungibles y dobles de aquellos elementos susceptibles de desgastarse o romperse en escena. Por ejemplo, en un montaje ambientado en los años ochenta en España, la escenógrafa dejó ya elaborados más paquetes de tabaco de marcas que actualmente ya no se venden, así como periódicos de esa época. Otra posibilidad es que el creativo deje los materiales comprados y sea el equipo de utilería el que fabrique los dobles según se vayan necesitando por desgaste en funciones. Será labor nuestra estar atentos para que siempre haya previstos elementos suficientes y llevar un recuento de estos en funciones, junto con reguría. Puede suceder, también, que determinados elementos de la escenografía vayan deteriorándose con el transcurso de las funciones y haya que prestarles especial atención. En un montaje tuvimos que revisar diariamente el estado de una camilla antigua de masaje que los utileros fueron reforzando con el paso de las funciones.

Asimismo, es posible que un actor interactúe directamente con uno de los elementos del espacio, por lo que es conveniente que, con la frecuencia que previamente acordemos con él, revisemos que está siempre como necesita. Los martes suele ser el día adecuado para realizar todas estas comprobaciones, dado que, al ser inicio de semana, todos estamos más descansados y tenemos el ánimo renovado.

Por último, es importante señalar que todas estas tareas las llevaremos a cabo de la mano del escenógrafo o de su ayudante, que es la persona encargada de ejecutar los cambios y peticiones de aquel. No es una figura obligatoria en el proceso de creación escénica, pero sí muy útil durante su desarrollo. Durante el periodo de ensayos, por ejemplo, surgen múltiples necesidades relacionadas con la utilería, y nuestra labor consiste en comunicarlas al ayudante para que él se encargue de resolverlas[25]. El tipo de peticiones puede variar, y a veces es una compra sencilla mientras que otras puede requerir la fabricación de algún elemento a medida o diseñado específicamente para una función.

Vestuario

El figurinista es la persona encargada tanto del diseño de vestuario como de la comunicación con el taller externo para la confección de prendas a medida. También puede encargarse del diseño de caracterización, aunque en producciones grandes es habitual que haya un diseñador de caracterización, como veremos en el siguiente apartado.

Como ayudantes, durante el proceso de ensayos hemos de estar muy atentos a todo lo relacionado con este departamento, pues es un elemento clave para que los intérpretes puedan probar movimientos, jugar con los gestos y la corporalidad y, en definitiva, componer y dar forma y cuerpo a sus personajes. Es crucial planificar antes o desde el comienzo de los ensayos la toma de medidas al elenco, discutir, organizar y planificar los tiempos de recepción del vestuario y poder contemplar el uso de prendas semejantes a las originales para que permitan al elenco y a dirección trabajar de acuerdo con la puesta en esce-

---

[25] En caso de que no haya ayudante de escenografía, el ayudante de dirección transmitirá al escenógrafo las necesidades en sala de ensayo y este tendrá que solucionarlas o, en su defecto, pedir a producción que facilite el material que precisa para poder arreglarlo *in situ*. En caso de que el escenógrafo no pueda acudir, puede dejar las instrucciones para que el departamento de utilería del teatro realice las peticiones, siempre y cuando hablemos de una producción propia o coproducción.

na. También es fundamental hablar con producción y oficina técnica para el lavado de la ropa de ensayos y recordarle al elenco cuándo sucede, que comúnmente será una vez por semana.

Conforme vayan avanzando las semanas, estaremos en contacto con el diseñador y su ayudante para organizar las pruebas de vestuario necesarias. Estas pueden realizarse en un taller externo o en el propio teatro. En el primer caso, el tiempo de desplazamiento debe tenerse en cuenta en la planificación. En el caso de llevarse a cabo en el propio teatro, seremos nosotros, junto con producción, quienes debemos prever un camerino confortable para dichas pruebas. Por otra parte, y tal y como sucedía con la utilería, durante los ensayos irán surgiendo requerimientos relacionados con el vestuario. Estos pueden hacer referencia tanto a la aparición de necesidades no contempladas que obliguen a hacer alguna compra como a la modificación o confección de las prendas ya escogidas. Es habitual que surjan demandas en relación con determinadas prendas; por ejemplo, una chaqueta puede necesitar bolsillos interiores para que un personaje guarde la cartera, el tabaco o ciertos documentos.

Los cambios de vestuario constituyen otro de los puntos fundamentales que hemos de tener controlados porque, según vayan transcurriendo las semanas, empezarán a intervenir cada vez más elementos y lo que inicialmente teníamos claro en nuestra mente se puede empezar a descolocar. La sucesión de días, de escenas y de cambios y los nervios previos a entrar en sala van acumulándose y la única forma de mantener el orden es anotar, revisar y actualizar nuestro libreto. En el caso del vestuario, aconsejamos realizar una escaleta de los cambios por personaje teniendo en cuenta el orden, lugar y tiempo estimado en que deben llevarse a cabo. Asimismo, sopesaremos si es necesario contar con personal de sastrería en funciones para la realización de cambios de vestuario y discutiremos esta decisión con el diseñador, producción y oficina técnica.

Antes de entrar en la sala de montaje, y una vez que las pruebas de vestuario se hayan ido sucediendo, hemos de anotar los elementos pendientes de comprar y/o de arreglar y hacer un seguimiento de ellos con el diseñador o el ayudante. De esta forma, antes de entrar en la sala de exhibición, todo estará listo para los pases técnicos y los intérpretes dispondrán ya de su vestuario, arreglos incluidos. En nuestra mano está supervisar y atender a que los tiempos no se dilaten. También es importante, como decíamos, que unos profesionales y otros hablen entre ellos durante el proceso. Por ejemplo, ciertos tejidos o materiales cambian radicalmente dependiendo del tipo de luz que incida sobre ellos, por lo que el diseñador de vestuario y el iluminador deben conversar previamente y este último podrá hacer pruebas para componer su diseño días antes del estreno.

Una vez hayamos hecho el traslado a la sala de exhibición, ya no será labor nuestra realizar la pasada de utilería y vestuario, que pasará a ser responsabilidad de reguduría. Sin embargo, sí es de nuestra competencia anotar posibles complicaciones que creamos que pueden surgir y anticiparnos a ellas. A veces, son tantos los miembros del elenco y tantos los cambios de vestuario que los primeros días pueden resultar bastante caóticos. En un montaje en el que intervenían diez actores, y debido a las dimensiones de la sala, no se pudo ensayar con el vestuario hasta que estuvimos en el teatro, por lo que fue fundamental tener claras las entradas y salidas de personajes en cada escena para ubicar su vestuario en el camerino o espacio que estuviera más cerca. Esto, que puede resultar bastante sencillo, cuando nos enfrentamos a montajes con hasta ochenta personajes se vuelve apabullante. Ser organizados y tener la función clara en nuestra cabeza nos será de gran utilidad.

Durante las funciones, la ropa se lavará según las necesidades; hay prendas, generalmente las que están más en contacto con la piel y se sudan más, que se lavan a diario, mientras que otras pueden lavarse semanalmente o no lavarse. Los intérpretes son quienes se encargan de dejar las prendas en el cesto para que el personal de sastrería pase a recogerlas, pero no está de más que los primeros días se lo recordemos hasta que se acostumbren a ello.

También prestaremos especial atención al estado de aquellas prendas que, bien por ser de confección, bien por el uso, pueden desgastarse con el transcurso de las funciones. Los retoques y arreglos son comunes durante estas semanas y no debemos pasarlos por alto. En cualquier caso, cuando los tejidos son demasiado delicados y pueden dar problemas reiterados, el diseñador de vestuario y su ayudante deben tener previstos repuestos o dobles para evitar conflictos a largo plazo.

Caracterización

Es el departamento encargado tanto del diseño de peinados y pelucas como de hablar con el fabricante si se confeccionan pelucas a medida. También se encarga de diseñar el maquillaje y los postizos faciales que los personajes puedan requerir[26].

Como ayudantes, muchas de nuestras funciones en relación con este departamento serán muy similares a las que realizamos con el diseñador de vestuario, sobre todo en lo que se refiere a los tiempos, las pruebas y la previsión. Es esencial planificar antes o desde el comienzo de los ensayos la toma de medidas al elenco, y asimismo discutir, organizar y planificar los tiempos de recepción del material y contemplar el uso de elementos semejantes a los originales que permitan a los intérpretes y la dirección trabajar de acuerdo con la puesta en escena. Además, debemos asegurarnos de que, antes de los ensayos en la sala de exhibición, los actores hayan podido ensayar con los elementos de caracterización y acomodarse a ellos.

En lo que respecta a las pruebas de caracterización, durante los ensayos estaremos en contacto con el diseñador para organizar aquellas que resulten necesarias. Debemos prever un camerino confortable para ello y estar presentes durante su desarrollo. Supervisaremos y anotaremos aquellos elementos pendientes de compra o arreglo y hablaremos con el diseñador para que estén listos antes de entrar en la sala de exhibición.

---

[26] En ocasiones, según las dimensiones y requisitos del proyecto, puede que el diseño de maquillaje y peluquería no los asuma una sola persona y haya un diseñador específico para cada uno. Otras veces, en proyectos de corte más realista o costumbrista, la persona encargada de maquillaje y peluquería puede ser también diseñadora de vestuario, de modo que se aúnen todas estas labores.

Además, tal y como sucedía en el caso del vestuario, es habitual que durante el proceso de ensayos surjan demandas en relación con determinados elementos de caracterización, por ejemplo que una peluca sea difícil de desenredar y necesite más tiempo del previamente contemplado. Esto puede requerir tanto la modificación o confección de los elementos ya establecidos como la compra de algún material debido a la aparición de nuevas necesidades no contempladas. Es nuestra labor informar al diseñador o a su ayudante y ponerle en contacto con el resto de diseñadores en el caso de que haya que solventar cuestiones comunes.

Una vez entremos en sala de exhibición, es fundamental que hayamos realizado previamente una escaleta de cambios de caracterización por personaje, teniendo en cuenta el orden, lugar y tiempo estimado en que deben llevarse a cabo. A veces habrá un espacio propio para ello y en otras ocasiones se realizarán en pequeños rincones entrecajas, dependiendo del tiempo que haya para efectuarlos. En cualquier caso, se deben facilitar espacios que cuenten con espejos con luz, sillas y mesas para disponer del material necesario y que el técnico pueda trabajar en condiciones. En este sentido, decidiremos, junto a producción y oficina técnica, si es necesario contar con personal de maquillaje y peluquería en funciones para la realización de cambios de caracterización.

Una vez pasemos a sala de exhibición, planificaremos el tiempo que necesita cada miembro del elenco para maquillarse y caracterizarse. Habrá ocasiones en que puedan hacerlo ellos mismos en su camerino, pero otras veces necesitarán al personal técnico del teatro. Con el fin de organizar las citaciones, hemos de prever este tiempo, que se irá ajustando según avancen las funciones.

Iluminación

El diseñador o diseñadora de iluminación es responsable del diseño creativo y técnico de la iluminación en escena. Diseña, planifica y entrega una dramaturgia de la luz que compone en conversación con el director de escena.

Nuestras funciones en relación con esta figura pasan, en gran parte, por los aspectos señalados como comunes en el apartado correspondiente. No obstante, durante las semanas que estemos en la sala de ensayos, es recomendable grabar los pases completos o parciales de la función y enviárselos al diseñador para que, en caso de no poder acudir a ellos, pueda ir avanzando trabajo antes de entrar en la sala de exhibición.

Una vez comience el montaje técnico, se aforará el espacio, se colgarán focos y se implantará la escenografía. Estos días continuaremos ensayando en el espacio anterior mientras los diseñadores y técnicos trabajan en la sala de exhibición. Acudiremos al ensayo e, idealmente, al finalizar, nos acercaremos por el montaje y hablaremos con luces y escenografía para saber cómo van y comprobar si se cumplen los tiempos preestablecidos para poder empezar a ensayar con el elenco y la dirección y hacer pases técnicos allí.

Una vez entremos en la sala de exhibición con el montaje de luces ya adelantado, empezaremos los pases técnicos, en los que, con gran probabilidad, el diseñador irá ajustando su diseño y memorias conforme avancemos. Nuestra labor es crucial estos días. Es aconsejable estar cerca de él para ir apuntando en el libreto las memorias y los tops. Es muy probable que sufran pequeñas variaciones con el paso de los días, por lo que debemos siempre revisar que nuestro libreto esté actualizado.

Hay ocasiones en las que, aunque el iluminador haya grabado el último pase de ensayos, en sala de exhibición necesita precisar posiciones y terminar de ajustar algunas memorias con los movimientos de los actores. Estar a su disposición y ofrecernos para hacer de dobles de luces (alguna mañana antes del inicio del ensayo) puede ser de gran ayuda.

Diseño de sonido

El espacio sonoro ha ido sofisticándose a lo largo de los años, de modo que los departamentos se han especializado tanto que puede ser que una sola persona no abarque todo el proceso, que va desde la composición de música original (si la hubiere) hasta su implantación en escenario y su ejecución.

No siempre se crea música original para los montajes, pero en caso de que así sea, la persona que la compone no es necesariamente la misma que diseña el espacio sonoro ni que implanta el sonido *in situ*. Nuestra tarea como ayudantes es conocer las canciones, músicas, sonidos, etc., que se están componiendo y estar al tanto de cuándo están listas para utilizarse en ensayos. Es habitual que la duración de estas composiciones se coordine con los movimientos y acciones que se realizan en escena, por lo que sus tiempos van medidos al segundo. Debemos estar atentos para grabar en vídeo lo que el compositor pueda necesitar, así como anotar su duración.

El diseñador de sonido es la persona encargada de crear y organizar el espacio sonoro, editarlo e implantarlo *in situ* (altavoces, micros de ambiente, microfonía de elenco, etc.). También se ocupa de ecualizar y trabajar con la voz actoral si utilizan micros, en cuyo caso debe decidir cómo suenan sus voces y si se recurre a algún efecto para su sonido *(reverb,* distorsión, etc.).

Dependiendo de las necesidades del proyecto y también de la disponibilidad del diseñador, su asistencia a ensayos variará. A veces, bien el diseñador, bien su ayudante, van todos los días y aprovechan para trabajar y probar sonidos durante el tiempo de ensayos. Sin embargo, puede suceder que la asistencia no sea tan frecuente, en cuyo caso debemos planificar con antelación junto a dirección los días que nos interesa que esté presente y aprovechar para ensayar esas escenas. En esos días es recomendable avisar al elenco para que sean conscientes de que se lanzarán pistas de sonido, canciones o atmósferas a las que pueden tardar en acostumbrarse. No obstante, se servirán también de ellas como catalizadoras para su creación y composición de personajes. Es recomendable que en estos ensayos nos tomemos un tiempo para estar cerca del diseñador e ir apuntando en nuestro libreto los primeros tops de sonido. Como sucedía con las luces, irán variando según se avance en el proceso, pero cuanto antes vayamos conociéndonos y familiarizándonos con ello, mucho mejor.

Es muy probable que, durante la ejecución, surjan por parte de la dirección escénica propuestas, solicitud de modificaciones, subidas y bajadas de volumen, nuevas ideas, etc.[27]. Por eso es necesario que una persona se ocupe de la ejecución de sonido en la sala de ensayos y se haga cargo de todas las cuestiones que vayan surgiendo[28]. Para ello, la figura del ayudante de espacio sonoro es crucial, y lo recomendable es que esté presente en los ensayos y traslade dichas necesidades al diseñador.

Puede suceder también que se quieran realizar locuciones de voces en *off* para algunas escenas. En ese caso, hemos de planificar los días de grabación dentro del horario de ensayos y hablar con producción para disponer de un espacio adecuado en el que no haya eco y reverberación.

Durante los días de montaje en la sala de exhibición, cuando todavía dirección y elenco están en la sala de ensayos, al terminar estos es recomendable acercarnos por allí para comprobar cómo van los creativos. Es en estos días cuando se colocan los altavoces y PEAS y, si los hay, los micrófonos de ambiente y los ocultos o vistos en la escenografía.

Cuando hay micrófonos en el montaje, bien de diadema, bien de pie, bien inalámbricos, hay que hacer pruebas de sonido antes de cada pase y de cada función. Para ello es importante medir bien los tiempos cuando estemos ensayando en la sala de exhibición para, después, poder planificarlos y respetarlos durante funciones. Esto incluye el tiempo de microfonía y el tiempo de la prueba de sonido. En el caso de que cada miembro del elenco lleve micrófono, es posible que lo anterior suceda de forma escalonada, bien en

---

[27] En caso de que no haya un ayudante de espacio sonoro, esta labor también podría desempeñarla un técnico de sonido, aunque no podría atender con tanta precisión a cuestiones del diseño artístico.

[28] Si el ayudante de dirección queda encargado de esta tarea, no podrá atender sus funciones con el elenco relacionadas con dar texto y apuntar movimientos.

pequeños grupos, bien individualmente, según el tiempo que se necesite con cada uno para ecualizar y medir niveles.

Videoescena

La videoescena es un departamento relativamente nuevo en el mundo teatral, pero igualmente necesita un espacio para su desarrollo. Se encarga de todo lo que tiene que ver con la imagen proyectada y su uso en escena, que puede ser a través de una pantalla, en cualquier otro elemento del espacio *(videomapping),* en proyección (proyector delante del espacio donde se proyecta) o en retroproyección (proyección detrás del espacio donde se proyecta). El diseñador de videoescena es la persona encargada de su diseño, planificación y ejecución.

Como sucedía con el diseñador de sonido, la presencia del diseñador de vídeo en los ensayos dependerá tanto de los requerimientos artísticos como de la pauta que dirección marque. A veces vendrá a ver pases y a grabar lo que le interese para poder diseñar y trabajar fuera de la sala de ensayos, otras nos pedirá a nosotros que grabemos y se lo enviemos y otras estará muy presente, y asistirá casi a diario.

En el caso de que parte o toda la videoescena se grabe previamente, hemos de coordinar y planificar con dirección los tiempos destinados a ello y las citaciones del elenco según las necesidades. Asimismo, hemos de coordinar al resto de creativos implicados en el rodaje, por ejemplo el diseñador de vestuario y caracterización y el escenógrafo. A veces, puede grabarse en lugares intentando simular otros espacios, por ejemplo, hacer de una sala de ensayos o un espacio diáfano un ring de boxeo o del pasillo de un sótano el de un vestuario. Para este tipo de grabaciones es importante elegir las ubicaciones con anterioridad y contar con el diseñador de luces para la ambientación del espacio.

Si el montaje contempla una cámara en directo y es manipulada por los intérpretes, será crucial que el diseñador esté presente en los ensayos. Ahí se decidirán tanto los momentos en los que se graba y se proyecta como la programación del elemento y su uso escénico. El elenco no está obligado a tener conocimientos técnicos, y es habitual que haya nervios y tensión cuando se trata de manipular en escena este tipo de objetos, que, además, requieren mucha coordinación y precisión técnica. Al fin y al cabo, se trata de una emisión en directo. Cualquier golpe, tirón de un cable o movimiento brusco puede hacer que se pierda la señal, se altere el foco de la proyección o aparezcan interferencias.

Evidentemente, cuando entremos en la sala de exhibición, como ayudantes, una de nuestras principales labores será destinar tiempo al ensayo con todos estos elementos y casuísticas. El espacio, las distancias, los puntos de conexión e, incluso, probablemente, las propias cámaras o dispositivos habrán cambiado sutil o marcadamente, y esto requiere ensayos y repeticiones que hemos de considerar y hablar con dirección para que también lo tenga siempre presente.

Igualmente, a lo largo de todo el proceso será esencial que iluminación, escenografía y videoescena hablen. Por ejemplo, en un montaje la proyección se hacía sobre las taquillas de un vestuario, lo que obligó a darles un tratamiento de pintura especial para que no aparecieran brillos ni el metal afectara a la proyección y provocara mala visibilidad. Durante el montaje también es importante hacer las pruebas de proyección necesarias y prever que los diseñadores de vídeo dispongan de tiempo para ello; en este caso nuestra labor como ayudantes es organizar y respetar sus tiempos, hablando con ellos y estipulando una previsión. Huelga decir que la composición y el diseño de luces se verán afectados por las proyecciones, de modo que habrá que hacer varias pruebas al respecto. Lo ideal es realizarlas en tiempo de montaje, pero si los ajustes y proyecciones son múltiples, también se efectuarán durante los pases técnicos. Hemos de hablar con dirección y elenco para que lo tengan presente y sepan que serán jornadas de trabajo más pesadas y lentas.

Coreografía y asesoría de movimiento

La asesoría de movimiento es el proceso de concebir y crear el movimiento escénico de los cuerpos o personajes que aparecen en escena. En este sentido, puede tratarse tanto de una o varias coreografías o momentos coreográficos propiamente dichos como de algo más alejado de lo dancístico que consista en acciones, gestos y desplazamientos de actores, es decir, en la creación de un lenguaje escénico que tenga un carácter propio, expresivo y compositivo.

Durante los ensayos, planificaremos las sesiones de movimiento junto con dirección: un día a la semana, un par de horas todas las mañanas, una semana intensiva... Las combinaciones pueden ser múltiples, y es importante tenerlo claro también de cara al elenco. Además, hemos de planificar el tiempo de calentamiento y estiramiento antes y después de las sesiones. No está de más, tampoco, recordarle al elenco que debe llevar ropa cómoda estos días. Si hay ayudante de movimiento, será la persona encargada de asistir al coreógrafo para obtener la correcta ejecución de los movimientos por parte del elenco. Puede encargarse de dirigir calentamientos y estiramientos o de planificar jornadas de trabajo en la sala de ensayos en caso de que el coreógrafo no pueda acudir. Como en los anteriores casos, no es una figura obligatoria en el proceso de creación escénica, pero sí muy útil en su desarrollo. Durante el periodo de ensayos pueden surgir múltiples necesidades relacionadas con el movimiento que debemos comunicar al ayudante para que este aporte soluciones y se las comunique al diseñador.

Para estas sesiones, coordinaremos los tiempos de ensayos no solo con dirección y elenco, sino también con el diseñador de sonido y el diseñador de vestuario, para poder aunar todas las disciplinas. En el caso de que se usen elementos de utilería o escenografía en las coreografías, implicaremos de igual manera al escenógrafo o a su ayudante. En este sentido, hemos de asegurarnos de que en los ensayos en sala de exhibición los actores han podido ensayar los movimientos y coreografías con los elementos de vestuario, utilería y caracterización y acomodarse a ellos. Será nuestra labor estar pendientes de los tiempos de entrega de vestuario y utilería y de que los diseñadores se coordinen entre sí para que favorezcan el desarrollo del montaje. Es importante, también, hablar con el elenco para que estén tranquilos respecto a los tiempos, pues, según nos vayamos acercando a la semana de montaje en sala, los nervios irán aumentando y empezarán a preguntar cada vez más insistentemente sobre ello.

Además, puede darse el caso de que aparezcan figuras especializadas en el tema del que trata el montaje y que esto influya en las coreografías o movimientos escénicos. Por ejemplo, en un montaje donde se desarrollaba una historia de atletismo ambientada en Galicia, durante el periodo de ensayos se contó con una coreógrafa y un *coach* deportivo. Fue interesante ver la convivencia de ambos. La coreógrafa, debido a la apuesta plástica de dirección, creó varias danzas con movimientos derivados tanto del deporte como del folclore gallego, mientras que el asesor deportivo ayudó con rutinas de series, estiramientos y calentamientos propios del atletismo que también fueron llevados a escena.

Otra de nuestras tareas durante los ensayos será grabar las coreografías de forma que luego, si el coreógrafo no puede acudir, puedan ensayarse en la sala o individualmente en otro espacio.

Una vez nos hayamos trasladado a la sala de exhibición, será fundamental encontrar tiempo para que el coreógrafo repase con el elenco los movimientos y/o coreografías en el nuevo espacio. No es siempre fácil ni sencillo adaptarse; son otras sensaciones, medidas, atmósferas, y requerirá tiempo acostumbrarse a ello.

Asimismo, una vez hayamos estrenado, es importante repasar con el elenco antes de cada función aquellos movimientos más técnicos o complejos. Es habitual que sean peleas, golpes que se falsean o algunas coreografías que convenga limpiar. Nosotros debemos planificar ese tiempo y recordárselo a los intérpretes implicados.

Capítulo 3

La relación con los intérpretes

Valle del Saz

La relación con los intérpretes es una de las más importantes que se establecen en un proceso de creación. Independientemente del tipo de espectáculo en el que estemos trabajando, ya sea teatro de texto, *performance,* danza o cualquier otro tipo de disciplina, contaremos con intérpretes que serán los encargados de ejecutar la pieza y, como tales, representan la cara visible del proceso, algo de lo que hay que ser consciente. Todos los creativos, de alguna manera, se exponen al presentar su trabajo ante el público, pero el intérprete es el que *da la cara* todos los días, es el que suele trabajar con el material más sensible y es el que, en cierta manera, queda más expuesto. Al contrario que el de cualquier otro miembro del proceso creativo, el trabajo de los actores es diario, ellos son los encargados de ejecutar la pieza cada día. Hay que ser conscientes de que el teatro se construye en equipo y que un actor no puede hacer la función sin un personal técnico que facilite la puesta en escena o sin un escenógrafo o un iluminador que diseñen para que el hecho teatral sea posible. Por eso estamos ante una de las relaciones más importantes y delicadas en un proceso. Hay que poner en valor el trabajo interpretativo, pero no puede copar todo el proceso creativo: estamos ante un arte colectivo.

Cada intérprete es un mundo. Y es quizá con el ayudante con el que se produce la relación más duradera en el tiempo. Por eso es muy importante sentar unas buenas bases desde el comienzo. Como ayudantes hay que ser conscientes de que los actores no son tus amigos, y si lo eran de antemano, hay que saber que cuando estamos trabajando el código y la relación han de ser otros por nuestro propio bien y el de la producción. No hay que establecer una relación de amistad, pero sí sentar unas bases que generen confianza, seguridad y apoyo totales entre los intérpretes y nosotros. Como dice la canción: «No vine aquí para hacer amigos pero sabes que siempre puedes contar conmigo».

También hay que ser conscientes de nuestra posición: somos parte del equipo de dirección, no el director de escena, no otro actor. Somos un punto intermedio. En muchas ocasiones, tanto el director como los actores nos confiarán cosas que entre ellos no se confiesan. Hay que saber muy bien cuál es la información que trasladamos al director y cómo y viceversa. Repasar los apuntes de psicología no nos vendrá nada mal en este punto. Pero como decíamos, la relación con los actores comienza mucho antes de los ensayos o de la exhibición de la pieza. En muchas ocasiones puede que el director o producción nos pidan nuestra opinión para realizar el *casting* de una producción. En otros trabajos quizá no formemos parte de ese proceso. En la elección del elenco de una función nos jugamos más del 80% del éxito de la producción. Saber elegir es fundamental, y no solo por la calidad interpretativa.

Hay muchos tipos de producciones y la elección del elenco está sujeta a casuísticas muy variadas. En algunos casos se realiza un *casting* para elegir a todo el elenco mientras que en otros algunos personajes ya están decididos. Un proceso de *casting* puede decirnos mucho sobre qué tipo de actor y persona tenemos delante más allá de sus capacidades interpretativas. Cómo ha sido la comunicación con esa persona antes del día de la prueba, la puntualidad, cómo entra en la sala de *casting,* si lleva el texto aprendido o no, cómo se relaciona con las personas que intervienen en este proceso: todo cuenta, todo *nos* cuenta.

Una vez elegido el elenco, hay muchos directores que tienen algún encuentro previo con los actores. En algunos procesos formaremos parte de esas reuniones o encuentros y a partir de ese momento comenzará nuestra relación con los intérpretes. Esos días son delicados: son momentos en los que se empieza a hablar del proceso, días en los que se comparten las primeras impresiones y objetivos y en los que comienza a mostrarse la sensibilidad y vulnerabilidad de cada uno. Formar parte de ese proceso nos ayudará a crear cercanía y confianza con el elenco.

Cuando estos primeros encuentros no se producen, la toma de contacto con los intérpretes tendrá lugar en los primeros días de ensayo. Las primeras semanas también son delicadas, ya que una sala de ensayos es un lugar desnudo en el que todos quedamos expuestos. Es parte de nuestra labor crear un clima de confianza que facilite el trabajo y fomentar un ambiente propicio para ello. Pasados los primeros días, cuando empezamos a aterrizar, también es muy importante establecer un mismo código de trabajo. Con toda probabilidad cada intérprete procederá de una escuela o tendrá un método de trabajo propio y encontrar el código que se va a establecer para que la aportación de todos derive en el bien común es muy importante. No hay que dar nada por sentado. Este es un tema sobre el que debemos hablar abiertamente para evitar posibles malentendidos innecesarios entre compañeros. Por ejemplo, puede que algún actor tenga tendencia a improvisar desde su personaje y alguno de sus compañeros no trabaje así y no entienda que su colega lo está haciendo. Puede que afronte estas improvisaciones como «ataques» a la persona, no al personaje. Si damos por hecho que ambos lo entienden, puede que se cree un conflicto innecesario. De ahí que sea preciso atajar el «problema» antes de que verdaderamente lo sea. La dirección debe sentar las bases y el código de trabajo teniendo en cuenta a cada intérprete y su ámbito de libertad. No podemos imponer una manera de trabajar que no es la del intérprete, pero sí encontrar un código común entre todos. Esto nos facilitará enormemente todo el proceso y nos evitará problemas futuros. Tenemos que hablar el mismo idioma, pero manejar todos los dialectos.

También es en estos primeros momentos cuando más claros debemos ser en comunicación. Es muy importante conocer las agendas de los intérpretes, sus compromisos, saber si están haciendo otros trabajos. Como ya hemos dicho, cada intérprete es un mundo, y cada representante también. Puede que te toque negociar fechas con ellos y que con algunos tengas que armarte de paciencia. La mayoría de los actores estarán compaginando ensayos o funciones con grabaciones u otro tipo de trabajos. Es importante hacerles saber que sus otros trabajos también son importantes para nosotros. En este punto hay que valorar algunas peticiones que puede que nos quiten tiempo de ensayos. Otra vez entrará en juego la psicología: que un actor haga una sesión en una película o una serie y deje de ensayar un par de días puede que a la larga sea beneficioso para el montaje. Organízate, habla con el director y el actor y llega a acuerdos. Con toda probabilidad esas ausencias se puedan subsanar trabajando con él de otra manera. Que sienta que su carrera se valora es importante. Pero hay que saber cuándo se nos pide cada cosa. No es lo mismo dar un par de días al comienzo o mitad de los ensayos que a una semana del estreno. Y no es lo mismo conceder días para cumplir con otros trabajos o por cuestiones personales o médicas que acceder a otro tipo de peticiones. Las necesidades de los intérpretes son importantes, pero las nuestras y las del montaje también. Pon todo en la balanza y háblalo.

Durante estos días también hay que aclarar con los actores si la comunicación va a ser directa con ellos o se realizará a través de sus representantes. También si no les importa participar en un grupo de WhatsApp para facilitar las tablillas y órdenes del día o si prefieren la comunicación por correo electrónico. Tampoco en este caso hemos de dar por hecha una manera de trabajar o usar un mismo método para todos. Pregunta, llama, habla: todo será más fácil.

Aclarados muchos de estos temas prácticos, comenzaremos a ensayar. Este periodo es, evidentemente, importantísimo. Tras las primeras lecturas, a las que suele acudir todo el equipo, cuando arrancan los ensayos, los actores, el director y el ayudante se quedan solos en la sala de ensayos. En muchas ocasiones, y dependiendo del tipo de producción, puede que durante este periodo también esté presente alguno de los ayudantes del resto de creativos o el ayudante de producción. Aquí comienza el trabajo con los intérpretes; es un momento tremendamente vulnerable tanto para ellos como para el director, por lo que es muy importante haber sentado las bases de confianza y respeto que les permitan tanto a ellos como a nosotros trabajar. Hay tantas maneras de afrontar los ensayos como directores: algunos seguirán trabajando en mesa, otros pondrán todo en pie desde el primer día, hay quien comenzará con improvisaciones o quienes plantearán un calentamiento vocal y físico. Las posibilidades son infinitas. Es el momento, de nuevo, de detectar si todos estamos utilizando el mismo código y si todo el equipo está a gusto con la manera de trabajar del director. En este momento, otra vez, será nuestra capacidad para leer a los intérpretes la que nos dé pistas de lo que está sucediendo, pero lo más importante para saber cómo va todo es preguntar, hablar, fomentar la comunicación. Si estamos trabajando teatro de texto, hay que tener en cuenta que a los actores puede, o no, que les guste que les den texto. Hay quien prefiere que te anticipes y quien prefiere pedir, de modo que antes de arrancar pregúntales, ya que durante estos primeros días esa va a ser una de tus funciones. Tenemos que estar todos cómodos y eso te obliga a no dar nada por sentado.

A no ser que estemos trabajando un monólogo o una pieza en la que solo interviene un intérprete, es también en este momento cuando los actores comienzan a relacionarse entre sí. No eres responsable del comportamiento o la forma de ser de nadie, pero en tu mano está fomentar una buena relación, mediar para calmar algunas situaciones o apagar algunos fuegos antes de que el incendio se descontrole. Muchas veces las relaciones entre el elenco son buenas, pero nunca estamos a salvo de que haya problemas. Los intérpretes trabajan con su cuerpo y sus emociones, quizá el material más sensible que podemos encontrar en una sala de ensayos, por lo que son seres muy vulnerables y expuestos cuyas relaciones hay que tratar de que sean lo más sanas posible. En este punto somos facilitadores, mediadores, aunque no responsables de todo. Si surge un problema grave, será el director o producción los que intervengan para solventarlo.

Durante estas primeras semanas los actores comenzarán a analizar su relación con el ayudante: la confianza que el director deposita en él, cuánto controla el espectáculo, si es profesional en lo que respecta a la puntualidad, la rigurosidad en el trabajo, todo. Son como leones acechando a gacelas, lo cual no tiene una connotación negativa ni significa que nos vean como una figura a la que hay que atacar, sino que, al igual que estaremos haciendo nosotros, ellos están valorando a la persona a la que tienen delante. Es importantísimo ser profesionales y rigurosos y cumplir con nuestras funciones, pero también lo es contar con el respaldo del director. Que nuestra opinión sea legitimada y nuestra figura puesta en valor por la persona que está guiando el proceso es de suma importancia. Como también lo es que no seamos nosotros los que desacreditemos al director. Somos parte del equipo de dirección y puede que haya decisiones tomadas por el director con las que no estemos de acuerdo; pero será a él a quien se lo comuniquemos, con quien tendremos un diálogo si el espacio y el lugar se prestan a ello. Nunca jamás lo haremos ante los actores y a espaldas del director; es echarnos piedras sobre nuestro propio tejado y el tejado del montaje. Lejos de jugar a nuestro favor o de contribuir a que los intérpretes, que puede que tampoco estén de acuerdo con alguna decisión, nos valoren más, lo que va a suceder es que se va a producir una escisión en el equipo de dirección y en la relación del elenco con nosotros. Nuestras ocurrencias no son geniales y las de los directores tampoco, pero son las suyas las que hay que poner en práctica y defender más allá de nuestra opinión. Ellos manejan el barco. Los actores no son depredadores feroces, pero saben muy bien en quién pueden depositar su confianza o no. De ahí que si desde el principio no hemos trabajado en los cimientos de esta relación, va a ser imposible conseguir la confianza o el reconocimiento suficiente para quedarnos solos durante el seguimiento de la función y ser capaces de dar notas o convertirnos en una figura respetada. Lo mismo sucederá con el resto del equipo artístico y técnico. No hay una fórmula mágica para conseguir esa posición, pero conocer todos los aspectos de la función, entablar una relación profesional con los intérpretes, obtener la confianza del director y mostrar profesionalidad en el trabajo son fundamentales para establecer un buen vínculo con los actores.

A medida que los ensayos avancen, nos irán surgiendo diversas pruebas de vestuario y peluquería o comenzará a aparecer el espacio sonoro. También, dependiendo de las posibilidades del lugar de ensayo, se probará la luz, pero no suele ser habitual. Los creativos necesitarán visitarnos durante estos días para poder avanzar en su trabajo. Abrir una sala de ensayos es un momento delicado. La mayoría somos profesionales y sabemos cómo comportarnos, pero es importante proteger a los intérpretes y al director en este momento. Saberles transmitir que son miradas amables, que están trabajando al igual que nosotros, no fomentar la sensación de que son un público que viene a mirar y juzgar, etc. Es importante, también, como decíamos, acompañar a los intérpretes durante estas primeras pruebas de vestuario y caracterización. Muchas veces todo fluye sin más, pero en otras ocasiones no es así; no somos responsables, pero sí podemos fomentar el entendimiento entre los actores y las ideas del figurinista o del caracterizador. De nuevo la clave radica en encontrar un punto medio que permita al actor sentirse cómodo y con un atuendo que encaje con la idea y el desarrollo de su personaje y concuerde con lo que el diseñador de vestuario ha trabajado sobre la pieza. Por eso, aunque no es indispensable, es muy importante estar presente en estas primeras pruebas y conocer las sensaciones de unos y otros.

A medida que se avanza en el proceso, llegaremos a otro punto sumamente importante y frágil para los intérpretes: las fotos y vídeos de promoción y las entrevistas. Lo primero que hay que aclarar es que no somos la oficina de prensa de nadie. Tenemos que estar informados de cuándo *nuestros* intérpretes y, con toda probabilidad, el director, van a realizar entrevistas, para qué medio y qué alcance van a tener, pero no es nuestra tarea gestionar toda la logística que ello conlleva. De lo que sí somos responsables es de tratar de agendar las fotos y el vídeo de promoción, junto con producción, teniendo en cuenta las necesidades de los actores y del director y las posibilidades del fotógrafo encargado de la sesión. Una vez acordada una fecha, hay que intentar que el día que se realicen las fotos, ya sean de escena o de promoción, todos estén tranquilos y confiados y sepan que no se elegirá ninguna imagen con la que no estén de acuerdo. De nuevo aquí nos tocará ser mediadores entre la idea del director y la del videocreador o fotógrafo y la imagen de los actores. Es su cara la que va a aparecer en las acciones de prensa, son ellos los que van a ver su imagen en el Metro, en los autobuses o en los medios de comunicación. Deben sentirse cómodos con el material y esto pasa por generar un buen ambiente en la sesión de fotos, contar con una buena dirección guiándola y hacer gala de paciencia y comprensión en la elección final de imágenes.

Nos vamos acercando a la recta final de esta primera parte del proceso: la entrada en sala. Previamente se habrá presentado el diseño de escenografía a los intérpretes, con toda probabilidad en aquellas primeras reuniones de equipo, y en la medida de lo posible la sala de ensayos será lo más similar al espacio donde se va a realizar la puesta en escena. Igualmente, si parte del mobiliario ha ido llegando, se habrá empezado a trabajar con él, pero será en el momento en que entremos en el teatro cuando verdaderamente nos enfrentaremos al espacio escénico tal y como es. Estamos ante otro instante crucial. Ese primer día es muy recomendable que junto con el director y el escenógrafo presentemos a los intérpretes el espacio en el que se va a desarrollar la pieza para que se familiaricen con él. Es nuestra labor, también, supervisar que los accesos de los actores están libres de obstáculos y bien señalizados y que cuenten con el espacio suficiente para que puedan tener una botella de agua, cambiarse o cualquier otra necesidad. El regidor habrá adelantado parte de este trabajo, pero no está de más que nosotros lo supervisemos: cuatro ojos ven más que dos y además los nuestros llevan cuarenta y cinco días viendo este montaje. Durante los primeros ensayos en sala hay que ser permisivos y comprensivos con los actores. Debemos entender que están familiarizándose con un espacio totalmente nuevo y que es posible que en ese periodo de adaptación se pierdan cosas que se habían conseguido durante los ensayos. No pasa nada; volverán: es solo cuestión de tiempo acomodarse a las nuevas circunstancias.

Si todo va bien, comenzaremos con los ensayos técnicos. Este es otro mundo para algunos intérpretes y directores. Nuestro conocimiento del mundo técnico y de sus tiempos es ahora crucial para comprender si algo verdaderamente se está demorando o simplemente no se está trabajando como se debería. No se trata de saber programar un móvil o pintar un suelo, pero sí de ser consciente del tiempo que se tarda en hacerlo. Estos días hay que tomárselos con calma, paciencia y humor porque pueden resultar muy pesados para aquellos que no tienen ningún interés por el mundo técnico o no lo comprenden. Hay actores que saben perfectamente cómo trabajar durante un ensayo técnico: reservan su energía, dan el texto y los pies en tiempo, son precisos en sus acciones, proyectan la voz. Pero hay otros que no son tan rigurosos en el trabajo. Es crucial conseguir que comprendan que es de suma importancia que sean precisos en volúmenes, tiempos y movimientos, porque todo el equipo técnico está trabajando en función de ellos. No pueden tirar el texto, no pueden correr o hacer cosas que en un pase normal no hacen porque todo afectará a la puesta en escena. Probablemente el director, durante estas sesiones, esté más pendiente de cuestiones técnicas, por lo que seremos nosotros los que, ajustándonos a las necesidades de los diseñadores, guiemos el ensayo, lo retomemos o lo paremos. Como decíamos, pueden ser días pesados, pero tan importantes y necesarios como el resto de los ensayos. Por eso advertir a los intérpretes de la dinámica que vamos a seguir, pedirles calma y paciencia y darle a todo un toque de humor nos ayudará a llevar estos días de otra manera.

El día del estreno se acerca y, por lo tanto, los ensayos generales o los pases con público también. Puede que antes de estos días se haya abierto algún pase, muy reducido, para personas de confianza, pero enfrentarse a la sala llena es otra cosa. Los nervios de todo el equipo van a estar a flor de piel. Trata de templarlos: «No es tan importante, no nos jugamos la vida de nadie, aunque nos vaya la vida en ello». En tu mano está relativizar y transmitir sensación de calma y bienestar. Incluso cuando algo vaya mal, debes transmitir calma, porque todo, absolutamente todo, tiene solución. No está de más que antes de estos pases hagas una visita a los intérpretes para ver cómo se encuentran. Hazles saber que estás ahí por si te necesitan, pero no te excedas; como decíamos antes, cada actor es un mundo, y puede que haya quien desee concentrarse a solas en el camerino, quien necesite su espacio para calentar, etc. Sé guardián de esos espacios, procura que no haya ruido y molestias en la zona de camerinos, que el espacio del escenario u otro similar esté libre por si quieren calentar; en definitiva, vela por que tengan su momento de calma antes de la representación. Estos primeros ensayos con público nos proporcionarán mucha información acerca del acompañamiento que necesitará cada intérprete durante las funciones.

Superados los ensayos generales, llegará el día del estreno. El día de los nervios por excelencia. Da igual los años de experiencia de cada intérprete, da igual que traten de disimular: están nerviosos. Como habremos venido haciendo desde que entramos en el teatro, somos los encargados de fomentar la calma. El director, con toda seguridad, también estará nervioso, aunque trate de disimular, y puede que vuelque sus nervios hacia los intérpretes, hacia el equipo o hacia nosotros. Al igual que cada actor, cada director es un mundo (pero ese es otro capítulo). En el caso de que sea de los que vuelca sus nervios hacia los actores, trataremos de mediar y de distinguir los nervios de lo que son notas necesarias o pertinentes en ese momento. Ya lo dijimos: ten a mano los apuntes de psicología. Los estrenos son un momento muy emocional y emocionante. La atención y la sensibilidad están tan activas que al final la descarga de adrenalina será total y todo llegará a buen término.

Pero ¿qué sucede después del gran día? Que el ayudante se queda solo. Generalmente el ayudante realizará el seguimiento de la función y será entonces cuando comprobaremos si la relación que hemos establecido con el equipo y los actores es sólida y profesional. Los directores suelen acudir al montaje varias veces por semana, dependiendo de sus compromisos, pero seremos nosotros, generalmente, los que acudiremos al teatro a diario, los que acompañaremos y velaremos por la función hasta el último día. La relación con los intérpretes aquí se torna más personal incluso. Será el primer día en que nos encargaremos nosotros de dar en solitario las notas cuando veamos si hemos sembrado bien la simiente de esta relación. Pero antes de eso, hay que volver a hablar sobre la dinámica de las notas. En general suele ser mejor darlas en solitario, a cada actor en la intimidad de su camerino, porque será ahí donde nos confesarán dificultades o desacuerdos con el montaje o con sus compañeros. Tampoco conviene hacerlo nada más terminar la función. Generalmente, cuando acaba una representación, los intérpretes tienen la adrenalina por las nubes, no son objetivos con el trabajo porque está muy reciente y, con toda probabilidad, deben atender a algunos compromisos, por lo que van a salir corriendo del teatro. Las notas merecen un espacio de calma y reflexión tanto para ellos como para nosotros, por lo que suele ser mejor esperar al día siguiente, cuando todo ha reposado más. Pero en cualquier caso, es algo que plantear y hablar con el elenco. Dar notas es un arte que merece un libro aparte. Hay que hacer gala de delicadeza, saber cuándo algo se convierte en recurrente y hay que dar la nota, cuándo hay que dejar volar y evolucionar la función, conocer la sensibilidad de cada intérprete hacia las notas, buscar el momento y el tono adecuados. También cuándo algo escapa a nuestra competencia y es el director el que debe intervenir. El primer día que demos notas sabremos, como decíamos, si la semilla ha dado fruto o no. Si los intérpretes nos cuestionan, no aplican las notas de forma recurrente; en definitiva, si no somos tomados en serio, el seguimiento no va a ser un camino de rosas. Esto puede deberse básicamente a dos motivos: a que el director no ha sido legitimado durante los ensayos o a que nosotros mismos no hemos sido capaces de sembrar entre los intérpretes la confianza necesaria como para que ellos comprendan que nuestra mirada sobre el espectáculo es crítica y profesional, es, en definitiva, la mirada de dirección. Por eso hay que ser conscientes desde el mismo día en que somos presentados como ayudantes de dirección de que nuestras fuerzas serán medidas y todo se tendrá en cuenta. Hay intérpretes que necesitan un breve periodo de adaptación desde que el director se va del montaje y somos nosotros los encargados del seguimiento. Esto, en todo caso, puede ser comprensible, pero si se convierte en recurrente, es que algo no ha ido bien. En este caso hay que hacérselo saber al director, que deberá poner en valor nuestra figura y legitimarnos ante el elenco. Pero, como decíamos, si el error ha sido nuestro, poco hay que hacer ya. Por eso sé inteligente, profesional, conoce el espectáculo con todo detalle, no cometas el error de creer que los intérpretes son tus amigos, gánate su confianza, muestra, en definitiva, rigor en tu trabajo y todo irá bien.

Pero la vida de un montaje, en muchas ocasiones, va más allá del estreno y las representaciones en un solo teatro. Gran parte de los montajes que se estrenan actualmente tienen el privilegio de contar con gira. Dependiendo del tipo de producción, puede que el ayudante pase a ser el gerente en gira de la función. Pero, independientemente de esto, lo ideal es que el ayudante, junto con el director, acuda al primer bolo de la función fuera del teatro donde la obra fue estrenada y donde hizo temporada. Esta primera función habrá sufrido adaptaciones tanto escenográficas como de iluminación y sonido que el ayudante deberá supervisar y aprobar. Este día es importante realizar un pase técnico con los actores en el nuevo espacio teniendo en cuenta todas las adaptaciones y valorando muchas decisiones, tanto artísticas como técnicas, que deberán tomarse allí. Este ensayo con los actores será bastante similar a los primeros ensayos técnicos que se realizaron en el espacio original, pero con el tiempo reducido. Es importante ser eficientes, eficaces y rápidos, transmitir tranquilidad a los intérpretes y solventar cualquier problema o duda que puedan surgir. Nuestra figura en este primer bolo es de suma importancia en todos los aspectos. El conocimiento de la función en todos los sentidos hará el trabajo más fácil y contribuirá a que la adaptación del montaje sufra lo menos posible respecto del original.

Otro aspecto importante en lo referente a la relación con los actores son las sustituciones. Si la relación con el elenco ya es de por sí delicada, la que se establece con un intérprete que viene a sustituir a otro hay que cuidarla sobremanera. Para empezar, ese actor habrá contado con mucho menos tiempo para prepararse, no habrá formado parte del proceso de ensayos y puede que se sienta muy solo en muchos momentos. Generalmente, un intérprete que sustituye a otro trabaja únicamente con el ayudante; en algunas ocasiones el director, dependiendo de su agenda, acudirá a algún ensayo. Tampoco es habitual que le acompañe el resto del elenco, salvo en algún ensayo final, aunque no tiene por qué ser así. Nosotros somos su unión con el montaje y con el resto de actores. Es un momento en el que hay que infundir aplomo, calmar, dar confianza y mostrar un dominio del espectáculo que permita al actor sentirse seguro y respaldado en el momento en que suba por primera vez al escenario junto con sus compañeros. Durante estos ensayos es importante tratar de trabajar con él de forma eficaz pero sin que crea que nuestro objetivo es que su interpretación sea idéntica a la del actor al que va a sustituir. El actor debe encontrar su propia versión del personaje, pero teniendo en cuenta las pautas de dirección y el montaje. Es, pues, una situación complicada *a priori,* ya que debemos conseguir que se sienta libre en un espacio realmente acotado. Otra vez hay que sacar los apuntes de psicología y permitir la exploración y el trabajo actoral dentro de unos parámetros muy definidos. Tenemos que ser soporte, escuchar, acompañar y apoyar durante este proceso.

En definitiva, como hemos visto, la relación con los intérpretes es larga y delicada, una de las más importantes que vamos a establecer durante este proceso y una de las que más cuidado y atención requieren. Con el tiempo hay muchos aspectos que iremos aprendiendo y mejorando, pero tener en cuenta ciertos puntos desde el comienzo contribuirá enormemente a que tanto nuestro trabajo como el suyo sea el mejor.

Capítulo 4

Del ensayo al estreno.
Las relaciones de la ayudantía de dirección con los equipos técnicos

Ana Barceló y Cristina Hermida

Existen distintos tipos de producciones teatrales. Las más conocidas son la producción propia (perteneciente a un teatro público o una productora privada que gestiona un teatro), la coproducción (uno o varios teatros públicos producen en colaboración con una o varias productoras privadas) y la producción privada (una productora privada produce un proyecto teatral y lo exhibe en un teatro, que puede ser público o privado). La diferencia entre trabajar en una entidad pública y hacerlo en una privada suele radicar en dos cosas fundamentalmente: el presupuesto y las relaciones con los distintos departamentos. Generalmente, los teatros públicos son lugares mucho más compartimentados en los que es importante conocer la división de personal y los cargos y funciones que desempeña cada uno de ellos y saber a quién dirigirse en cada situación. Es importante no pasar a nadie por alto si trabajamos en un teatro público, pues cada puesto de trabajo cuenta. Por otro lado, las productoras privadas, generalmente, suelen ser empresas pequeñas en las que una misma persona desempeña varias funciones. La relación es mucho más directa y menos institucional, y, sin embargo, también hay que tener en cuenta cómo funciona la empresa: por pequeña que sea, el trabajo seguramente esté dividido de manera que todo sea más eficaz.

La otra diferencia, como apuntábamos, radica en el presupuesto. Independientemente de si estamos ante una producción privada o pública, nuestras funciones como ayudantes estarán condicionadas por la factura del espectáculo. En producciones pequeñas con poco presupuesto, casi con toda seguridad los creativos no tendrán ayudantes, por lo que seremos nosotros, junto con producción, los encargados de desempeñar algunas de esas labores. Sin embargo, en creaciones con un presupuesto más elevado se contará con mayor número de personal y podremos ajustarnos a las funciones que como ayudantes debemos desempeñar.

En este capítulo nos ocuparemos de describir la relación que la ayudante de dirección tiene con los distintos departamentos técnicos diferenciando los posibles tipos de producción. Aunque las combinaciones son múltiples, nos centraremos en los dos casos más comunes: por un lado, una producción propia de un teatro público o coproducción con una productora privada y, por otro, una producción privada con exhibición en un teatro público o privado.

La figura de la ayudantía de dirección comienza con la llamada de la directora de escena del proyecto o de la productora. En este momento se establecen las fechas de trabajo y las condiciones de contratación de la ayudante de dirección. Si la producción es propia o es una coproducción, es decir, si un teatro público realiza una producción o la coproduce con una productora privada, la ayudante de dirección tendrá relación con ambas partes y buscará siempre que la comunicación sea fluida. Esto no quiere decir que sea el puente de comunicación entre las partes (eso es tarea de producción), pero sí debe estar atenta a las problemáticas que puedan surgir entre ambas. Dependiendo de la naturaleza del proyecto, habrá una relación más directa con el teatro o con la productora privada[29].

---

[29] Por ejemplo, si los ensayos se realizan en las salas de ensayo del propio teatro, la relación con el personal de este será mayor que si se llevan a cabo en otra sala.

En principio, no tendremos relación directa con la gerencia del teatro, ni con su dirección artística ni con la dirección de producción, sino que estableceremos una comunicación con producción ejecutiva y estableceremos un vínculo más estrecho con asistencia de producción, que estará presente en el periodo de ensayos y será el puente de comunicación entre el teatro y la creación artística.

Por otro lado, el departamento de administración gestiona las contrataciones de materiales, proveedores con relación al centro de trabajo, cuestiones jurídicas, viabilidad, etc. Ayudantía de dirección tampoco tiene una relación directa con este departamento, aunque podría darse el caso de que necesitase realizar alguna consulta o petición. Normalmente siempre hay una mediación por parte de producción.

Dirección de producción

Maneja todo el presupuesto del teatro o productora que se vaya a encargar del espectáculo[30]. No solemos tener ninguna relación con este cargo, aunque es interesante que conozcamos la figura y a la persona que lo ocupa[31].

Producción ejecutiva

El productor ejecutivo gestiona el presupuesto de la producción concreta en la que trabajará la persona encargada de la ayudantía. La comunicación con él o ella debe ser constante, directa y fluida: muchas decisiones diarias dependen de esa interlocución. Entre sus fun-

---

[30] Gestiona el presupuesto completo con el que se realizarán todas las actividades que engloba ese teatro desde el proyecto que crea dirección artística.

[31] En el caso de productoras privadas, el ayudante sí suele tener más relación con el director de producción, aunque su contacto más directo será con la producción ejecutiva.

ciones principales está la contratación del equipo artístico y técnico. En nuestro caso, como ayudantes de dirección, solo nos corresponde gestionar nuestro propio contrato, que puede ser mercantil o laboral según la naturaleza del proyecto. Si se trata de una coproducción, conviene confirmar de antemano qué parte (la productora principal o la coproductora) se encargará de formalizar nuestra contratación. No hacerlo puede generar confusiones: en una ocasión, durante semanas dimos por hecho que el contrato lo haría una de las partes y finalmente resultó ser la otra. Ese cambio afectó directamente al tipo de alta y a las condiciones de contratación, lo que nos obligó a revisar opciones entre trabajo por cuenta ajena o propia.

Otra de las funciones de producción ejecutiva es la gestión de compras para el montaje. A veces, la escenógrafa solicita determinados materiales o elementos que debemos tramitar a través del productor ejecutivo o de su asistente. Es importante que toda solicitud quede registrada y pase por los canales adecuados para evitar duplicidades o gastos imprevistos[32].

Por último, producción ejecutiva debe autorizar ciertas decisiones específicas de la puesta en escena que impliquen costes o riesgos añadidos. Cada producción tiene sus particularidades, y hay propuestas que, aunque sean artísticamente deseables, necesitan una valoración técnica y económica antes de aprobarse. Por ejemplo, en un montaje reciente, la directora quería utilizar bengalas en escena. Tras comunicarlo a producción ejecutiva, el equipo valoró su viabilidad dentro del presupuesto. Luego fue necesario consultarlo también con la dirección técnica y con la propia sala para asegurarnos de que su uso estaba permitido. Finalmente, se verificó con la productora privada si las bengalas podrían utilizarse en gira. Este tipo de procesos son habituales: la comunicación clara entre ayudantía,

---

[32] Ni ayudantía de dirección ni producción deben intervenir en el diseño de la compra, es decir, el ayudante de dirección comunica una compra concreta y producción ejecutiva, previa revisión, la efectúa, pero los encargados de buscar lo que se necesita y decidir la compra son el diseñador en cuestión y dirección artística.

dirección y producción garantiza que las decisiones artísticas se concreten sin comprometer la seguridad ni el presupuesto.

Asistencia de producción

La asistencia de producción actúa como enlace directo entre la ayudantía de dirección, la producción ejecutiva y los distintos departamentos técnicos. Es importante que todas las necesidades se canalicen a través de esta figura: será ella quien gestione la comunicación con cada departamento del teatro o de la compañía.

En cuanto a las compras, se suele disponer de una pequeña caja para gastos menores. Ayudantía de dirección no realiza las compras directamente, sino que solicita a asistencia de producción aquello que sea necesario para el montaje o los ensayos. Durante los ensayos, asistencia de producción puede apoyar en tareas puntuales, por ejemplo facilitando materiales o coordinando pequeñas gestiones para que el trabajo fluya sin interrupciones.

En funciones, es quien se encarga de reponer fungibles y materiales dañados, siempre tras consultar con el diseñador o la dirección técnica qué modelo o marca debe adquirirse. Para otros elementos de uso técnico (como desmaquillantes, tejidos o plantillas), coordina las compras directamente con regiduría y con los departamentos implicados, o con gerencia si se trata de una producción privada.

Prensa

Cuando se organizan las fotografías oficiales, prensa informa a producción de las fechas previstas y producción las acuerda con dirección artística y el elenco. Nos encargaremos, como ayudantes de dirección, de convocar al equipo y confirmar su disponibilidad (si la ayudante está contratada en ese momento). Si hay algún código de vestimenta (por ejemplo, vestir de negro, evitar estampados, llevar pantalones vaqueros…), debemos transmitírselo al elenco con antelación.

95

En ocasiones se nos solicitará una breve biografía y una fotografía para el dosier de prensa. Es importante recordar que no siempre las fotos de equipo coinciden con las del cartel: a veces el dosier se completa antes y se utilizan imágenes de otras sesiones. También debemos estar al tanto de las entrevistas al reparto o al equipo de dirección para garantizar que no interfieran con los horarios de ensayo ni con la preparación de funciones.

En el pase gráfico, nuestra labor es coordinar a todos los departamentos implicados: maquillaje, peluquería, sastrería, utilería, regiduría, iluminación y sonido. Debemos convocar al elenco, preparar junto a dirección las escenas que se grabarán o fotografiarán e informar de ello a regiduría y a los diseñadores para que todo esté listo ese día. Por último, en caso de rueda de prensa, confirmaremos con el elenco la fecha y disponibilidad y nos encargaremos de comunicar el día, la hora y el lugar del encuentro.

Comunicación

El departamento de comunicación coordina las acciones destinadas a la difusión pública del proyecto: fotografías, vídeos, redes sociales o encuentros con el público. La ayudantía de dirección colabora asegurando la disponibilidad del elenco y del equipo artístico y garantizando que la información circule con claridad.

Las fotos de cartel suelen ser el primer material promocional. Producción acuerda con el elenco el día de la sesión y ayudantía de dirección debe convocar a los participantes y confirmar su disponibilidad. A veces estas sesiones se realizan antes de que exista una ayudante asignada (por ejemplo, en presentaciones de temporada), por lo que es posible que no siempre seamos informadas directamente.

En cuanto a las redes sociales, comunicación puede solicitar grabaciones breves al elenco o al equipo para la promoción del espectáculo. Es importante avisar con antelación: en ocasiones, los actores rechazan participar si no se les ha informado con tiempo. En una ocasión, por ejemplo, tuvimos que posponer un vídeo promocional porque el actor no había sido avisado previamente y solicitó un tiempo de preparación.

Durante la grabación del *teaser* o de las fotos de promoción, coordinaremos con dirección escénica las escenas que se grabarán o fotografiarán y convocaremos al elenco. Debemos, además, informar a coordinación técnica para que prevea la presencia de maquillaje, peluquería, sastrería, utilería, reguduría, iluminación, sonido y el resto de departamentos implicados. También avisaremos a los diseñadores para que todo esté preparado ese día.

Por último, en los encuentros con el público, ayudantía de dirección comunica y confirma la fecha con el elenco y el equipo artístico y transmite a producción la asistencia de los participantes. Se mantiene el contacto con el moderador y con coordinación técnica para preparar los aspectos prácticos: memorias de luces, micrófonos o cualquier requerimiento técnico necesario.

Dirección técnica

Coordina a los coordinadores de cada centro (cuando hay varios espacios de trabajo) y a los jefes de las distintas secciones técnicas (iluminación, sonido, maquinaria, utilería, etc.). Su función es asegurar que todas las áreas técnicas trabajen de manera coherente y segura dentro de los límites del presupuesto y las condiciones del teatro. No mantenemos una comunicación directa con esta figura salvo en casos puntuales en los que sea necesario validar cuestiones técnicas específicas o durante el montaje, cuando la coordinación entre dirección escénica y técnica requiere un contacto más estrecho.

Coordinación técnica

Coordinación técnica es el puente entre dirección técnica y los distintos departamentos técnicos. Supervisa el montaje, la distribución del personal y el traslado de materiales entre centros o teatros.

Trabajamos junto a este departamento para anticipar necesidades y resolver imprevistos.

Antes del montaje, se celebran reuniones previas en las que dirección escénica y los diseñadores exponen sus necesidades. La ayudante de dirección debe asistir, atender a cada departamento y prever posibles incidencias. Posteriormente, se organizan reuniones previas de montaje en escenario donde coordinación técnica comunica el plan de montaje al resto del equipo. Debemos solicitar este documento y revisarlo para asegurarnos de que las indicaciones referentes a elenco y dirección escénica son correctas. En ese momento, elaboramos también el horario de entrada del elenco en la sala de exhibición.

Durante los ensayos y funciones, se mantiene una comunicación constante con coordinación técnica para cubrir necesidades de implantación, camerinos, utilería, sastrería, maquillaje, sonido, iluminación y videoescena.

En los días previos al estreno, coordinación técnica organiza la pasada técnica, distribuyendo al personal de cada área según las necesidades comunicadas por ayudantía y regiduría. Por ejemplo, si una peluca debe desenredarse tras cada función, este departamento asignará a la persona encargada de hacerlo. Por otro lado, cuando el material escénico se traslada entre centros, coordinación técnica gestiona su envío y recepción. Debemos confirmar que todo el material solicitado ha sido cargado y recibido correctamente: en un montaje, por ejemplo, un vestuario completo se extravió durante un traslado por no haberse confirmado la entrega y tardó varias horas en ser localizado.

Finalmente, coordinación técnica prepara el plan de desmontaje, momento en que es importante que ayudantía de dirección recuerde al elenco que tras la última función comienza el desmontaje y que no deben dejar objetos personales en escena ni en las patas del escenario. Si el espectáculo entra en gira, colaboraremos en la planificación técnica y artística de cada plaza e informaremos de incidencias detectadas durante el seguimiento de funciones para optimizar los futuros montajes.

Jefes de sección

Cada jefe de sección coordina al personal de su área (iluminación, sonido, maquinaria, utilería, sastrería, entre otras) y toma decisiones específicas sobre los elementos que requiere el espectáculo. No solemos mantener una relación directa con ellos, ya que la comunicación con los distintos departamentos se canaliza a través de la oficina técnica y reguría. Aun así, es importante conocer quiénes son los responsables de cada sección y mantener una relación cordial y abierta: pueden resolver dudas o intervenir en situaciones concretas durante el proceso. En una ocasión, durante un ensayo se necesitó una pistola de fogueo. El jefe de utilería acudió personalmente para conocer las características del arma requerida y recordarnos el protocolo de seguridad. Solo él podía autorizar su uso. Este tipo de coordinación garantiza que las decisiones técnicas se tomen con responsabilidad y respeten el marco de seguridad del teatro.

Reguría

Desde el inicio de los ensayos, especialmente si reguría se incorpora tarde (normalmente suele incorporarse cuando quedan diez días para el estreno)[33], debemos establecer una comunicación directa y transmitirle toda la información sobre utilería, vestuario, maquinaria y tops de sonido, iluminación o vídeo. Es importante que exista una relación constante y fluida. Cuanto antes disponga

---

[33] En lírica, reguría se incorpora al equipo desde el primer día de ensayos, de modo que los movimientos escénicos, conocimiento de utilería, vestuario y tops de ejecución de sonido, iluminación, maquinaria y videoescena son su responsabilidad desde el principio, aunque se establezca una comunicación fluida entre el ayudante de dirección y el regidor que facilita mucho el trabajo.

de esos datos, más fluido será el proceso de transición hacia el montaje en sala.

Durante los ensayos, ayudantía de dirección se encarga de elaborar las tablillas con las citaciones del equipo artístico y técnico: estas deben contener hora de inicio y finalización del ensayo, hora de incorporación de cada persona, trabajo que se va a realizar en cada parte del ensayo, pausas y número de escenas que se ensayarán si las hubiere[34]. Cuando comienzan las funciones, esta tarea pasa a reguría, por lo que es importante haber establecido un buen modelo de organización y comunicación desde el principio.

Reguría también se encarga de ejecutar la pasada técnica antes de cada función y de lanzar los tops de luz, sonido, maquinaria o vídeo, según la complejidad del montaje. Nos aseguraremos de que la pasada ha sido revisada antes de cada función. En algunos proyectos, la escenografía y la plástica escénica están presentes desde los primeros ensayos; en otros, se incorporan en la fase final, por lo que la coordinación con reguría se vuelve especialmente importante en el tránsito hacia la sala de exhibición.

Durante la función, reguría tiene la autoridad sobre el hecho escénico: da el visto bueno para el inicio, realiza los tres avisos al elenco (a los treinta, quince y cinco minutos) y puede detener la representación si fuera necesario. Es, en definitiva, la jefa de escenario durante la función. En este sentido, solo supervisaremos que todo va según lo previsto para comenzar la función.

Reguría asume la dirección del hecho escénico desde la preparación del escenario hasta el final de la función. Es la jefa de escenario y la única persona con potestad para detener el espectáculo si fuera necesario. Como ayudantes de dirección, no podemos intervenir di-

---

[34] No es habitual, pero si se produce una falta continuada de un actor a los ensayos, la tablilla es un documento oficial que acredita dichas ausencias y puede ser motivo de despido. Es, por tanto, muy importante que las tablillas se envíen sin errores y se apliquen con rigurosidad.

rectamente desde el patio de butacas[35], pero debemos conocer este protocolo y respetar su autoridad durante la representación.

Tras cada función, el diálogo con reguría continúa. Se revisan los partes de incidencias, los ajustes técnicos y las observaciones de seguimiento. Si se detectan errores recurrentes o variaciones necesarias (como pequeños cambios en los tiempos de luces o sonido), ayudantía de dirección comunica esas notas para que reguría las incorpore en la siguiente función.

Utilería

Utilería se encarga de preparar, mantener y reponer todos los objetos escénicos que intervienen en el espectáculo. Como ayudantes de dirección, colaboramos estrechamente con este departamento para asegurar que los elementos estén disponibles y operativos tanto en ensayos como en funciones.

Antes de comenzar los ensayos, el diseñador de escenografía y ayudantía de dirección deben afinar un listado previo de utilería que recoja los objetos necesarios para el trabajo en sala. Este listado se comunica al coordinador técnico y al jefe de utilería, quienes seleccionan en los almacenes del teatro (o de la productora, si se trata de una coproducción) los elementos más adecuados. Algunos de ellos pueden acabar incorporándose de forma definitiva al espectáculo.

Durante el periodo de ensayos surgirán ajustes y nuevas necesidades que deben resolverse con agilidad. Es fundamental mantener una comunicación fluida entre utilería, asistencia de producción, ayudantía de escenografía (si la hay) y ayudantía de dirección. En caso de no existir ayudante de escenografía, nos coordinaremos directamente con el escenógrafo y producción para cubrir las demandas de la dirección artística.

---

[35] Podemos avisar como una espectadora más de algo que está sucediendo en el patio de butacas, pero no es una labor ni una responsabilidad concreta de la ayudante de dirección.

En producciones propias, prepararemos la pasada de utilería, es decir, la relación completa de los objetos que intervienen en la función. Esta función la asume ayudantía de dirección porque normalmente los utileros no asisten a los ensayos de la obra de teatro[36]. Es una forma de facilitar el trabajo de los utileros durante el montaje y las representaciones[37].

Asimismo, conviene llevar un control de fungibles, anotando los elementos de consumo o reposición frecuente (por ejemplo, una barra de pan diaria, confeti o bengalas). Aunque la compra no sea responsabilidad directa de utilería, sí deben avisar de su reposición y coordinarse con producción. Al mismo tiempo, es responsabilidad de la ayudante de dirección asegurarse de que los fungibles están listos[38].

Tanto en producciones como en coproducciones, los utileros también pueden fabricar parte de los objetos escénicos. En estos casos, la comunicación entre el equipo de escenografía y el de utilería es esencial para garantizar que los materiales se construyan conforme a las necesidades artísticas y técnicas del espectáculo. Debemos estar al tanto de la creación de dicha utilería y establecer un calendario para la entrega de los objetos con el fin de poder utilizarlos cuando dirección escénica estime oportuno.

Maquinaria

El departamento de maquinaria se encarga de la instalación, movimiento y manipulación de los elementos escenográficos. Su

---

[36] En lírica, además de la presencia de reguría desde el comienzo de ensayos, hay al menos un utilero que organiza todo el material requerido.

[37] En general, el ayudante debe saber también la utilería de cada escena, pues en periodo de ensayos es muy normal que el número de escenas no se trabaje en orden cronológico todos los días. De este modo, el ayudante debe saber, por ejemplo, qué utilería se está utilizando en la escena 4 y dónde está colocada para no perder demasiado tiempo en la colocación de elementos y así seguir creando.

[38] Es responsabilidad de producción, no de ayudantía de dirección, conseguir los fungibles.

trabajo está directamente vinculado a dirección técnica y reguría, y requiere una comunicación constante con ayudantía de dirección para garantizar la seguridad y la precisión en cada ejecución.

Durante el montaje de escenografía, dirección técnica elabora el plan de trabajo y el equipo de maquinaria lo ejecuta. La escenógrafa y su ayudante implantan los elementos en el escenario, y ayudantía de dirección supervisa el proceso antes de la llegada del elenco.

En funciones, la maquinaria ejecuta la subida y bajada de telones, así como la manipulación de elementos colgados en varas. Estas acciones se realizan siguiendo los tops indicados por reguría o por el propio maquinista, según el protocolo del teatro. Debemos cotejar siempre las marcas con reguría y dirección escénica para asegurar la coordinación. También realizan los cambios escenográficos bajo las órdenes de reguría, que da el top de ejecución al equipo de maquinaria. Confirmaremos previamente que los movimientos y transiciones se ajustan a lo establecido en los ensayos. Finalmente, maquinaria también puede encargarse del montaje de pantallas u otros elementos suspendidos, siempre a petición de dirección técnica, reguría o la propia ayudantía de dirección cuando sea necesario.

SASTRERÍA

El departamento de sastrería se encarga del mantenimiento y organización del vestuario durante ensayos y funciones. Colaboramos estrechamente con vestuario, producción y reguría para garantizar que las prendas estén disponibles, cuidadas y correctamente gestionadas.

Antes de los ensayos, el figurinista y su ayudante, junto con el personal de sastrería, seleccionan en los almacenes del teatro o de la productora las prendas necesarias. Durante el proceso, debemos hablar con el elenco para detectar posibles carencias y trasladarlas a coordinación técnica, sastrería o producción. Por ejemplo, si un actor necesita unos zapatos de ensayo, o unas medias, lo solicita al ayudante de dirección, que traslada la petición al ayudante de vestuario o a sastrería. En algunos casos, acompañaremos al personal técnico en la búsqueda o supervisión de estas piezas.

Sastrería se ocupa del lavado, secado y planchado de las prendas, tanto en ensayos como tras cada función. Solicitaremos los recursos necesarios (burras, cestas, transporte, etc.) para facilitar esta tarea. Una vez preparadas, el equipo organiza la pasada de vestuario colocando las prendas en camerinos o entrecajas según las necesidades de la función. Corroboraremos esta disposición con reguría antes de cada pase.

Cuando una prenda se utiliza en distintos momentos o por varios intérpretes, debemos prever el movimiento de vestuario entrecajas y comunicar a coordinación técnica y reguría la necesidad de personal de apoyo durante esos cambios. Durante las funciones pueden surgir arreglos o roturas. Avisaremos a reguría y verificaremos que sastrería los registre y repare. Es recomendable prever duplicados de prendas frágiles desde los ensayos, coordinándonos con el diseñador y producción para evitar retrasos.

Sastrería también elabora un listado de material necesario para mantener las prendas (hilos, tejidos, productos de limpieza, etc.) que se comunica a reguría y a asistencia de producción para su compra. Ayudantía de dirección debe informar de si alguna prenda necesita un arreglo o sustitución. En algunos casos, la sastra puede elaborar una escaleta de cambios de vestuario, herramienta interna que detalla el orden, lugar y responsables de cada cambio. La ayudantía la revisará junto con reguría por si existen dudas sobre su ejecución.

Finalmente, los cambios rápidos de vestuario se ensayan con reguría y deben realizarse con precisión y seguridad durante la función. Supervisaremos que estos cambios se cumplan en tiempo y forma.

Maquillaje

El departamento de maquillaje se encarga de ejecutar los diseños aprobados y garantizar la preparación estética del elenco durante ensayos y funciones.

En producciones propias, el diseño de maquillaje corresponde al diseñador especializado, mientras que el técnico maquillador se ocupa de su ejecución. Facilitaremos las fotografías de referencia, las instrucciones de aplicación y el listado de materiales necesarios. Si la producción pertenece al teatro, será la maquilladora quien elabore ese listado y lo envíe a asistencia de producción para la gestión de las compras oportunas.

Durante las funciones, la maquilladora realiza el maquillaje del elenco según las citaciones establecidas. En el caso de elencos amplios, conviene organizar turnos escalonados para evitar esperas o sobrecarga de trabajo. Estos tiempos se ajustan normalmente durante la semana de montaje. Verificaremos que el equipo artístico cumple con los horarios asignados.

Además, la maquilladora debe controlar el material y los fungibles e informar a ayudantía de dirección o reguiduría de cualquier reposición necesaria para que producción o asistencia de producción realicen las compras oportunas.

Peluquería

El departamento de peluquería se encarga del diseño, ejecución y mantenimiento de peinados y pelucas durante ensayos y funciones. En producciones propias, el diseño de peinados y caracterización corresponde al diseñador especializado, mientras que el técnico peluquero se ocupa de su ejecución. Facilitaremos las fotografías de referencia, las instrucciones de aplicación y el listado de materiales necesarios.

Las pelucas y postizos requieren un mantenimiento diario: deben ser peinados y preparados cada noche tras la función para su uso al día siguiente. Nos aseguraremos de que este proceso se cumple correctamente.

El peluquero también debe vigilar el material y los fungibles e informar al ayudante de dirección o a reguiduría de cualquier reposición necesaria para que asistencia de producción o producción ejecutiva gestionen la compra. Asimismo, debe comunicar cualquier deterioro en las pelucas con suficiente antelación para buscar soluciones a tiempo. Debemos estar al tanto de estos imprevistos.

ILUMINACIÓN

Durante los ensayos, si existen necesidades lumínicas específicas, la ayudante de dirección debe preverlas y comunicarlas a coordinación técnica y al diseñador de iluminación. Este (o su ayudante) elegirá el tipo de foco más adecuado entre los disponibles en el teatro. Las luminarias utilizadas en ensayos no tienen por qué coincidir con las de la función, pero deben permitir trabajar con condiciones similares. Será el departamento técnico de iluminación el encargado de facilitar este material.

En la sala de exhibición, coordinación técnica y los jefes de sección elaboran el plan de montaje de luces a partir del diseño del iluminador. Los técnicos se encargan de instalar, conectar y ajustar los focos bajo su supervisión. Aunque no es necesario que estemos presentes todo el tiempo, sí debemos mantenernos informadas sobre el avance del proceso y los tiempos de montaje para avisar a dirección escénica en caso de retrasos o imprevistos.

Durante las funciones, los técnicos ejecutan las memorias de luces y los efectos de humo siguiendo los tops marcados por reguiduría. Actuaremos como enlace entre el diseñador de iluminación y el regidor, supervisando que los tops se cumplan correctamente. Si durante las representaciones algún efecto debe adelantarse o retrasarse, ayudantía de dirección comunicará las modificaciones a reguiduría para su ajuste.

Por último, el equipo técnico también se encarga del mantenimiento del material de luces, así como del encendido y apagado de los equipos y la máquina de humo. Si se funde un foco o se detectan fallos recurrentes, la ayudante de dirección lo comunicará a reguría y a coordinación técnica para que se proceda a la reparación o sustitución correspondiente.

SONIDO

El departamento de sonido se encarga del montaje, ejecución y mantenimiento del sistema acústico del espectáculo, en coordinación con dirección técnica, reguría y ayudantía de dirección. Durante los ensayos, los técnicos instalan altavoces, micrófonos y mesa de sonido, previa petición de material a coordinación técnica. Solicitaremos dicho material y también nos aseguraremos de que ha sido instalado. De la misma forma, en la sala de exhibición, montan el sistema según el diseño de sonido, y ayudantía de dirección se mantiene informada de posibles incidencias o retrasos para comunicarlos a la dirección escénica.

Cuando el montaje requiere micrófonos inalámbricos, ayudantía de dirección debe prever tiempo para microfonar al elenco y realizar pruebas diarias antes de cada función. Los técnicos elaboran una memoria de micrófonos que asigna un número fijo a cada actor o instrumento; el regidor da los tops de encendido y apagado siguiendo esa memoria.

La microfonía y sus efectos (reverberaciones, distorsiones, amplificaciones) deben ensayarse para garantizar precisión. Durante las funciones, los técnicos ejecutan los audios y la ayudantía comunica ajustes de tiempos o volúmenes a reguría. En el caso de que se utilicen instrumentos en escena, su microfonía también debe preverse[39].

---

[39] Es aconsejable que, cuando se trata de elencos amplios, durante funciones las citaciones para microfonar se establezcan por turnos de forma que ni los ac-

Durante las funciones, los técnicos de sonido ejecutan los audios y efectos siguiendo los tops indicados por reguiduría. Si durante la representación algún top necesita adelantarse, retrasarse o ajustar su volumen, lo comunicaremos a reguiduría, que transmitirá las modificaciones al técnico responsable.

El equipo técnico de sonido realiza el mantenimiento del material (micros, petacas, conexiones y pilas) e informa a reguiduría y coordinación técnica de cualquier incidencia. Finalmente, los técnicos encienden y apagan los equipos antes y después de cada función, verificando su correcto funcionamiento. Debemos estar al tanto del mantenimiento, asistiendo si es necesario en el arreglo de algún elemento.

Videoescena

La videoescena suele estar a cargo del equipo de sonido, que trabaja bajo el diseño del videoescenista y en coordinación con dirección técnica, reguiduría y ayudantía de dirección. Durante los ensayos, si se utilizan proyecciones o cámara en directo, ayudantía de dirección, junto con el diseñador de audiovisuales, debe anticipar las necesidades técnicas (proyectores, cámaras y conexiones) y comunicarlas al coordinador técnico y al jefe de sección para su montaje y prueba antes del inicio del proceso.

En la sala de exhibición, los técnicos instalan los proyectores y sistemas de conectividad según el plan de diseño audiovisual, que puede incluir grabación, proyección en directo o *mapping*. Mantendremos una comunicación constante con el diseñador y coordinación técnica para conocer incidencias o retrasos y, si fuera necesario, ajustar el plan de ensayos.

---

tores tengan que esperar en exceso ni los técnicos se vean sobrepasados. Estos tiempos se habrán podido ir midiendo durante la semana de montaje en sala de forma que se haya hecho un testeo previo. Debemos corroborar que los actores acuden a maquillarse a la hora a la que están citados.

Cuando se emplea cámara en directo, los técnicos comprueban su funcionamiento y conexión antes de cada función, asegurando que las baterías estén cargadas y que los dispositivos estén integrados en la pasada técnica. Si un actor manipula una cámara o un móvil en escena, normalmente un técnico controla el encendido desde la mesa, aunque algunas producciones incluyen un operador en directo. Tendremos previsto su uso para ponerlo en conocimiento de coordinación y regiduría y que estos, a su vez, hablen con técnica.

Durante la función, el personal técnico ejecuta los vídeos y efectos audiovisuales siguiendo los tops de regiduría. Si es necesario modificar la sincronía o los tiempos, ayudantía de dirección comunica los cambios a regiduría, que los traslada a los técnicos. En montajes con cámara en directo, los tops de encendido y apagado deben definirse previamente con el diseñador y registrarse en la memoria de regiduría.

El equipo de videoescena también se encarga del mantenimiento del material: revisión o sustitución de proyectores, cámaras o conexiones y control del estado de baterías, consideradas fungibles. Asistencia de producción se encargará de su reposición. Podremos pedir la revisión de dichos elementos o su sustitución por otros de igual modelo en caso de considerarlo necesario. Finalmente, los técnicos son responsables de encender y apagar los equipos cada día y de verificar su correcto funcionamiento antes y después de cada función.

JEFATURA DE PROTOCOLO

Jefatura de protocolo es responsable de la reserva y distribución de entradas para prensa, personal del teatro, compañía y elenco, ajustando los cupos según se trate de previas, ensayo general, estreno o funciones. Producción ejecutiva debe conocer estos números y comunicarlos, a través del asistente de producción, al ayudante de dirección y al resto del equipo.

También organiza y coordina al personal de sala y taquilla, adaptando su labor a las necesidades del espectáculo. En grandes producciones, puede requerirse apoyo del personal de sala para acompañar al elenco a zonas específicas (palcos, foso, etc.). Asimismo, gestiona la presencia de autoridades e invitados institucionales e informa de ello a dirección artística, producción y ayudantía de dirección para que puedan comunicarlo al elenco y a reguría.

Por último, se encarga del diseño del corte de estreno, elaborando el listado de invitaciones en coordinación con dirección artística, producción y ayudantía de dirección para garantizar una comunicación fluida entre todas las partes.

Jefatura de sala

La jefatura de sala coordina el acceso del público y la gestión de las localidades durante las funciones, en estrecha comunicación con reguría, jefatura de protocolo y ayudantía de dirección. Debe evaluar la visibilidad desde las butacas y comunicar a taquilla las zonas con visión reducida para que se indiquen en la venta. Ayudantía de dirección y el equipo de escenografía deben conocer estas áreas para valorar posibles ajustes escénicos que mejoren la visibilidad.

En caso de que algunas butacas se utilicen durante la función (por necesidades técnicas, uso actoral o colocación de elementos de utilería o cámaras), informaremos a coordinación técnica y jefatura de sala para que la venta de dichas localidades quede bloqueada.

La jefatura también gestiona localidades adaptadas para personas con diversidad funcional o con perros guía. Debemos estar informadas de estas situaciones y, si es posible, avisar al elenco para que esté prevenido durante la función.

Es importante reservar siempre para la ayudante de dirección un asiento libre desde donde pueda realizar el seguimiento del espectáculo. Si el aforo lo impide, podremos ver la función desde la cabina técnica.

Una vez definida por protocolo la distribución de invitaciones, jefatura de sala gestiona la asignación y control de entradas en previas, ensayo general y funciones. Producción ejecutiva transmite esta información a través del asistente de producción. Debemos estar al tanto de los invitados de la compañía.

La apertura de puertas al público se establece entre quince y treinta minutos antes del inicio, decisión tomada conjuntamente entre jefatura de sala y regiduría. Por último, ante cualquier incidente con el público o sobre el escenario, solo jefatura de sala y regiduría tienen potestad para detener la función y decidir si se reanuda o no. Debemos estar informadas de estas decisiones para coordinar la comunicación con dirección y elenco.

ACOMODACIÓN

El equipo de acomodación se encarga de la atención al público dentro de la sala y de garantizar el buen desarrollo de la función en lo que respecta al acceso, permanencia y salida de los espectadores. Durante la entrada del público, el personal acompaña o indica a los espectadores sus asientos y entrega, en su caso, los programas de mano. Nos coordinaremos con jefatura de sala para asegurarnos de que la apertura y el acceso del público se desarrollan según el horario previsto.

Una vez iniciada la función, acomodación permanece dentro de la sala para asistir con discreción a cualquier espectador que necesite salir o moverse durante la representación, evitando interrupciones visibles o ruidos. Al finalizar, se encarga del desalojo ordenado del público y de controlar que nadie acceda al escenario o los camerinos. Solo cuando la sala está despejada, técnicos y compañía pueden volver a entrar para realizar comprobaciones o preparar la siguiente función. Nos aseguraremos de que este proceso se complete antes de dar por finalizada la jornada.

Taquilla

El personal de taquilla gestiona la venta y control de entradas, así como el cálculo de la recaudación según los precios establecidos. Cualquier incidencia debe comunicarse a jefatura de protocolo, que centraliza la información sobre localidades y distribución de público. En caso de localidades agotadas[40], taquilla informa a jefatura de sala, responsable de colocar el cartel correspondiente y de actualizar el aviso en la web del teatro.

La recogida de invitaciones se realiza en taquilla, por lo que el personal debe conocer los nombres de los invitados previstos. Habitualmente, asistencia de producción proporciona esa información. Si no estuviera disponible, podremos asumir esta comunicación para garantizar que todo el proceso se complete correctamente.

Pedagogía

El departamento de pedagogía coordina las actividades paralelas vinculadas a cada proyecto (encuentros, talleres, conciertos, publicaciones…) y contacta con la ayudante de dirección cuando requiere colaboración.

En los encuentros con el público, el ayudante de dirección comunica al elenco y equipo participante la fecha, confirma su asistencia y notifica al departamento cualquier cambio o ausencia para que este tome la decisión de mantener o modificar la actividad. En caso de que un miembro del equipo no pueda asistir, será el departamento el que determine si el encuentro se realiza el día decidido o si la fecha se modifica. Por ejemplo, una vez una actriz nos informó de que tenía la graduación de su hija ese mismo día. El depar-

---

[40] Debe avisarse tanto de que las localidades están agotadas para un día concreto como de que lo están para todos los días.

tamento de pedagogía y producción decidieron que el encuentro se mantenía en su fecha original sin la asistencia de la actriz.

Durante la temporada se programa una función accesible para personas con diversidad funcional. Ayudantía de dirección debe enviar el libreto actualizado, informar de cambios en el texto, coordinar con sala la ubicación de pantallas de sobretítulos, conocer la fecha de grabación y avisar al elenco del día asignado.

En cuanto a publicaciones, cursos o talleres, solo intervenimos si la actividad está directamente relacionada con el proyecto en el que trabaja y el departamento solicita su apoyo.

MANTENIMIENTO

El personal de mantenimiento se encarga de las reparaciones y el cuidado general del edificio (bombillas, puertas, climatización u otros elementos). Debemos contactar con este departamento para solicitar cualquier arreglo que afecte a los camerinos y la sala de ensayos o de exhibición.

El equipo de limpieza es esencial para el correcto funcionamiento del teatro. Nos aseguraremos de que los horarios de limpieza no coincidan con los ensayos y de que la sala quede en condiciones óptimas para el día siguiente. Durante la exhibición, acordará con reguiduría la hora de limpieza del escenario y comprobará que nadie lo pise una vez esté preparado[41].

El personal de seguridad controla el acceso al edificio. Debemos presentarnos como ayudantes de dirección al inicio del proceso para evitar incidencias y comunicar cualquier visita externa, carga o descarga de material, para garantizar que seguridad disponga de la autorización pertinente para facilitar el acceso de personas y vehículos.

---

[41] También es importante tener en cuenta que limpieza se encarga del mantenimiento de todo el edificio, por lo que debemos alertar al equipo para que no ensucie lugares externos a la sala de ensayos y mantenga el cuidado y decoro en todos los espacios del teatro.

Tabla 4.1

Departamentos técnicos, artísticos y administrativos más usuales en una producción pública o coproducción

1. Gerencia
2. Dirección artística del teatro
   2.1. Director/a artístico de la institución
   2.2. Dirección adjunta (si la hay)
   2.3. Ayudantía de dirección artística (si la hay)
3. Administración
4. Producción
   4.1. Dirección de producción
   4.2. Producción ejecutiva
   4.3. Asistencia de producción
5. Prensa
6. Comunicación
7. Técnica
   7.1. Dirección técnica
   7.2. Coordinación técnica
   7.3. Jefes de sección
       7.3.1. Regiduría
       7.3.2. Utilería
       7.3.3. Maquinaria
       7.3.4. Iluminación
       7.3.5. Sonido y videoescena
       7.3.6. Maquillaje y peluquería
       7.3.7. Sastrería
8. Protocolo
   8.1. Jefa de protocolo
       8.1.1. Sala
           8.1.1.1. Jefatura de sala
           8.1.1.2. Acomodación
   8.2. Taquilla
9. Pedagogía
10. Mantenimiento
    10.1. Limpieza
    10.2. Seguridad

TABLA 4.2

Departamentos técnicos más usuales en una producción privada

1. Gerencia de función
2. Producción
   - 2.1. Dirección de producción
   - 2.2. Producción ejecutiva
3. Prensa y comunicación (a veces el departamento está unido y a veces separado)
4. Distribución
5. Reguría (no siempre)
6. Técnica
   - 6.1. Dirección técnica (no siempre)[42]
   - 6.2. Utilería (no siempre)
   - 6.3. Maquinaria (no siempre)
   - 6.4. Iluminación
   - 6.5. Sonido y videoescena
   - 6.6. Maquillaje y peluquería (no siempre)
   - 6.7. Vestuario (no siempre)

---

[42] En compañías o productoras privadas muy pequeñas, no siempre existe la figura del director técnico. Sí debe haber siempre un coordinador que se encargue de las adaptaciones técnicas al nuevo espacio y la solicitud de necesidades específicas.

Capítulo 5

Herramientas de comunicación de la ayudantía de dirección

Ana Barceló y Valle del Saz

La buena comunicación y el fomento de esta son aspectos cruciales de nuestro trabajo. Trabajamos en equipos grandes, formados por diversos profesionales con agendas y necesidades muy diferentes que han de ser tenidas en cuenta. Nosotros somos la piedra angular que tratará de facilitar la comunicación y el entendimiento de todas las partes. Por un lado, tenemos al propio director de escena; por otro, a los creativos (escenógrafo, iluminador, figurinista, coreógrafo, etc.) y producción, a los que hay que sumar además el sector técnico y todo el personal del teatro. Es de suma importancia saber qué funciones desempeña cada cual y qué es responsabilidad de quién, pero también lo es transmitir a todos que nosotros debemos estar al tanto de cuanto ocurre para ser conscientes en todo momento de cómo va el montaje. La información y el conocimiento son nuestras mejores herramientas de comunicación. A continuación presentamos algunos documentos que contribuirán a hacer posible esa comunicación.

Ficha de contactos

Normalmente nos la facilita producción. Idealmente debe contener el nombre completo, *email* y un teléfono de contacto. En el caso de los actores, también deberá incluirse tanto el *mail* como el teléfono de su representante en caso de que lo tenga. Debemos ser cuidadosos con la información que se maneja, ya que se trata de datos personales. No está de más acordar con producción un primer correo electrónico para poner en contacto a todo el equipo: creativos, dirección técnica y producción. Hemos de ser muy cautelosos a la hora de facilitar los datos de actores. Una herramienta muy útil para agilizar la comunicación es la creación de un chat de trabajo. Las plataformas para crearlo son numerosas, pero la más común es WhatsApp. Lo más recomendable es crear un grupo con el equipo artístico, dirección y producción y otro con los actores. Antes de crear cualquiera de estos dos grupos hay que aclarar que son chats de trabajo, estrictamente profesionales, y, lo primero, preguntar si todo el mundo está de acuerdo con su creación. Nos serán de gran utilidad más adelante para facilitar las citaciones, tablillas o planes de trabajo.

Calendario de trabajo

Es producción la que nos facilita el calendario de ensayos, pero dirección escénica debe aprobarlo teniendo en cuenta tanto las necesidades del montaje como el convenio. Debemos fijar los horarios, tener en cuenta los festivos, al personal de los teatros y la compañía y los diferentes calendarios de actores y dirección. También debemos tener en mente los días que los actores hayan solicitado no asistir al ensayo, si producción los ha aprobado y si dirección escénica está al tanto.

118

Plan de montaje en sala de ensayos

No debemos confundir el plan de montaje en sala de ensayos con el plan de montaje en sala de exhibición. Antes del comienzo de ensayos, debe organizarse una reunión con dirección técnica y los diseñadores artísticos para organizar el montaje en sala de ensayos. Debemos convocar a todos los diseñadores porque, aunque la figura imprescindible suele ser la del escenógrafo, es importante que los demás estén presentes y puedan opinar sobre la ubicación de sus necesidades técnicas (proyectores en el caso del diseñador de videoescena; altavoces, micros, etc., en el caso del diseñador de espacio sonoro; focos —a veces hay algunos imprescindibles en sala de ensayos— en caso del iluminador; vestuario en caso del figurinista, etc.). También puede ser interesante que acudan el coreógrafo, para que conozca de primera mano el espacio con el que contará para trabajar, y el caracterizador, para que sea consciente del lugar del que dispondrá para ubicar todo el material que se utilizará durante la función (pelucas, accesorios, etc.).

Plan de ensayos

Prepararemos con el director de escena un plan para poder organizar los ensayos. Este puede ser mensual, semanal o diario, dependiendo de la elección del director. Es primordial para la organización de los ensayos, de modo que cuanto más detallado sea, más coordinación existirá para ubicar las necesidades que van apareciendo en cada fase de ensayos (pruebas con distintos diseñadores, posibles ensayos individuales, posibles ensayos de coreografías, tiempo extra de montaje por parte de técnica[43], etc.).

---

[43] Supongamos que una parte de la escenografía llega a mitad del periodo de ensayos pero no sabemos el día exacto. Si disponemos de un *planning* detallado,

CITACIONES

El medio para enviarlas puede ser WhatsApp o por *email*. En cualquier caso, las citaciones constituyen un documento oficial y legal al que producción puede recurrir ante cualquier problema. Se nos pueden pedir en cualquier situación, pero sobre todo si la contratación de actores no es corrida. Debemos ser rigurosos y formales. Tienen que quedar claros la hora, a quién se cita y el plan de trabajo, previamente consensuado con el director. Es recomendable enviársela a todo el equipo por si en el ensayo se va a abordar algún aspecto que alguno de los creativos necesita saber. Debemos pedir confirmación de su recepción[44].

PRUEBAS DE DISTINTOS DEPARTAMENTOS DE DISEÑO ARTÍSTICO

Se efectuarán durante el periodo de ensayos y durante los primeros días en sala. Normalmente son pruebas de maquillaje, peluquería y vestuario. Habrá que acordarlas junto con el figurinista, el diseñador de caracterización o el creativo que las requiera y el elenco. Para que todo el equipo esté al tanto, se incluirán en la citación del día que se hará llegar a todo el equipo.

---

cuando tengamos esa información será más fácil ubicar el montaje de esa parte de la escenografía lo antes posible y sin que interfiera en el horario habitual de ensayos.

[44] Si el montaje tiene escenas muy compartimentadas, es útil crear un cuadro de presencia de personajes para que el ayudante pueda controlar en todo momento cuáles se van a trabajar al día siguiente y quién tiene que acudir necesariamente. Esto ayudará a organizar pruebas de vestuario, maquillaje, peluquería, etc., porque, conociendo con antelación el plan de trabajo de escenas y quién interviene en cada una, ayudantía puede convocar a una prueba a un actor que no vaya a ensayar en ese momento.

120

Plan de trabajo de montaje en escenario

Serán dirección técnica y producción los que lo diseñen, pero ayudantía de dirección, junto con dirección escénica (teniendo en cuenta las necesidades del montaje), debe aprobarlo y proponer cambios si es necesario. Una reunión de los creativos junto con dirección técnica, producción y dirección será de gran ayuda para organizarnos de cara a estos días; y cuanto antes se celebre, mejor. Es importante que el ayudante de dirección recoja durante los ensayos posibles circunstancias que estén siendo problemáticas y las ponga en conocimiento del departamento correspondiente para evitar retrasos durante el tiempo de montaje.

Tablilla tras el estreno de la función

Dependiendo del tipo de producción, seremos nosotros o reguduría quienes la diseñen. Tenemos que ponernos de acuerdo con el regidor para registrar tanto las necesidades del equipo técnico como las de los actores. En ella hay que incluir los horarios, las diferentes pasadas técnicas y de utilería, horarios de maquillaje y peluquería si los hubiera, la citación de actores en el teatro, si estos disponen de tiempo en el escenario para realizar calentamiento o cualquier tipo de preparación, la hora de limpieza de escenario, de apertura de sala y de comienzo de función. Si alguno de los días hay algún evento especial, como un encuentro con el público o la grabación de la función, o si se requiere el escenario para ensayar alguna escena, hay que consensuarlo con el regidor y hacerlo constar en tablilla. Sea quien sea quien la redacte, reguduría se encargará de hacérsela llegar al equipo técnico, y nosotros, a los actores. También se puede enviar al equipo creativo, a título informativo, por si quisieran asistir a alguna representación.

Planos de escenografía

Normalmente no disponemos de escenografía el primer día en la sala de ensayos. Y aunque contáramos con ella, la distancia no suele ser real porque tendríamos que estar en un espacio aún más grande que el propio escenario en el que se va a exhibir la función. Por esta razón los planos de escenografía son un documento muy útil para resolver dudas sobre distancias que surgen durante los ensayos. Por ejemplo, si en un momento dado no tenemos claro a qué distancia está el público, bastará con comprobarlo en el plano de escenografía. Debemos tenerlo siempre a mano, e incluso puede estar pegado en alguna pared de la sala de ensayos para que sea accesible a todo el equipo.

Planos de escenografía en sala de ensayos

De cara al montaje en sala de ensayos, es primordial que el escenógrafo entregue este documento. Por un lado, aunque la escenografía suele diseñarse pensando en el lugar de estreno, es importante que el escenógrafo se asegure de que el diseño cabe en la sala de ensayos o que al menos prevea un plan alternativo para poder ensayar con un material lo más adaptado posible al resultado final[45]. También es importante valorar dentro de la sala de ensayos que no solo debe entrar la escenografía, sino que se necesita un espacio para la mesa de dirección, la mesa de elenco y las mesas de utilería e incluso, si es necesario, un camerino de transformación.

Dosier de escenografía

Es un documento en el que quedan registradas todas las inspiraciones, referencias y versiones de la escenografía hasta llegar a la

---

[45] A veces la escenografía no cabe porque tiene dos alturas o porque el ancho de la sala de ensayos es inferior al del espacio de exhibición.

definitiva. Es importante que el ayudante disponga de este documento y lo maneje para atender a las posibles dudas que surjan durante el montaje, así como para conocer los materiales con los que se va a trabajar.

Maqueta

Dependiendo del director de escena, la maqueta se utilizará más o menos durante los ensayos. No obstante, es un elemento muy útil para comunicar al equipo cómo será el espacio en el que trabajarán. En algunas ocasiones, el director de escena trabaja durante un tiempo previo a los ensayos con la maqueta para imaginar el montaje de la obra de teatro y transmite con ella al ayudante los movimientos. De este modo, el ayudante tiene una idea previa del trabajo que se va a realizar. Siempre es conveniente que la maqueta esté en la sala de ensayos, aunque la escenografía esté implantada, porque el espacio no suele ser exactamente igual y a veces se necesita realizar consultas que se ven con más claridad en 3D, es decir, con la maqueta[46].

Listado de pasada de utilería

Aunque los utileros y el regidor son las personas encargadas de colocar en función los elementos de utilería en la pasada, el ayudante de dirección suele encargarse de organizar dichos elementos en la sala de ensayos. Es importante que conozca bien toda la utilería necesaria para la función. Estos elementos pueden aparecer en la preproducción, cuando el director de escena ya

[46] Supongamos que un actor tiene que salir por una puerta en doble altura que aún no está instalada. Aunque se ficcione la salida en la sala de ensayos, cuanto antes sepa el actor por dónde sale realmente, mejor. Esta duda puede resolverse con la maqueta, que pone en preaviso al actor para la entrada a escenario.

solicite cosas que sabe que va a requerir, o durante los ensayos, cuando, como resultado de su creatividad y en función de las propias necesidades, aparecen nuevas ideas que es preciso materializar. Debemos recopilarlas e informar al ayudante de escenografía, al escenógrafo o al asistente de producción de las necesidades que van surgiendo, y la lista debe mantenerse actualizada para evitar confusiones.

Dosier de vestuario

El vestuarista debe realizar un dosier de vestuario que indicará las inspiraciones, referencias y diferentes versiones hasta llegar al proyecto completo que contenga los figurines de todo el elenco, incluyendo todos los cambios que se hayan planeado. Es un documento que sirve para que el ayudante pueda hacerse una idea del volumen de vestuario que habrá, así como de los materiales con los que se trabajará. En algunos casos, el vestuarista incluye en la presentación del proyecto retales de tela para que sepamos con qué materiales vamos a trabajar.

Figurines de vestuario

En el dosier de vestuario deben aparecer todos los figurines, esto es, los dibujos de los personajes con la ropa que llevarán. Deben incluir todos los cambios de vestuario de cada personaje, así como los complementos.

Biblia de vestuario

Una vez estrenada la función, la biblia de vestuario es fundamental para conocer el número de prendas que se va a utilizar, el actor que las lleva y dónde deben estar ubicadas para la pasada de función. Es fundamental que el vestuarista entregue esta información para poder adjuntarla al cuaderno de dirección, así como para facilitar a sastrería la disposición de la ropa para la pasada de función.

Listado de fungibles

Durante los ensayos, o quizá antes, contaremos con elementos que son fungibles[47]. Producción es responsable de que estos estén disponibles para cada función, pero ayudantía de dirección debe informar de las necesidades de fungibles que surjan durante los ensayos.

Listado de invitaciones

Es posible que, como ayudantes de dirección, debamos encargarnos de las invitaciones del ensayo general y del estreno. Hemos de elaborar una lista con la información que envíen las personas que quieren llevar invitados a la función basándose en las instrucciones que nos transmita producción (por ejemplo, que haya dos invitaciones por persona además del miembro del equipo)[48]. Este listado debe enviarse a jefatura de sala el día antes de la representación.

Otros

Es imprescindible conocer y tener cuanto antes los planos de escenografía, luz, figurines y diseño de sonido. Debemos coordinar

---

[47] Un fungible es un elemento perecedero que habrá que sustituir tras una o varias funciones (por ejemplo, una tarta, bengalas, etc.).

[48] Existen múltiples posibilidades a este respecto. Debemos ceñirnos a las indicaciones que recibamos.

a las secciones para que la comunicación fluya entre ellas y no surjan problemas como que la escenografía no se adapte a las medidas de la sala o que no contemos con los focos necesarios. Además, hay que mantenerse continuamente en contacto con producción y dirección técnica.

Capítulo 6

Guía sistemática para el trabajo de ayudantía de dirección escénica

Pilar Valenciano

> Si precisas una mano, recuerda que
> yo tengo dos.
>
> San Agustín

La especificidad del trabajo de ayudantía de dirección escénica debe ser considerada una especialidad teatral más dentro del catálogo de las profesiones de colaboradores artísticos que participan en el diseño y desarrollo de la puesta en escena en el ámbito de las artes escénicas. De la formación, la experiencia y la capacidad de quien ejerza esta responsabilidad en un proyecto profesional depende, en gran medida, que los procesos de creación se inicien, desarrollen y concluyan con orden, buena organización y comunicación y con el mínimo porcentaje de imprevistos posible.

La profesión de ayudantía requiere la capacitación que se adquiere en la formación de dirección escénica, pero para la ejecución idónea de su cometido es necesario como complemento poseer conocimientos específicos del funcionamiento de instituciones públicas y privadas, manejar terminología técnica profesional para comunicarse con las diferentes áreas que contribuyen a construir un espectáculo teatral, saber colaborar con dirección dejando de lado la propia faceta de director/a o no, según se le requiera, instruirse para poder acometer las giras asumiendo los roles de dirección artística y aprender a comunicar con los intérpretes y el equipo artístico mediando entre ellos y la dirección. Es imprescindible para ejercer de manera solvente la ayudantía tener los conocimientos artísticos necesarios para comprender y defender la propuesta de dirección y la capacidad de dialogar y entender los procesos del resto de diseñadores y ser, además, responsable de que la relación entre la dirección y el reparto se desarrolle en el entorno más propicio para la concentración y la creación artística con el menor número de interferencias posible. Es decir, manejar los conocimientos técnicos y de producción necesarios para poder coordinar el proceso con los distintos departamentos que contribuyen a sacar adelante una puesta en escena.

La ayudantía de dirección, además, debe ser una oportunidad más de inserción laboral para estudiantes que finalizan su formación en las escuelas de arte dramático en el recorrido de dirección escénica y el vehículo idóneo para conocer de manera práctica el oficio del teatro.

La necesidad de este manual nace de la ausencia de formación profesional reglada para este oficio en concreto, que la realidad del panorama actual nos demuestra que es imprescindible en cualquier proyecto profesional con un mínimo de calidad. La figura de ayudantía de dirección de escena se encuentra a medio camino entre la dirección de escena y la regiduría, y realiza funciones concretas y específicas que paso a desarrollar a continuación gracias a los conocimientos adquiridos tras veinte años de experiencia profesional continuada en la primera línea del teatro público y privado de nuestro país.

A continuación, se sistematizan de manera cronológica y ordenada todas las fases en que es deseable y necesaria la intervención de la figura de ayudante de dirección de escena y se recoge un desglose de sus funciones y responsabilidades, la red de profesionales en la que se debe apoyar y que debe coordinar, los recursos materiales que ha de manejar y solicitar y las estrategias que tiene que desarrollar en el manejo de los tiempos y los recursos humanos.

La guía que paso a desarrollar establece pautas útiles aplicables a trabajos de puesta en escena de cualquier índole, dividiendo el proceso en cinco fases en las que el ayudante de dirección puede y debe colaborar desde que se gesta la propuesta hasta la extinción del espectáculo. En cada una de las fases distinguiremos labores, estrategias, procedimientos y habilidades de las que dependerá, en gran medida, el buen desarrollo del proceso.

Primera fase. Trabajo previo al inicio de ensayos

Denominamos «primera fase» al periodo comprendido entre la puesta en marcha de un proyecto escénico (principalmente hablaremos de teatro de texto, teniendo en cuenta que la mayor parte de las cuestiones se pueden extrapolar a otro tipo de disciplinas) y el inicio de los ensayos. Este periodo no está sujeto a una duración concreta, y depende, en gran medida, de cuándo dirección artística decide quién va a ser su ayudante y comienza a hacernos cómplices de la propuesta. En otros casos, es la productora la que decide en qué momento debe incorporarse. En este caso también hay que hacer distinción entre trabajar para una productora privada o una pública. En el primer caso, no se suele contar con su presencia en esta fase previa y la contratación se hace justo para el inicio de ensayos. En la mayoría de las producciones públicas la incorporación se produce un mes antes del inicio de ensayos. Otro caso que se da dentro de las producciones públicas es que ayudantía forme parte del equipo de dirección artística de la institución y pueda trabajar en el proyecto, de manera remunerada, durante toda la fase de diseño del proyecto.

Mi experiencia personal me lleva a pensar que, en cuestiones de rentabilidad artística, es aconsejable incorporar al ayudante lo antes posible, ya que va a contribuir a facilitar y enriquecer el material de inspiración para los creadores, va a colaborar en la configuración y coordinación de equipos, va a ayudar en tareas dramatúrgicas y va a fomentar su complicidad con la dirección y el resto del equipo, creando el clima idóneo para el inicio de ensayos.

Esta primera fase es de configuración del proyecto. La labor que vamos a desarrollar se va a centrar, principalmente, en documentar, diseñar y coordinar. Vamos a ir detallando, punto por punto, las labores de ayudantía en este periodo.

Elección del texto o proyecto

En la mayor parte de los casos nos incorporaremos a una producción ya decidida previamente. Sin embargo, puede darse el caso de que, como hemos mencionado con anterioridad, nos contrate una institución que nos solicite formar parte de un comité de lectura para la selección bien de un proyecto de los que son recibidos a través de los canales de propuestas externas, bien de un autor, un estilo, una compañía o una época determinada, entre otros. En este caso, debemos tener la formación y el criterio necesarios para colaborar con eficacia en esta tarea: conocer las dramaturgias preponderantes de las distintas épocas; estar al tanto del panorama de artes escénicas; tener referencias sobre la autoría contemporánea, y manejar recursos para acceder a los textos, a la información sobre los autores y a la propiedad de derecho intelectual sobre estos.

Si se nos requiere para esta labor y se tiene en cuenta nuestra valoración para la decisión definitiva, deberíamos saber argumentar sin olvidar nunca que la opinión que se nos solicita ha de estar enfocada a los criterios de programación de la institución para la que trabajamos o para la visión personal de dirección artística.

Trabajos relacionados con la dramaturgia

En relación con los trabajos en que podemos colaborar dentro del ámbito de la dramaturgia, podemos hablar de: revisión de posibles erratas; sugerencia de cortes para ajustar el ritmo y la duración del espectáculo; propuesta de supresión o posibilidad de doblete de personajes en función del número de intérpretes con los que contemos para la puesta en escena; sugerencia de inclusión de otro tipo de materiales textuales, como canciones, documentos, escritos del propio autor, etc.; maquetación del texto, formateo, impresión y variables.

Dentro de este apartado, hay que saber si la autoría forma parte del catálogo de dominio público o no, pues en el segundo caso siempre hay que tener en cuenta la propiedad de los derechos a la hora de intervenir el texto respetando íntegramente la autoría. En caso de que el material esté libre de derechos, es conveniente tener los conocimientos filológicos necesarios para no desvirtuar la propuesta; por ejemplo, si lo que nos solicitan es proponer cortes para un texto del Siglo de Oro, tendremos que manejar los criterios necesarios con respecto a la métrica y la composición de los diferentes tipos de estrofas para hacerlo de manera ortodoxa. Las propuestas y trabajos que realicemos con relación al texto deben tener siempre, en última instancia, la aprobación de autoría, si corresponde, y de dirección artística.

Es posible que se nos pida, si quien ha escrito el texto no está vivo, material documental sobre su obra y su contexto histórico-artístico. Si no se nos solicita, de igual modo es muy recomendable que lo recopilemos para tenerlo siempre que surja la necesidad en el trabajo *a posteriori* con el equipo artístico y el elenco, así como para ponerlo a disposición de dirección en caso de que detectemos que puede ser de utilidad para enriquecer el trabajo.

En caso de que el proceso de creación del texto o dramaturgia se configure a partir del trabajo de autoría y dirección para una puesta en escena en concreto, será importante la presencia de ayudantía en las sesiones de creación para ir registrando el desarrollo y ser útil en las aclaraciones, dudas o sugerencias que puedan plantearse.

Trabajo documental sobre la propuesta plástica

Otra de las labores apasionantes de esta fase es la colaboración en el rastreo y la selección documental de referencias plásticas y estéticas que contribuirán a inspirar y dar coherencia estético-estilística a la puesta en escena. Puede ser requerida por dirección artística o por cualquiera de los diseñadores del equipo artístico. En caso de que no se nos requiera, es interesante y oportuno que lo hagamos *motu proprio* en la medida de lo posible. También es conveniente que invitemos a compartir los materiales de inspiración entre cada componente del equipo creativo, facilitando la puesta en común del flujo de diseños que dará coherencia a la propuesta definitiva.

La documentación por recopilar y compartir en esta fase puede ser de diversa índole:

1. Referencias pertenecientes a las *artes plásticas.* Documentos sobre pintura, escultura, cerámica, arquitectura, etc. Materiales pertenecientes al campo de las artes visuales que o bien nos ayuden a contextualizar el proyecto dentro de una época determinada o bien sirvan como fuente de inspiración por otras razones en nuestra puesta en concreto.

2. Referencias en relación con la *indumentaria.* La indumentaria refleja la evolución del ser humano a lo largo de la historia y las transformaciones socioculturales que se han producido en cada época. Este estudio nos obligará, además, a evaluar a cada personaje de nuestro proyecto analizando su estatus, su carácter y las múltiples peculiaridades que presente, lo que nos proporcionará un mayor conocimiento de ellos.

3. Referencias sobre el *mobiliario.* Conocer la evolución de las artes decorativas es importante para ubicar la estética, o no, en la época, según decida dirección y escenografía. Tener

información al respecto puede ser muy útil, y el equipo nos agradecerá que seamos ágiles y solventes a la hora de facilitar este tipo de documentación si se nos requiere. Conocer el *art déco* o la Bauhaus, entre otros, añadirá un plus a nuestro desempeño como ayudantes.

4. Referencias sobre la *caracterización*. Al igual que con la indumentaria, estudiar a cada personaje y hacer sugerencias, dentro de los criterios que se van estableciendo, puede ser una gran aportación que podemos ofrecer al equipo. Tener conocimiento de los distintos rituales de peluquería y maquillaje que se han sucedido a lo largo de nuestra historia y de las diferentes técnicas y materiales que se han empleado puede ser fundamental a la hora de asumir la ayudantía de un musical, de una ópera o de una representación de teatro clásico.

5. Referencias de *vídeo* y *audio*. Desde las últimas décadas del siglo pasado, los materiales audiovisuales se han convertido en elementos de uso frecuente en cualquier tipo de puesta en escena. Nos convendrá tener conocimiento de la evolución técnica, que es rápida y continua, en lo referente a edición, reproducción y soportes que se van incorporando y desarrollando en las artes escénicas para poder dialogar de manera apropiada y profesional con el equipo técnico y artístico. El desarrollo de la tecnología nos facilita mucho la labor de rastreo y selección de registros musicales, de espacio sonoro y también de vídeo que podemos manejar como material de documentación sobre nuestro trabajo en concreto o utilizar para la propia puesta en escena.

Elaboración del equipo artístico

Cada una de las labores que se recogen en los epígrafes de esta primera fase se puede desarrollar de manera simultánea en el tiempo, o no, según decidan dirección artística y producción.

Llamamos «equipo artístico» al conjunto de personas creativas que contribuyen a diseñar la plástica escénica: dirección artística, escenografía, figurinista, iluminación, espacio sonoro y composición musical, videoescena y ayudantía de dirección, además de los colaboradores específicos, como coreografía, lucha escénica y las variantes que se deriven de la peculiaridad del proyecto en concreto. Es importante hacer la distinción para denominarlos con propiedad y no confundirlos con el equipo técnico, que no son diseñadores sino ejecutores y realizadores del trabajo de los creativos. El equipo artístico, como su propio nombre indica, está conformado por artistas, y debemos ser conscientes de que estamos desvirtuando su categoría profesional cuando los denominamos «técnicos».

En la mayoría de los casos la figura responsable de la dirección de escena es quien elige a los creadores que la acompañarán en el proceso de creación del universo estético-estilístico de la puesta en escena. Pero en caso de que no lo tenga claro o necesite alguna colaboración con requisitos concretos, lo más útil es que se nos solicite ayuda. Una buena ayudantía de dirección debe estar al día del panorama de profesionales habituales en la escena contemporánea para ofrecer buenas opciones en caso de que le sean requeridas. Conviene no olvidar que nuestras propuestas deben ajustarse a las necesidades y la visión personal de dirección y encajar con el resto de componentes del equipo.

La manera más práctica de proponer a dirección colaboradores es la elaboración de listados. En el encabezamiento del listado especificaremos especialidad, por ejemplo «Figurinistas», y el título de la producción para la que se nos ha solicitado. Acompañando al nombre del profesional propuesto añadiremos enlaces web al currículum profesional y a muestras de sus trabajos. Puede que ninguna de nuestras propuestas sea la definitiva, pero mi consejo es archivar todos los listados que vayamos elaborando con los diferentes tipos de profesionales porque con el tiempo habrán contribuido a crear bases de datos que enriquecerán nuestro perfil profesional, ya que nos ayudarán a ser más solventes.

Concreción del reparto

Con relación a la elaboración del reparto, nos encontraremos en la misma posición que con el equipo artístico. Pueden plantearse diversos casos:

- Que dirección lo tenga claro y no necesite nuestra colaboración para la elección de actores.
- Que estemos contratados por una institución con elenco propio que trabaja repertorio. En este caso podemos centrarnos en conocer la trayectoria y las peculiaridades de cada uno de los intérpretes con los que vamos a trabajar.
- Que sea la productora la que decida el reparto de común acuerdo con dirección. El objetivo sería un reparto comercial con vistas a tener buenos resultados de taquilla.
- Que dirección cuente con nuestra colaboración para concretar todos o algunos de los intérpretes. Si nos encontramos en este caso, al igual que en el epígrafe anterior, es conveniente conocer muy bien el panorama profesional que nos rodea: ser buenos espectadores de teatro, ver muchas series y películas e intentar estar al tanto de los actores y actrices con talento que se gradúan en las escuelas de arte dramático.

En primer lugar, nos reuniremos con dirección para que nos detalle qué tipo de intérprete desearía para cada uno de los personajes; cuanta más información extraigamos, más afinaremos la búsqueda.

Es muy recomendable, además, tener conocimiento y un buen registro de las páginas web de agencias de representación. En este sentido, sugiero tener en cuenta las ciudades en que trabaja cada una de ellas para valorar, de cara a la contratación, el posible pago de dietas si elegimos un intérprete que no pertenezca a nuestra comunidad autónoma.

A la hora de presentar las propuestas a dirección, como hicimos en el caso de los colaboradores, trabajaremos con listados en cuyo encabezamiento haremos constar el nombre del personaje y el título de la producción. Aconsejo hacer propuestas generosas que incluyan como mínimo cinco nombres, pues, como veremos más adelante, esto nos será de mucha utilidad.

Sobre la labor de proponer nombres, para no perder nuestro tiempo y no hacérselo perder a dirección y producción, debemos informarnos, en la medida de lo posible, de si están disponibles y no tienen otros compromisos profesionales para las fechas que les vamos a ofrecer, sin olvidar nunca las fechas de gira, si las hubiese. También es preciso valorar en detalle la compatibilidad de rodajes y nuestros ensayos. Si el profesional elegido nos interesa mucho, a veces merece la pena hacer un esfuerzo de coordinación de ensayos.

A continuación, añadiremos los nombres de cada uno de los actores propuestos y, debajo, incluiremos enlaces. En mi opinión, conviene privilegiar el enlace a la página web del representante correspondiente, si lo hubiese. Suelen ser muy completos, ya que en ellos encontraremos trayectoria profesional, formación, fotografías, *videobook,* redes sociales, además del contacto que agilizará la gestión si fuese de nuestro interés. Será interesante añadir enlaces a vídeos donde podamos ver trabajos interesantes o relacionados con la propuesta de dirección sobre el personaje en concreto. En ocasiones, hay vídeos de entrevistas que también nos pueden ser útiles para conocer a la actriz o al actor en su perfil más cotidiano.

Una vez elaborados los listados y valorados por dirección, estableceremos orden de preferencia para que reciban la propuesta. Normalmente le pasamos la selección a producción y delegamos en este departamento la responsabilidad de hablar con los representantes para hacer la oferta. Puede ocurrir que dirección prefiera que sea ayudantía quien contacte con el intérprete directamente o con su representante para tratar con más sensibilidad la propuesta artística. A veces es dirección quien hace esa llamada personalmente.

Es fundamental tener lo más cerrado posible el calendario de ensayos antes de hacer una oferta para negociar con precisión las fechas y no llevarnos sorpresas. Más adelante hablaremos en profundidad sobre el calendario de ensayos, un tema fundamental para un buen ayudante.

Conviene establecer un plazo con dirección y producción para que, una vez que le hacemos llegar el texto al profesional seleccionado, nos dé una respuesta para no dilatarnos en el cierre del reparto.

Nos será muy útil numerar los listados por si tenemos que elaborar más y archivarlos. De esta forma enriqueceremos nuestro cuaderno de dirección, al margen de que con toda seguridad nos serán de mucha utilidad en futuras producciones.

Si la opción más idónea para dirección a la hora de seleccionar actores para nuestra producción es a través de audiciones, son varias las tareas que deberemos desarrollar.

En primer lugar, decidir a cuántos actores vamos a convocar para las audiciones y si los vamos a ver de forma individual, en pareja o en grupo.

Después, si la opción es que no traigan una propuesta libre, debemos seleccionar el texto para la separata que se va a trabajar.

Una vez hecha la selección, hay que elaborar un plan de trabajo teniendo en cuenta cuánto tiempo necesita dirección para trabajar con cada intérprete y cuánto se requiere entre citación y citación para poder intercambiar impresiones y tomar notas sobre la valoración de la audición; si la jornada va a ser larga, hay que estipular un tiempo de descanso, y coordinar con producción los horarios de la sala para poder prepararlo todo con antelación y no sobrepasar la hora de fin de jornada.

Debemos coordinar con producción el lugar donde vamos a realizar la audición comprobando que cumpla los requisitos de iluminación, equipos, calefacción, mesa, sillas, atriles si hiciesen falta, etc.; el envío de *mails* a los candidatos con la convocatoria, lugar y hora y separata si la hubiese; la necesidad o no de personal técnico para grabar la audición o de un técnico de sonido para trabajar con algún tipo de música; las carpetas con material impreso que incluya separatas y el currículum de los actores impreso en papel si no disponemos de un ordenador para verlo; las fichas con el personaje, el nombre de la candidatura, la hora de citación y un espacio para anotaciones, y quién se encargará de recibir al intérprete y acompañarlo y presentarle al equipo (es importante crear un ambiente amable que sea propicio para que tanto quien dirige como quien viene a la prueba tengan la suficiente concentración para rentabilizar al máximo la prueba).

Una vez realizadas todas las pruebas, decidir en qué plazo vamos a comunicar la resolución a los candidatos, quién lo hará y de qué modo.

Finalizada la tarea de configuración del reparto y del equipo artístico, es conveniente crear una ficha de contactos donde consten los nombres de todos los integrantes, número de teléfono y dirección de correo electrónico.

Flujos de comunicación y coordinación de equipos

Una vez establecido el equipo artístico y los componentes del reparto, normalmente, en función de para qué tipo de productora trabajemos, es conveniente saber quién será la persona responsable de la dirección técnica de nuestro proyecto.

El ayudante de dirección será muy útil para coordinar reuniones de diseño con el equipo artístico. Estas reuniones se convocarán siempre por indicación de dirección artística, bien de manera individual con cada uno de los diseñadores, bien en grupo para crear y tomar decisiones en común. Este método suele ser muy práctico y, en la mayor parte de las ocasiones, rentabiliza el trabajo, ya que la toma de decisiones se hace teniendo en cuenta las ventajas y desventajas de los diferentes componentes plásticos de la puesta en escena. Por ejemplo, la paleta de color del vestuario debe estar integrada en las texturas y acabados de la escenografía, y es importante para el diseño de luces saber cómo incidirá la luz en los tejidos y los tonos elegidos. Cuanta más coordinación entre los miembros del equipo artístico haya en esta etapa, más coherente será, con total seguridad, el resultado final de la puesta en escena.

A medida que el diseño de la propuesta se vaya definiendo, será conveniente incorporar a producción a la persona responsable de coordinación técnica del proyecto para tener conciencia lo antes posible de si nos estamos ajustando al presupuesto o no y cotejar con técnica los planos de implantación de la puesta en escena con la planta y la dotación técnica del teatro en el que vamos a estrenar. También es el momento de pensar en cómo se va a construir la escenografía teniendo en cuenta si el espectáculo va a tener gira para facilitar, en la medida de lo posible, el despiece con el fin de abaratar el transporte.

Durante esta fase, que como hemos comentado con anterioridad no comprende un periodo temporal definido, dirección artística puede solicitar tener un encuentro con el reparto para adelantar trabajo de mesa y hacer una lectura. En este caso, deberemos coordinar con producción el lugar donde realizaremos el encuentro y cerciorarnos de que los asistentes dispongan de libretos impresos, una mesa de trabajo, las sillas necesarias, agua y unas buenas condiciones de climatización y ausencia de ruido. Debemos decidir quién hace la convocatoria, si producción o nosotros.

En este momento, a partir de los encuentros que hemos comentado, es importante haber establecido dinámicas claras en los flujos de comunicación. No toda la información le interesa a todo el mundo. Hay que comunicar en fondo y forma con profesionalidad, utilizando el lenguaje apropiado y sin excesos de confianza. Nos será muy práctico crear grupos de correo y WhatsApp teniendo clara la información que compete estrictamente al equipo artístico y cuándo es necesario que incluyamos a oficina técnica; además, hemos de poner en copia a producción siempre que pueda afectarle la información. Debemos tener siempre muy presente que no a todo el mundo le interesa toda la información y que hemos de canalizar los mensajes intentando no saturar. A menudo, el exceso de información provoca un desinterés por los mensajes que acaba generando despistes y malentendidos. Es una habilidad de una buena ayudantía elaborar buenas estrategias de comunicación y tener mucha psicología a la hora de transmitir.

De esta forma, además, nos estaremos ganando la confianza de todo el mundo.

Es fundamental que conozcamos con la mayor precisión posible el organigrama del proyecto. Además de las figuras de las que ya hemos hablado, nos vendrá bien saber quién se encargará de la regiduría y quiénes son los responsables de prensa y comunicación. Importantísimo también saber si vamos a contar con otro tipo de ayudantes, asistentes de dirección, ayudantía de escenografía o de vestuario, de producción y de oficina técnica, pues serán profesionales cómplices y coordinar bien sus tareas nos facilitará enormemente el proceso.

El calendario de ensayos

La elaboración, actualización y difusión del calendario de ensayos es en gran medida, responsabilidad del ayudante de dirección, y conviene tratar con sumo cuidado su manejo para evitar conflictos innecesarios. El calendario debe ser siempre cotejado y tener el visto bueno de producción y dirección artística.

Normalmente, el periodo que comprende nuestro calendario es de cuarenta y cinco días de ensayos previos al estreno, que es lo que determina el convenio. Estos son algunos de los puntos del convenio que es imprescindible que conozcamos:

19.4. Establece un periodo máximo de abono de la retribución estipulada por ensayos de cuarenta y cinco días naturales, bien sean producciones públicas, privadas o cualquier tipo de coproducción, a partir de los cuales cualquier ensayo será abonado conforme a la retribución pactada por representación.

19.5. Los ensayos comenzarán a contar desde la primera citación que se haga al actor/actriz.

19.8. La jornada laboral en periodo de ensayos no podrá superar las cuarenta horas semanales, con un reparto de seis

140

horas y cuarenta minutos máximo por día, considerando esta media como individual y a partir de la presencia del actor/actriz en la sala de ensayos, es decir, en su centro de trabajo. El horario de ensayos, en su distribución, estará supeditado a los criterios del director de escena y a los planes de producción.

19.9. Se establece un periodo de descanso de veinte minutos de cada jornada de ensayos, computados como tiempo efectivo de trabajo.

19.12. El actor/actriz tiene derecho a día y medio de descanso semanal continuado, tanto en tiempo de ensayos como durante el periodo de representaciones, que serán remunerados.

21.1. El actor/actriz está obligado a interpretar su papel de acuerdo con las indicaciones del director de escena y ateniéndose a los planes previstos por la empresa.

21.4. La empresa se obliga a poner a disposición del actor/actriz el texto de la obra a representar con suficiente antelación al inicio de los ensayos, así como a facilitar al trabajador/a los planes de trabajo previstos por la empresa en el momento de la contratación o en adelante si estos se previeran.

En este primer calendario de ensayos deben constar los cuarenta y cinco días de ensayos previos al estreno —elaboraremos más adelante otros—, y es imprescindible que figuren:

- Días laborables y horario de trabajo.
- Días de descanso.
- Ausencias pactadas con dirección y producción.
- Permisos a actores, ya sea por otros compromisos laborales o por citas médicas (de todas estas incidencias debe estar siempre informada producción).
- Días en los que necesitaremos, *a priori,* contar con los colaboradores del equipo artístico.
- Pruebas de vestuario o caracterización.
- Grabaciones de vídeo o audio.

- Entregas de vestuario y escenografía.
- Sesiones fotográficas.
- Rueda de prensa.
- Fecha de entrada en sala.

Respecto a este último punto, es primordial tener en cuenta que a partir de este momento el día de descanso deberá ser el lunes para hacerlo coincidir con el de los técnicos y equiparar la semana laboral a la de las funciones. Asimismo, adaptaremos nuestros horarios, si dirección artística lo juzga conveniente, a los de los trabajadores de oficina técnica para poder contar con su personal.

Si no contamos con toda esta información antes de comenzar los ensayos, es aconsejable estar alertas para ir incorporándola lo antes posible a nuestro calendario y no mostrar pasividad esperando a que nos la proporcionen o nos llegue de manera informal.

En el momento en que lo tengamos lo más cerrado posible y contemos con el visto bueno y los permisos correspondientes, es recomendable hacérselo llegar al reparto, al equipo artístico y a los departamentos interesados, poniendo siempre en copia a dirección y producción. Conviene no olvidar que somos responsables de una información de la que depende, en gran medida, la organización del tiempo libre y de trabajo de un grupo de personas que están a la espera de nuestras noticias. Un buen ayudante debe ser muy sensible siempre a la rentabilidad del tiempo de trabajo, tener muy asumido el respeto por el tiempo de los demás y demostrar capacidad estratégica en la coordinación de los tiempos de los diferentes equipos que componen el organigrama de una producción escénica.

Preparación de instalaciones
y material previa al inicio de ensayos

La sala de ensayo pasará a ser en breve nuestro espacio de creación, nuestro lugar de juego, la incubadora donde ha de desarrollarse y materializarse aquello que hasta hace nada tenía presencia únicamente en el plano de las ideas, la tinta, la maqueta y los bocetos. Hemos de ser muy conscientes de la importancia de cuidar y habilitar este espacio, un lugar donde deben primar la concentración, el confort y el orden para facilitar la rentabilidad artística del tiempo de trabajo que hemos de pasar allí. La organización previa del espacio siempre evita un sinfín de pérdidas de tiempo innecesarias.

Antes del inicio de los ensayos es conveniente supervisar con producción y con oficina técnica las condiciones materiales del espacio en el que vamos a trabajar. En primer lugar, hay que retirar de la sala todo lo que no vayamos a utilizar para optimizar al máximo el espacio de trabajo y evitar obstáculos innecesarios. Aunque parezca obvio, solicitar la limpieza de la sala antes de empezar nuestro trabajo. Inspeccionar la dotación técnica: equipo de iluminación y de sonido y flexos para las mesas de trabajo, controlar las tomas de corriente y solicitar alargamiento de cableado si fuese necesario. Si vamos a necesitar proyector, comprobar si existe y cómo funciona y, si no, solicitarlo. Dar indicaciones a oficina técnica sobre la ubicación de cada uno de los elementos antes citados y el tipo de iluminación que necesitaremos para los ensayos. Controlar dónde se encuentran los cuadros de control, tanto de luz como de sonido.

A estas alturas, debemos tener el diseño de escenografía lo más acabado posible. Es recomendable tener los planos técnicos de implantación siempre a mano en la sala, e incluso pegarlos en la pared en una zona que nos sea accesible para consultarlos siempre que sea necesario. Con los parámetros de nuestro plano, y después de haber consultado con dirección artística la ubicación de la mesa de dirección, procederemos a delimitar con cinta de carrocero o cualquier otra que no deteriore el suelo el perímetro de nuestro espacio escénico, los accesos y todo lo que estimemos conveniente para explicar a dirección y al reparto las particularidades de la escenografía. Solicitaremos además la instalación de prototipos lo más similares posible al diseño definitivo de todos aquellos elementos que interfieren y son importantes para el trabajo de creación, véase tarimas, bastidores, puertas, cortinas, etc. Si lo consideramos oportuno, aforos para que tanto los actores como dirección tengan su espacio de concentración.

Con escenografía y con dirección escénica habremos elaborado un listado de utilería e intentaremos disponer de elementos similares o de los definitivos desde el primer día de ensayo. Requeriremos mesas donde poder ubicar, estratégicamente, los elementos de utilería. También de manera previa, habremos elaborado un listado de vestuario con todos aquellos elementos que manipulan los actores y que además condicionan su trabajo: zapatos, sombreros, enaguas, abrigos, etc. Para ubicar el vestuario, solicitaremos a oficina técnica burras de sastrería y perchas, que también colocaremos de manera estratégica. Tengamos siempre presente que el orden será uno de nuestros mayores aliados y nos evitará un sinfín de quebraderos de cabeza.

Con producción supervisaremos que la sala reúna las condiciones de calefacción y ventilación necesarias para trabajar en las mejores condiciones; que haya un abastecimiento de agua suficiente para el periodo de ensayos; que los actores tengan camerinos donde poder cambiarse y dejar su ropa de trabajo; que la sala cuente con mesas de trabajo y sillas suficientes para todo el equipo; que todos sus miembros dispongan de libretos impresos, así como de copias de los figurines y los bocetos de escenografía, que estarán visibles en un tablón o en las paredes para poder ser utilizados como material de referencia cuando surja. Una buena opción es tener también a vista de la compañía el calendario de ensayos, haciendo constar siempre que está sujeto a modificaciones.

Una vez coordinadas todas estas labores, estaremos en disposición de convocar al elenco para nuestro primer ensayo y nuestra sala nos acogerá en las mejores condiciones.

Citaciones: la tablilla

En muchas ocasiones, el primer ensayo es uno de los rituales del proceso de creación de un espectáculo de teatro. Conviene en-

144

tonces organizarlo con mimo porque será nuestra carta de presentación y contribuirá a ganarnos la confianza del equipo desde el primer día.

Como es de suponer, nos coordinaremos con dirección para tener las pautas que debemos seguir. Hemos de saber si dirección quiere directamente arrancar a ensayar o si vamos a hacer una presentación del proyecto con todo el equipo. Si es este el caso, hay que convocar a la gente con antelación para que los colaboradores se puedan organizar e intentar que ese día esté todo el equipo artístico, además, por supuesto, del reparto, dirección y, siempre que sea posible, producción como representante de la institución o de la productora. Las artes escénicas se caracterizan por ser un trabajo eminentemente de equipo, y para mí es simbólico que tanto el primer día de ensayo como el día del estreno sean protagonistas todas las personas responsables de la puesta en escena.

Para este primer ensayo habremos realizado nuestra primera tablilla. La tablilla es un documento de trabajo oficial para comunicar diariamente las citaciones para ensayo y las convocatorias extraordinarias. Sobre la tablilla conviene saber que conlleva responsabilidad, porque a veces no se le otorga la importancia que requiere.

Durante el periodo de ensayos, ayudantía de dirección, por orden de dirección, es responsable de convocar mediante este documento. La convocatoria se realiza al concluir un ensayo para la siguiente jornada. El documento debe ir encabezado por el título de la producción, el nombre de quien firma la dirección de escena y la productora y el lugar de ensayo.

Normalmente, será producción quien nos haga entrega de las copias de los documentos que habremos de cumplimentar al finalizar el ensayo. Es fundamental ser muy meticulosos con la información que redactaremos:

- Hora de la convocatoria y nombres de las personas citadas. Si vamos a dividir la jornada de ensayo en bloques, desglosaremos las diferentes citaciones.

- Si la dirección nos lo ha aclarado, es eficaz detallar qué escenas o qué aspectos del espectáculo vamos a trabajar; por ejemplo: de 10 h a 11 h, calentamiento de todo el elenco; de 11 h a 12 h, escena 1: María y Pedro, etc.
- La tablilla debe contener un apartado para las convocatorias extraordinarias, como pruebas de vestuario (si no se hacen en la sala de ensayo, hay que indicar la dirección), de peluquería y maquillaje, sesiones de grabación de vídeo o audio, etc.
- Parte de incidencias: es un apartado reservado a avisos o sanciones. A este respecto, conviene saber que, en caso de tener que sancionar a un intérprete, existen fórmulas legales para ello que debe poner a nuestra disposición el departamento de producción. Se debe distinguir entre sanciones graves o leves, y pueden llegar a ser causa de despido. En caso de juicio, la tablilla es el documento oficial que prueba la sanción. La tablilla debe ir siempre firmada, y al hacerlo debemos consignar la fórmula P.O. (por orden), es decir, por orden de dirección artística.

Cada vez es más habitual hacer la tablilla a través de un grupo de WhatsApp o correo electrónico, a pesar de lo cual no debemos olvidar que estamos haciendo una citación laboral telemática que tiene la misma validez que el documento escrito en caso de conflicto laboral.

Es obligación del reparto informarse de las citaciones diarias de la tablilla.

Además de la tablilla, suele ser habitual que elaboremos con dirección planes de trabajo semanales para que tanto el equipo artístico como el elenco puedan organizarse y planificar con algo de margen su trabajo. La manera más recomendable de difundir esta planificación es el correo electrónico. Para evitar malentendidos y confusiones, conviene solicitar acuse de recibo y además especificar que el plan está sujeto a modificaciones para poder reaccionar a cualquier tipo de imprevisto.

No hay que olvidar avisar a dirección, a la hora de realizar la planificación semanal, de las ausencias pactadas que tengamos anotadas en nuestro calendario, tanto de intérpretes como de colaboradores artísticos.

Se sugiere poner siempre en copia de estos mensajes a producción. Normalmente, producción no asiste de manera asidua a los ensayos y debe estar al tanto de las convocatorias de trabajo de cada uno de los actores, ya que puede ocurrir que los ensayos se remuneren por convocatoria y no mediante un sueldo corrido.

Siempre que surjan cambios de última hora o convocatorias extraordinarias, habrá que buscar una fórmula para llamar la atención e impedir que la citación pase inadvertida: negrita, mayúsculas, asteriscos, cambios de color, etc.

En caso de convocatorias extraordinarias del tipo pruebas de vestuario, de peluquería y maquillaje, fotografías, grabaciones, asistencia a los ensayos de prensa o demás, hemos de ser conscientes de la importancia de avisar a los intérpretes con tiempo porque ellos trabajan con su imagen y nosotros debemos contribuir al cuidado de estos aspectos.

SEGUNDA FASE. PRIMERA ETAPA DEL PROCESO DE ENSAYOS

El primer ensayo

Nos encontramos en el inicio del periodo de ensayos. Vamos a llamar «primera etapa» al periodo durante el cual se va a ir bocetando y fijando la integración del texto, la partitura de movimiento, las transiciones y la estructuración de los diferentes componentes de la puesta en escena, como movimientos de maquinaria, entradas, salidas y duración de vídeo, efectos sonoros y música, pasada y cambios de vestuario, pasada y recorrido de los elementos de utilería, etc.

La concentración es un elemento clave para nuestro trabajo y el del equipo en general, pero yo diría que en este periodo especialmente, ya que es ahora cuando se debe potenciar al máximo un ambiente propicio para la inspiración, la imaginación, la capacidad de juego… Creo que es muy importante rentabilizar al máximo este periodo de trabajo y exprimir todo el jugo posible del potencial artístico de dirección escénica y elenco. El trabajo del ayudante de dirección es fundamental para que esto ocurra en las mejores condiciones, como vamos a ver a continuación.

Dependiendo de lo amante, o no, que sea la figura responsable de la dirección escénica de los rituales, arrancaremos el proceso de una manera o de otra.

Puede que dirección decida comenzar el periodo de ensayo directamente trabajando a solas con los actores, bien haciendo trabajo de mesa, bien montando.

Es posible que tenga una visión más ortodoxa y decida comenzar con la presentación de la propuesta artística por parte de sus creadores. En mi opinión, esta segunda opción es muy fructífera, y ayudará a entender de manera global la creación y la coherencia del proyecto y a fomentar el espíritu de equipo.

Para que esto suceda de la mejor manera, en primer lugar seremos conscientes de la importancia del momento y lo cuidaremos con mimo.

Como vimos anteriormente, con producción y oficina técnica habremos cubierto las necesidades básicas y tendremos la implantación del perímetro y el prototipo de escenografía. Además, todo el equipo habrá recibido previamente el calendario de trabajo y dispondremos de libretos para todos aquellos miembros del equipo que los requieran.

Lo más habitual, si estamos trabajando para una institución, es que nos dé la bienvenida el responsable artístico o el responsable de producción. Esto ocurrirá cuando estén presentes todos aquellos a quienes hemos hecho partícipes de la convocatoria, y en este sentido es nuestra responsabilidad prestar atención a la llegada puntual de cada uno de ellos, ejercer de buenos anfitriones, recibir de la mejor manera y hacernos cargo de las presentaciones.

Una vez hechas todas las presentaciones, normalmente dirección artística tomará la palabra para explicar la propuesta. A continuación dará paso a cada uno de los colaboradores artísticos para que, después de todo el trabajo previo, lo compartan con el reparto y les contagien su entusiasmo por el espacio escénico donde se va a desarrollar nuestra aventura, por la indumentaria que va a caracterizar a sus personajes y por los ambientes y atmósferas que les envolverán en esta peripecia. Es recomendable tener previsto un tiempo para plantear las dudas que puedan surgir y compartir impresiones motivadoras.

Hecho esto, es oportuno hacer un descanso, y es bueno que desde este primer momento tomemos la batuta y todo el equipo se acostumbre a que ayudantía pauta los tiempos de trabajo y descanso.

Para concluir esta jornada, lo ideal es compartir la lectura de la función ya impregnados de la paleta creativa que a partir de esta jornada se configurará en tres dimensiones.

El orden espacial en la sala de ensayo

Comienza nuestra rutina de ensayo, y nos toca fijar las dinámicas de trabajo y la organización del tiempo y el espacio.

Con respecto a las citaciones, como ya vimos, el equipo se informará diariamente de la planificación del día siguiente a través de nuestra tablilla, que comunicaremos al finalizar el ensayo. En la medida de lo posible, será muy útil hacer una planificación semanal con dirección artística que comunicaremos al concluir la semana de trabajo y en la que siempre debe constar que está sujeta a modificación para evitar malentendidos.

Debe quedar claro desde el inicio del proceso, tanto por parte de producción como por la nuestra, que el reparto debe estar a disposición de las necesidades de trabajo de dirección artística y que cualquier compromiso de cualquiera de los componentes del reparto debe haber sido comunicado con anterioridad tanto a aquella como a nosotros. Depende, en gran medida, de nuestra habilidad que gestionemos y compatibilicemos con sabiduría las necesidades de dirección artística con los tiempos de trabajo del elenco; en la mayoría de los casos es contraproducente tener a un intérprete aburrido en la sala de ensayo.

En estas primeras jornadas será muy práctico asumir la responsabilidad de organizar el espacio de trabajo, pues el orden y la concentración deben ser siempre una máxima en nuestro día a día. Como ocurre en una iglesia, en un quirófano o en el parlamento, en nuestro ámbito es fundamental saber cuál es el sitio de cada uno y establecer bases de respeto al respecto. Sobre esta cuestión, va a ser siempre una prioridad velar por la concentración de las personas que estamos trabajando en la sala.

Dirección artística debe tener su mesa de trabajo con la iluminación apropiada y con la distancia requerida respecto al espacio escénico y el resto de los colaboradores. Hay que ser conscientes de la importancia de aislar de cualquier perturbación innecesaria a dirección para que su único foco de atención esté puesto en lo que ocurre en escena con los actores y lo que necesita conseguir y potenciar en ellos, así como en imaginar lo invisible; son momentos fundamentales para el hecho artístico. Será dirección quien decida si nos quiere tener a su lado, aunque en mi opinión es preferible estar cerca pero interferir lo menos posible en su espacio.

Nuestra mesa de trabajo debe estar cerca de la de dirección para que pueda comunicarnos de manera discreta cualquier cuestión. Es muy conveniente ubicar a nuestro lado al resto de ayudantes que intervengan: escenografía, vestuario, producción, así como a residentes y asistentes. Potenciar nuestro vínculo con estas figuras ha de ser una estrategia para distribuir y delegar responsabilidades compartidas que facilitarán el control máximo de la evolución de la creación y la anticipación y previsión de necesidades. En nuestra mesa también será imprescindible una muy buena iluminación para anotar y seguir el texto de manera precisa. Suele ser habitual, aunque no es nuestro cometido, que en este primer bloque de trabajo sea el ayudante quien se encargue de regular la luz de trabajo ideal para el ensayo y de ejecutar las entradas de música y sonido; si se ha decidido así, tendremos siempre accesible en nuestro entorno el equipo necesario para la ejecución. El ayudante debe ser consciente de la responsabilidad que conlleva su labor y ser estratega en la asunción de responsabilidades; es aconsejable no decir sí a todo. Si decidimos hacernos responsables en estos primeros momentos de la ejecución de luz y sonido, procuraremos favorecer la concentración en este periodo crucial intentando que en la sala de ensayo estén solo las personas imprescindibles, pero hemos de saber que al asumir este cometido estamos perdiendo capacidad de atención a otras cuestiones fundamentales.

Hay que dejar claro desde el primer día a quienes decidamos tener cerca en nuestra mesa de trabajo el respeto a la concentración, pues, aunque es algo obvio, suele ser nuestro caballo de batalla.

Si el espacio lo permite, hay que tener prevista una tercera mesa para que los colaboradores artísticos que asistan al ensayo dispongan de su propio espacio de trabajo.

Tanto los intérpretes como el personal técnico que vayamos incorporando a los ensayos contarán con asientos ubicados en lugares estratégicos que privilegien la atención al ensayo y su espacio de concentración.

Distribuir de manera inteligente una sala de ensayo es un arte que debemos dominar. No todo vale, no cualquiera puede estar en cualquier sitio, no todo puede estar en cualquier lugar, no se puede entrar, salir y moverse en una sala de ensayo cuando uno quiera y en cualquier momento. Estamos en un espacio de creación e investigación que se debe cuidar con la misma asepsia y los mismos protocolos que se aplican en un laboratorio científico.

La atención del ayudante en los primeros ensayos

En estos primeros ensayos, si somos eficientes, nos haremos imprescindibles y nos ganaremos la confianza del equipo. Es el momento en que el ayudante debe demostrar mayor confianza en sus facultades. En general, en estos primeros días de ensayo suele quedar de manifiesto el tipo de diálogo que establecerá dirección artística con el elenco, y si el equipo no ha compartido proyectos anteriores, es probable que ambas partes se muestren inseguras, un factor muy importante que hay que tener en cuenta. En este sentido, nuestra función debe ser relevante y contribuir a infundir confianza y seguridad hasta ir sentando las bases sobre las que se edificarán el proyecto y las dinámicas de trabajo.

La claridad y el orden, tanto en la sala de ensayo como en los planes de trabajo, serán de fundamental importancia.

Atención al rigor en el cumplimiento de los tiempos de trabajo

- Puntualidad en el inicio del ensayo. Cuando marquemos una hora de inicio en tablilla, sobre todo en estos primeros días, hay que puntualizar que cada intérprete debe organizar el tiempo previo que requiere para cambio de vestuario, rutinas de calentamiento y revisión de su material de trabajo. La hora de inicio es para arrancar el ensayo con todo preparado. Esta cuestión es extensible a nuestro trabajo, de modo que si hemos de preparar el escenario, utilería, vestuario, equipos de trabajo, todo aquello que vaya a intervenir en el ensayo y que dependa de nosotros, debemos tenerlo organizado antes de comenzar.
- Concreción en los tiempos de descanso. Para una jornada de seis horas y cuarenta minutos el tiempo de descanso estipulado por el convenio es de veinte minutos. Normalmente, habremos pactado con dirección el momento idóneo para realizar el descanso. Seremos responsables de marcar el momento de parada y reinicio, y nos conviene ser rigurosos con su cumplimiento, ya que al principio del proceso la dinámica puede tender a relajarse, pero a medida que nos vayamos acercando al estreno la exigencia de perder el menor tiempo de trabajo posible aumentará. Si nos hemos mostrado con anterioridad condescendientes, nos costará mucho más ser estrictos.
- Rigor con la hora de finalización del ensayo. Tan importante es ser estrictos con la hora de inicio como con la de fin del ensayo. Habrá jornadas en las que terminaremos antes de lo previsto y

152

mandaremos a los actores a casa bajo nuestra responsabilidad. Si ocurre lo contrario, es necesario hacer consciente a dirección de que nos estamos extralimitando del tiempo de ensayo. Esta situación puede darse de manera puntual, pero en ningún caso se debe convertir en una dinámica habitual, y también es nuestra responsabilidad velar por que no lo sea.

Atención a las necesidades de dirección artística

- Relación y comunicación entre dirección e intérpretes. La complicidad con dirección es fundamental para el mejor desarrollo de nuestras funciones y del proceso en general. En estos primeros días se van a establecer las bases de las relaciones de confianza o no entre dirección y reparto. Son momentos de máxima exposición, tanto para quien lleva la batuta de la dirección de escena y necesita hacerse entender para desarrollar un discurso vinculado a su visión artística personal como para los intérpretes que van a encarnar a los personajes y dotarlos de su sello artístico personal y único. La tarea de guiar a un actor o actriz en la exploración y descubrimiento para conseguir autenticidad y profundidad o composición estilística en su interpretación no es sencilla. Nuestra formación en dirección escénica debe contribuir, siempre que nos sea requerida, a enriquecer, contrastar y a veces desbloquear la relación de dirección con el elenco. Conviene no olvidar nunca que estamos al servicio de la lectura de una propuesta determinada que no es la nuestra. La fidelidad a dirección artística es una aptitud que nos hará ser mejores profesionales.

Daremos nuestra opinión cuando se nos requiera; opinar demasiado es, en la mayoría de los casos, contraproducente. Tener criterio y experiencia en este aspecto nos hará acreedores de respeto en nuestro trabajo, y saber detectar cuándo es necesaria nuestra intervención en el ensayo para potenciar, desbloquear o contrastar una situación o un planteamiento determinado pondrá en valor nuestro rol de ayudantes. Es muy sano compartir con dirección nuestras impresiones al concluir un ensayo y, aunque no se nos pida, ofrecer nuestra ayuda para tener una conversación con un actor, repasar y fijar texto, definir y dar calidad a la partitura de movimiento o cualquier otra cuestión. Dirección nos debe sentir siempre como aliados en los que depositar confianza plena y como figuras de respeto respecto al elenco y al equipo.

Nuestra autoridad en los ensayos implica, además, exigirles las condiciones de máxima concentración a todas aquellas personas que se encuentren en la sala de ensayo y en las zonas adyacentes donde pueda interferir el ruido o cualquier otro tipo de distracción. Nuestro objetivo es conseguir la mayor rentabilidad artística de todos aquellos que ponen su talento al servicio de una puesta en escena, y para que esto suceda en las condiciones óptimas, el cuidado de la concentración es imprescindible.

El arte escénico y la minería, en mi opinión, tienen mucho en común. La sensibilidad es el valioso mineral que debemos extraer de ese pozo minero que es la sala de ensayo, y conviene hacerlo con valentía, cuidado, seriedad y conciencia del valor de la búsqueda. La sensibilidad es un factor que está a flor de piel en muchos momentos de nuestro trabajo, y nuestro cometido es estar vigilantes ante las sinergias que afloran en el espacio de creación y velar por que discurran por los cauces adecuados, y, si no es así, ayudar a reconducir las situaciones. Lo más inteligente, siempre, es generar un ambiente de trabajo riguroso, amable y lúdico en el que se den las mejores condiciones para la inspiración y la creación.

Atención a las necesidades del elenco

A la par que estamos pendientes de las necesidades de dirección de escena, hemos de establecer una relación de confianza con el elenco, ejerciendo la labor de canal en el flujo de entendimiento

154

bidireccional dirección/intérprete. Ser ayudante implica ser responsable de la disciplina del elenco, pero también de su cuidado. Es en este primer periodo de ensayos cuando se va a forjar tanto nuestra autoridad como nuestra complicidad con el reparto.

El proceso de creación para un intérprete implica, en una primera fase, vencer las inseguridades, resistencias y bloqueos que interfieren en la búsqueda del personaje y la situación escénica, y haremos una gran labor si estamos ojo avizor y somos capaces de detectar qué circunstancias están generando dificultad para ser de utilidad y propiciar que la creación fluya en las mejores condiciones.

Es habitual en estos primeros días de ensayo que, aunque el actor tenga bien aprendido el texto, se produzcan errores y olvidos al tener que integrar los nuevos elementos, como la recepción de los compañeros de escena y la partitura de movimiento escénico. Es ahí donde debemos intervenir y estar alerta para apuntar texto al actor.

Dar texto es todo un arte. En otros tiempos era sobre la figura del apuntador sobre quien recaía esta responsabilidad, pero al desaparecer esta profesión de nuestro catálogo de profesionales de las artes escénicas, somos nosotros los encargados de ejecutar esta tarea.

Debemos tener conocimiento de cuál es la mejor forma de acometer esta tarea para ejecutarla con eficacia y precisión teniendo en cuenta los siguientes factores:

- Que el actor/actriz esté de acuerdo en que le demos texto si se queda en blanco o le corrijamos cuando no está siendo fiel al original. En la mayor parte de los casos, los intérpretes están a favor de que les apuntemos. A menudo se acuerda intervenir cuando chasquen los dedos, que es una costumbre muy arraigada dentro de la profesión. Sin embargo, en ocasiones, al no tener bien aprendido el texto, algunos intérpretes tienen la impresión de que les estamos dejando en evidencia y se molestan cuando se les apunta. Si este es el caso, en primer lugar deberemos hablar con dirección para poner en común criterios y saber cuál es la prioridad:

ser fieles a la exactitud de lo escrito o dar libertad al actor en estos primeros ensayos para que se centre en la búsqueda del personaje y de la situación escénica y corregir más tarde. En cualquier caso, nos vendrá bien tener una conversación al concluir el trabajo con el intérprete en cuestión para aclarar posturas, hacerle saber que solo pretendemos ayudar y ponernos a su disposición para trabajar el texto y facilitar el proceso de memorización. Una buena manera de adquirir complicidad con los intérpretes es que se acostumbren a hacer italianas con nosotros: individuales, por escenas o de todo el elenco.

- Precisión y claridad al apuntar. Desde el inicio del proceso de ensayos, reforzaremos nuestra figura y la confianza si mostramos profesionalidad a la hora de apuntar. Cuando esto ocurre, nadie pondrá en cuestión nuestras intervenciones. Para ello es necesario prestar mucha atención al texto al plantear las escenas por primera vez; luego, a medida que el texto se vaya afianzando, podremos ir desplazando nuestra atención a otras cuestiones.

- A la hora de apuntar, hay que ser ágiles, intervenir con el volumen de voz necesario para que nos oigan y articular con claridad para que se nos entienda de manera correcta. En la mayor parte de los casos, cuando se producen imprecisiones con respecto al original, es más productivo priorizar que se estén generando complicidades en la escena, que se estén suscitando atmósferas o que se están produciendo hallazgos con respecto a la construcción del personaje. Para no perturbar e interferir en cuestiones tan relevantes para el hecho artístico pero a la vez no transigir con que se afiancen imprecisiones en el texto, lo más útil es ir señalando en nuestro libreto los errores que se repiten y compartirlos con el actor/actriz para que tome nota de ellos cuando encontremos el momento apropiado. Una de nuestras habilidades más importantes será tener psicología y ser muy sensibles a lo que ocurre en la sala de ensayo. Es un trabajo delicado y apasionante.

- La proxémica a la hora de apuntar. Nuestra posición espacial con respecto a los actores a la hora de apuntar es otro de los factores que demostrará nuestro grado de profesionalidad en los ensayos. En función del clima que requiera cada una de las escenas que estemos trabajando, nuestras intervenciones afectarán más o menos en este sentido. A veces es conveniente hacerlo desde nuestra mesa, y entonces intervendremos, como ya hemos comentado, con rapidez, un volumen adecuado y buena articulación. Sin embargo, cuando estemos trabajando monólogos, escenas íntimas o especialmente dramáticas, demostraremos respeto y sensibilidad, además de conocimiento de la partitura de movimiento escénico, si intervenimos de manera sutil y lo menos perceptible posible, siguiendo el desplazamiento de los actores y colocándonos cerca de ellos para poder dar texto de manera discreta sin romper el clima. Si somos capaces de hacer esto con inteligencia, tanto dirección como reparto agradecerán enormemente nuestra maestría.

Condiciones adecuadas en el periodo de ensayos

Del mismo modo que hemos de ser exigentes con la puntualidad, el orden y la profesionalidad de los actores, hemos de cuidar que el trabajo se realice en condiciones adecuadas para el elenco. En este sentido, debemos tener claro que nuestro cometido es supervisar, solicitar y coordinar las necesidades con quien corresponda, producción, oficina técnica o demás departamentos. Que se nos exija o que nos exijamos resolver nosotros directamente todas estas cuestiones, en la mayor parte de los casos, supondrá hacer dejadez de otras funciones en las que somos más competentes y que nadie más puede hacer.

Será conveniente acordar con producción contar con un camerino o similar donde los actores puedan dejar sus objetos personales y cambiarse con la intimidad necesaria. Este camerino nos será útil, además, para mantenerlos cerca del espacio de ensayo por si los requerimos sin que se vean obligados a permanecer en la sala, lo que contribuirá a la mayor concentración de todo el equipo. Este espacio, además, si no disponemos de otro, nos servirá de comodín para tareas de producción (llamadas, correos, etc.), pruebas de vestuario y caracterización o almacenaje de objetos que no son necesarios en sala.

También contribuirá a mantener la máxima concentración posible de los intérpretes que la sala tenga la temperatura idónea y disponga de las condiciones sonoras adecuadas.

Uno de los mayores enemigos en un proceso de creación es el ruido de todo tipo: comentarios superfluos, puertas que se abren y cierran innecesariamente, móviles que suenan, sillas que se mueven sin delicadeza, páginas de libretos que se pasan sin pensar en el trabajo de los demás, ruido que se filtra de la calle, zapatos ruidosos que desconcentran a todo el equipo, perchas de plástico en burras de metal que se manipulan sin tener en cuenta la molestia que provocan…

Se ha de buscar que la limpieza y el orden del espacio sean siempre rigurosos, que los actores/actrices conozcan bien los tránsitos y las áreas de descanso, que estén informados de dónde recoger y depositar sus materiales de ensayo, que sepan con un margen de tiempo razonable los planes de trabajo (tanto diarios como semanales) dejando claro siempre que las planificaciones pueden ser modificadas por circunstancias de la producción, que les comuniquemos con antelación suficiente acciones de prensa y *marketing*.

Nunca hay que olvidar que los actores/actrices trabajan con su imagen y que hemos de favorecer, en la medida de lo posible, su cuidado. Deben conocer los detalles de la puesta en escena para centrar su atención en la situación dramática concreta y la construcción del personaje (pasos, accesos, desniveles, zonas de visibilidad del público y demás). Deben contar con nuestra complicidad para compartir cualquier cuestión que esté perturbando su proceso creativo.

En caso de falta de entendimiento con dirección, intentaremos mediar de la mejor manera posible para que ambas partes comprendan que se está generando un bloqueo. Por distintas razones, sucede de vez en cuando que el intérprete se siente intimidado o cohibido para transmitir sus dudas, inseguridades o frustraciones a dirección; si aún no se ha generado la complicidad suficiente, ayudaremos muchísimo al diagnosticar el problema y ofrecernos como interlocutores.

En caso de falta de entendimiento con un compañero/a, al igual que en el caso anterior, conviene estar pendiente y desactivar el problema cuanto antes. Cometeremos un grave error si esperamos a que estas situaciones mejoren con el tiempo, pues lo habitual es que empeoren, de modo que dejarlo pasar nos puede obligar a tener que solucionar estos conflictos ya en funciones.

Puede que el actor/actriz tenga problemas personales que interfieran en su concentración: enfermedades de familiares o amigos, separaciones sentimentales, achaques físicos, etc. No es este el lugar para hablar en profundidad de las particularidades del trabajo de interpretación, pero somos conscientes de que su principal herramienta de trabajo son el cuerpo y las emociones; la valía de dicha herramienta es indudable, y hemos de cuidar de ella con mimo para rentabilizar de manera óptima su potencial.

En cuanto a la posible falta de profesionalidad, puede que contemos con un intérprete joven que se acabe de incorporar a la vida profesional y desconozca los protocolos y dinámicas de trabajo. En este caso, lo más aconsejable es que sea el ayudante de dirección quien guíe y apoye al recién incorporado. Otra circunstancia con la que podemos encontrarnos es la de tener que incorporar al proyecto, por diferentes razones, a algún personaje que no proviene del ámbito profesional; en este caso también es aconsejable que el asesoramiento lo realicemos nosotros.

Otro supuesto que podría planteársenos es que un intérprete enferme durante el proceso de ensayos o que, pese a saber que ya estaba enfermo, la dirección haya tomado la decisión de contar con él/ella. El cuidado y la discreción son fundamentales para acompañar en este tipo de procesos, y será más útil que nunca que quien se encuentra en esta situación cuente con nuestra confianza y complicidad para apoyarse y poder desarrollar su trabajo en las mejores condiciones posibles. Cuando nos enfrentamos a este tipo de circunstancias, es más importante que nunca contar con el apoyo de producción, con quien debemos compartir la información de la situación médica y el manejo de los tiempos y las directrices que hay que seguir en caso de tener que planificar permisos o bajas o contemplar una sustitución.

El primer libreto de trabajo

Durante esta fase del proceso de ensayos se irá configurando nuestro primer libreto de trabajo. La claridad, la síntesis y la precisión a la hora de anotar la información fundamental de las pautas que se perfilan durante este periodo son claves para que tanto dirección como el elenco y el equipo artístico confíen en la figura de ayudantía como compiladora de los elementos que irán configurando la puesta en escena.

La cuestión clave es qué anotar y cómo, ya que tan problemático será intentar apuntarlo todo (nos impedirá solucionar con rapidez las cuestiones que se nos planteen y ser eficaces) como confiar en nuestra memoria y quedarnos cortos a la hora de recoger información básica que nos puede ser solicitada, pues si no disponemos de ella nuestra tarea puede ser puesta en entredicho. Nuestro libreto debe ser claro y limpio y, sobre todo, debe estar elaborado de manera muy personal, siguiendo claves que resulten sencillas para nuestro entendimiento.

Hay profesionales que tienen mayor facilidad para trabajar con texto escrito, pero otros prefieren recurrir a iconos o gráficos y utilizar distintos colores. La cuestión es ir elaborando un mapa visual en nuestro libreto con el cual, de manera rápida y precisa, podamos resolver las dudas que se generen. De alguna manera, somos la memoria de cada una de las sesiones de ensayo. Cada director trabaja con una metodología distinta, de manera que nos conviene establecer nuestros propios parámetros personales para que estos se puedan adaptar a cualquiera de las tácticas de trabajo que haya adoptado la dirección.

Hemos de estar constantemente alerta, ya que es en este periodo cuando se esboza y se prueba el diseño de construcción de los personajes y dirección se encuentra en pleno proceso de configuración del movimiento escénico, de creación de atmósferas, perfiles psicológicos de los personajes y mapa de interrelaciones de estos, de incorporación de elementos de la puesta en escena —mobiliario, utilería, vestuario— y de introducción de elementos de sonido y musicales y de los diferentes pies técnicos. Es el ayudante de dirección quien debe registrar cada uno de los elementos que se van fijando en los ensayos y servir de guía tanto para dirección como para el elenco y el equipo de la evolución del diseño. Conviene tener muy en cuenta la propuesta de dirección del proceso artístico y registrar ideas y hallazgos que a veces aparecen en un ensayo y que aportarán una calidad y riqueza al hecho artístico de las que a menudo ni dirección —porque tiene su atención en otras cosas— ni el elenco son conscientes.

Qué anotar en nuestro primer libreto y cómo

Empecemos por la portada del libreto, en la que conviene que figure:

- El título de la producción, con una tipografía y tamaño de fuente que tengan protagonismo habida cuenta de que es la presentación de nuestro proyecto.
- Nombre del autor/a original o autores si son más de uno. En caso de que estemos trabajando con una versión, también debe constar.
- Nombre del director/a artístico o de los directores si son varios.
- Nombre de la productora o productoras, si se trata de una coproducción, que intervienen en el proyecto.

- Número de versión del texto y fecha de impresión. Este dato es básico para tener control de los cambios de texto y para que los miembros del equipo, tanto artístico como técnico, trabajen con la misma versión. Tener control sobre esta cuestión evitará pérdidas de tiempo innecesarias en el proceso de trabajo. Es importante, además, ir remitiendo las diferentes versiones al departamento de producción por diferentes razones, sea por cuestiones de derechos de autor o de cara a posibles publicaciones.

De manera opcional, podemos incluir la imagen del cartel de la función. Es importante hacer atractivo el proyecto cuidando cada uno de los detalles con delicadeza.

El *dramatis personae*

En la segunda página aconsejo que figure el nombre de cada uno de los personajes y a continuación el intérprete que lo encarnará. En caso de sustituciones, no debemos olvidar actualizar el reparto de manera conveniente.

Código de interpretación del libreto

En esta segunda página nos vendrá bien incluir además la leyenda que permita descifrar nuestros códigos de anotaciones de los diferentes elementos de la puesta en escena para que, en caso de que nos tuviesen que sustituir por cualquier motivo, el ayudante al que traspasemos nuestro libreto lo pueda interpretar de manera adecuada.

Como no existe una metodología predeterminada para la notación, explicaremos la que utilizamos, que como comentamos con anterioridad será la más ágil para desentrañar la información sin dificultad según nuestros propios parámetros.

Por ejemplo:

- Flechas para el movimiento escénico.
- Página izquierda del libreto: esquema de la escenografía y notas del director.
- En rojo los cambios de texto.
- Círculo atravesado por una línea: silencios pautados por dirección.
- Amarillo o verde para el sonido y la música.
- Naranja para la videoescena.
- Azul para maquinaria.
- Rosa para el vestuario.
- Negro para la iluminación.

Como digo, este es un método personal, y está bien que sea cada ayudante quien establezca el más eficaz según su sensibilidad y diferentes facultades de percepción. En este sentido, es interesante ir incorporando las herramientas que nos aporta la evolución de la tecnología: códigos QR, *links, playlist…*

Anotación del movimiento escénico

Nos encontramos en el inicio del proceso de ensayos, de manera que es el momento de investigar, de probar, de buscar la inspiración para el diseño definitivo de la propuesta. Teniendo esto en cuenta como punto de partida, hemos de ser conscientes de que todo lo que anotemos en nuestro libreto, por lo que a movimiento escénico se refiere, es susceptible de ser modificado. Entre nuestras herramientas de trabajo básicas en este momento no puede faltar un portaminas (yo lo prefiero al lapicero, aunque también nos sirve) con mina de trazo suave y un buen borrador. La limpieza y la claridad de nuestro libreto hablará de nuestra profesionalidad y nos facilitará increíblemente el trabajo a la hora de resolver las dudas que se planteen en los ensayos. En estos momentos es muy probable que reine la inseguridad tanto de dirección como del elenco, y es un periodo clave para que ayudantía de dirección se granjee la confianza del equipo infundiendo tranquilidad y resolviendo las dudas que se presenten.

Hay muchas maneras de ser ágiles y precisos a la hora de anotar el movimiento, una tarea que resultará más o menos sencilla en función de la complejidad de la puesta en escena: elementos escenográficos, entradas y salidas, número de actores, coreografías o diseños de movimiento especiales. Antes de arrancar el inicio de ensayos, habremos estudiado de qué manera lo vamos a hacer para que de un simple vistazo sepamos recomponer el movimiento que se ha ejecutado. Mis recomendaciones son las siguientes:

- Utilizar flechas para los desplazamientos y para las entradas y salidas de escena. Es una manera eficaz de no dudar de la direccionalidad de los movimientos.
- Dibujar de manera esquemática la planta del espacio escénico teniendo siempre claro dónde está ubicado el público y dónde se encuentra el foro.
- Si hay elementos escenográficos reseñables, ubicarlos también de manera esquemática, de tal manera que nos sirvan de referencia para tener claras las distancias. Por ejemplo, si hay una mesa, dibujaremos el rectángulo que nos indique dónde está y cómo se desarrolla el movimiento en torno a ella. Esto es extensible a puertas, desniveles, bastidores y demás.
- Del mismo modo, hemos de dejar claro qué personajes son los que ejecutan el movimiento escénico. Si estamos trabajando con un elenco reducido, esto no será complicado, pero si el reparto es numeroso, hemos de tomar decisiones para ser capaces de registrar qué actor/personaje se desplaza en cada momento. En este sentido, puede ser eficaz utilizar las iniciales de los nombres de los personajes u otro tipo de símbolos que no planteen dudas a la hora de identificarlos, por ejemplo X, O, V, I…

- Es imprescindible prestar atención al borrado y actualización del diseño de movimiento para evitar dudas y discusiones innecesarias y contar con la confianza del equipo. Cuantas menos dudas tenga un ayudante, mejor estará haciendo su trabajo y menos serán cuestionadas su autoridad y sus valoraciones y opiniones.
- En las escenas en las que el diseño de movimiento sea muy complejo, mi consejo es grabar con móvil o el ordenador y después traspasar con tranquilidad la información a nuestro libreto. El uso de la tecnología debe ser una herramienta más en nuestro proceso, y es interesante investigar e innovar a la hora de aplicarla a nuestra tarea.

Anotaciones relacionadas con el texto

En cuanto a las anotaciones que tienen que ver con el texto, pueden ser de varios tipos:

- División en escenas y título o numeración para cada una de ellas. Este método, si no lo hemos insertado de manera previa en nuestro libreto de trabajo y si el propio original no está ya estructurado de esta manera, nos resultará muy útil para planificar las sesiones de ensayo en tramos de texto con sentido completo. La disección del libreto en diferentes escenas también nos ayudará a localizar de manera ágil puntos concretos que se han de trabajar. Conviene tener señalizados los diferentes cortes con marcadores de color.
- Variaciones del texto con respecto al original realizadas en las sesiones de ensayo. Mi recomendación es tachar con lápiz, por si se decidiese más adelante retomar el original, y anotar el cambio en rojo para que sea muy visible. Utilizando bolígrafos con tinta borrable nos evitaremos tachones si surgen nuevas modificaciones.

- Cortes de texto. Suele ocurrir que, una vez puesto en pie el texto, dirección perciba que algunas escenas se alargan en exceso y dificultan el ritmo, que alguna información se repite de forma innecesaria o sencillamente que hay partes del texto que no interesan y deben suprimirse. Ante este tipo de cortes, mi recomendación es no suprimir hasta no tener todo el texto en pie por si en algún momento se decide recuperar o revisar alguno de estos fragmentos. Mi manera de señalizar estos cortes es tachar la página, el párrafo o las líneas con lápiz con una equis y enmarcarlo con corchetes. Me resulta eficaz para localizarlos y tenerlos disponibles si surge la necesidad de recuperarlos. Cuando llegue el momento de elaborar el texto que se compartirá con los diseñadores y los técnicos, entonces suprimiremos definitivamente estos cortes.
- Pausas y silencios marcados por dirección. Tan importante es anotar el movimiento escénico como las pautas esenciales que dirección proporciona a los actores para la composición de los personajes. Dramatúrgicamente, hay silencios que son tan elocuentes como el propio texto. Mi método para marcar los silencios es insertar, en la zona del texto en concreto, un círculo atravesado por una diagonal. Como con otras tantas cuestiones, esta es mi fórmula particular, pues me resulta sencillo anotarla con rapidez y localizarla con precisión. Como siempre, cada ayudante debe aplicar las señales con las que se maneje mejor.

Notas de interpretación básicas

Hay que distinguir las notas de interpretación que se generan durante el trabajo de mesa de análisis de texto que dirección y los propios actores desentrañan para la construcción y configuración de los personajes de las básicas y concretas para cada escena. Las primeras no deben figurar en el libreto pero sí en nuestro cuaderno de notas. Las segundas hay que ubicarlas en el momento preciso del texto que marca dirección. Para este segundo supuesto mi recomendación es sintetizar para que las anotaciones no sean muy extensas y dificulten el entendimiento enturbiando además nuestro libreto. Yo suelo hacerlas en el margen o la página izquierda. Notas de este tipo pueden ser: «no triste», «articular», «no correr», «irónico», etc. Estas claves nos serán muy útiles cuando llegue el momento de hacer el seguimiento de las funciones y recordemos todas estas pautas al elenco.

Muy a menudo la dirección indica a los intérpretes que suban o bajen el volumen en momentos determinados. Debemos estar pendientes de este tipo de indicaciones y registrarlas. Yo suelo anotarlas con flechas hacia arriba o hacia abajo, según corresponda.

Pies técnicos

En esta primera fase del proceso comienzan a definirse los distintos pies técnicos que después serán claves para la coordinación del equipo técnico y los diseñadores con el ayudante y regiduría, y es crucial en este momento ser precisos para infundir seguridad al equipo y no confundir. Recordemos, una vez más, que la imprecisión, la inseguridad y la confusión son nuestros peores enemigos. Para este tipo de anotaciones mi método es utilizar diferentes colores borrables de manera que, a simple vista, tengo claro si el pie que marco es de maquinaria, sonido, vídeo, iluminación, vestuario o utilería.

En el caso de los pies de vídeo y sonido, es necesario además marcar su duración, dónde entran y dónde salen y si utilizan *fade in* o *fade out,* es decir, volumen que va aumentando cuando surge y suavizándose conforme desaparece.

Con respecto al vestuario, imprescindible anotar dónde se realizan los cambios, el tiempo que requieren si son rápidos y las zonas donde se van quedando las prendas en caso de que los actores se deshagan de ellas en escena.

La misma recomendación es aplicable a los elementos de utilería: debemos precisar si los actores portan alguno al entrar en escena, si están ubicados en los hombros del escenario al comenzar o si se encuentran en escena. Otra cuestión reseñable a este respecto es si los elementos son fungibles y deben reponerse de forma periódica.

En lo que se refiere a maquinaria escénica, son muchas las posibilidades que nos vamos a encontrar: si utilizamos telón de boca, si abre a la italiana o en americana; si hay tramoya, es decir, varas que suben y bajan con elementos desde el peine del teatro; si la escenografía es un giratorio y debemos anotar en qué posición está en cada momento; si nuestro espacio está aforado a la italiana o en alemana; si hay carras que entran y salen de escena; si hay puertas que abren y cierran y cómo intervienen en cada momento.

La pasada técnica

Es muy práctico insertar una página en blanco entre el *dramatis personae* y la primera página del texto para anotar la pasada técnica de la función, que se irá concretando durante esta fase de nuestro proceso de ensayos. En cuanto a lo que debemos anotar para definir la pasada: si los actores o alguno de ellos en concreto inician en escena o en camerinos; luz de pasada; si hay una memoria de sonido con un *track* musical en concreto; dónde están ubicados cada uno de los elementos de utilería y cada uno de los elementos de vestuario que intervienen en escena; posiciones escenográficas de inicio de cada uno de los elementos que intervienen en escena; en definitiva, descripción en detalle de cada uno de los elementos de la puesta en escena que intervienen en el proyecto. Para esta tarea puede ser eficaz la inserción de fotografías de la pasada. Hay que tener en cuenta, por ejemplo, que, dependiendo de cómo esté ubicada una prenda, el actor/actriz necesitará más o menos tiempo para un cambio de vestuario, y estos cambios suelen ser determinantes en el ritmo escénico.

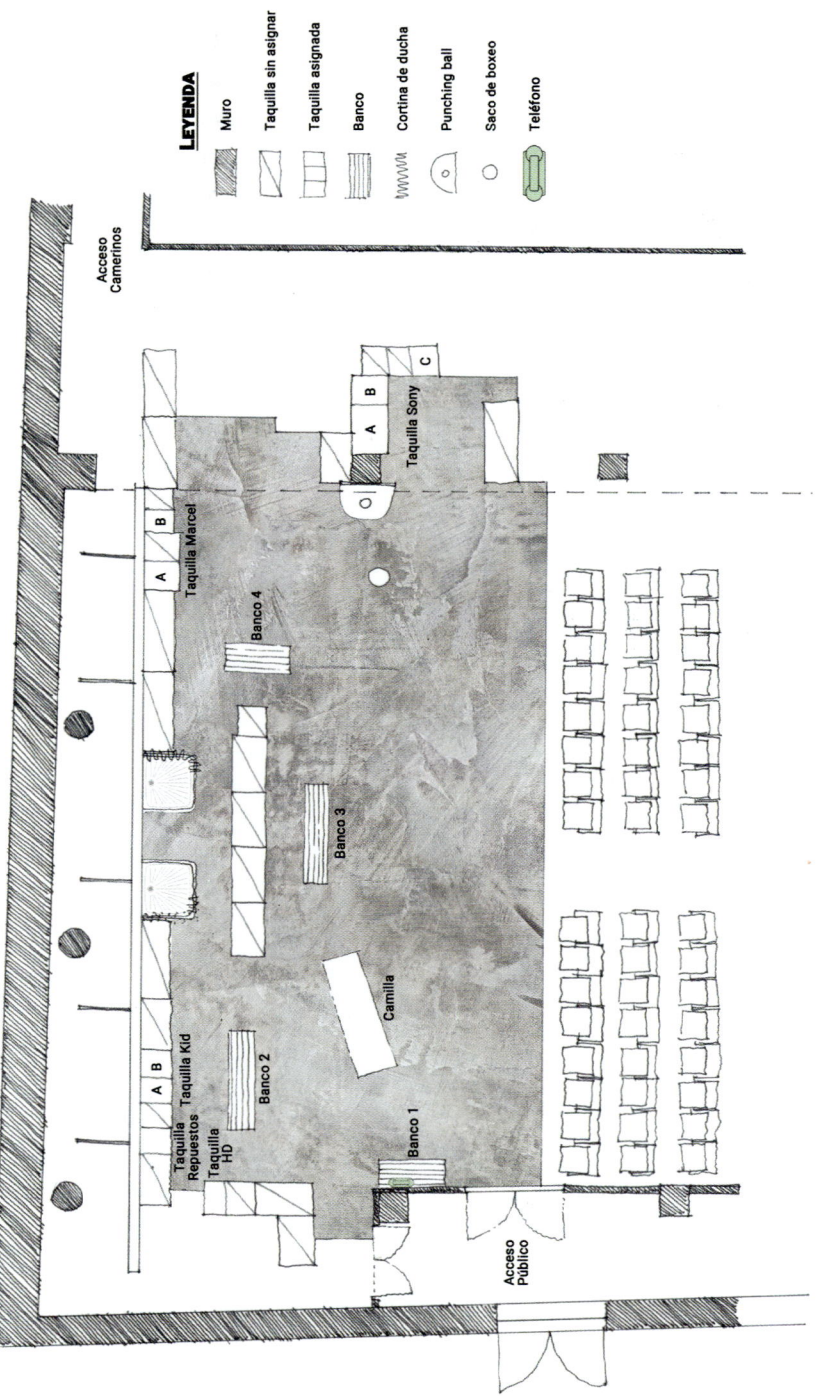

LEYENDA

- Muro
- Taquilla sin asignar
- Taquilla asignada
- Banco
- Cortina de ducha
- Punching ball
- Saco de boxeo
- Teléfono

Acceso Camerinos

Taquilla Sony — A B C

Taquilla Marcel — A B

Banco 4

Banco 3

Camilla

Taquilla Kid — A B

Taquilla Repuestos

Taquilla HD

Banco 2

Banco 1

Acceso Público

Plano de escenografía y nomenclantura de espacios.

Pliego de materiales: Cristina Hermida

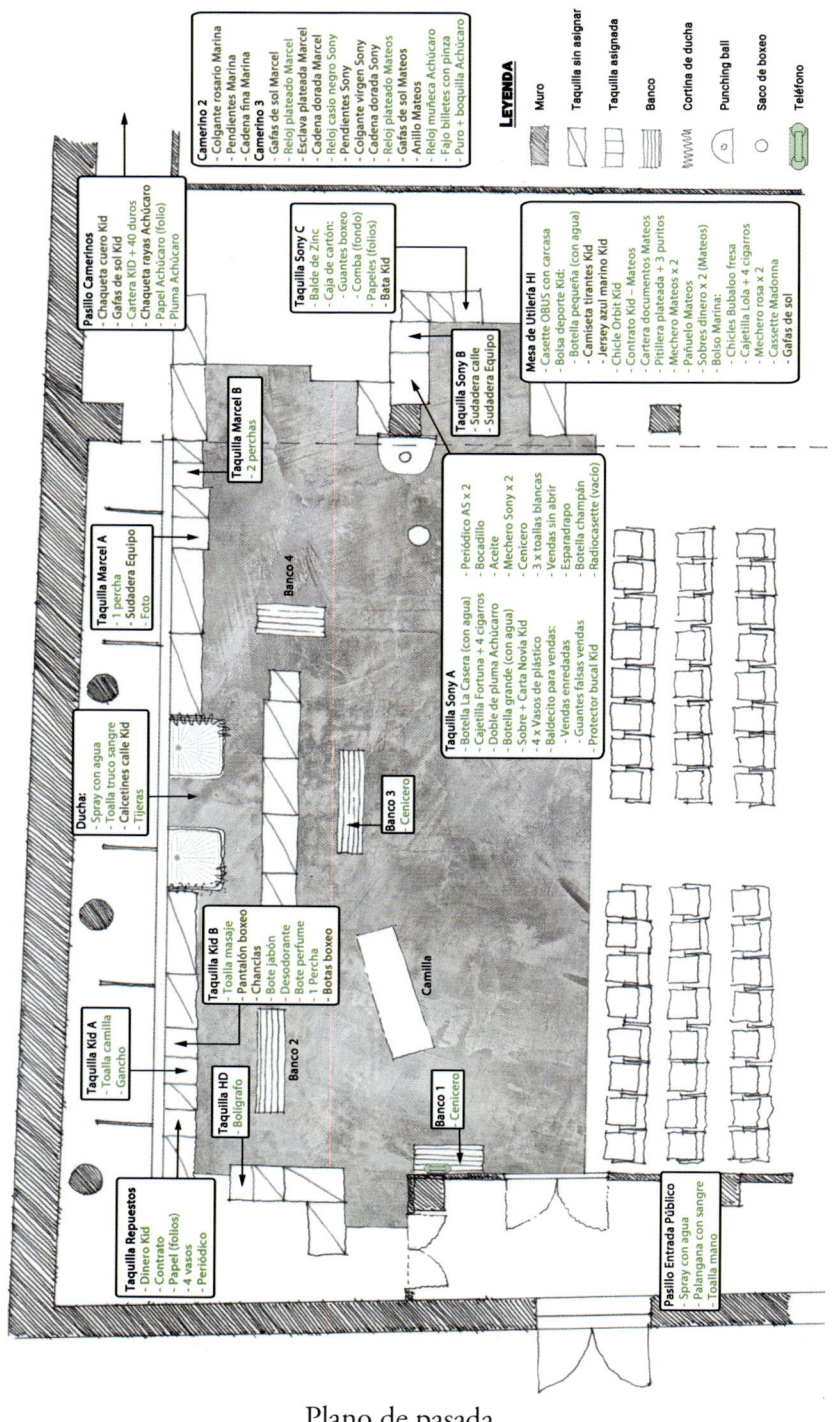

Plano de pasada.

LISTADO DE UTILERÍA "TÍTULO"			En azul: fungibles
LUGAR	**ELEMENTO**	**UBICACIÓN**	**COMENTARIOS**
Escenario	Papelera	Bajo banco 3	Con un poquito de agua al fondo y alguna colilla
Escenario	Radiocasete	Caja cartón	
Escenario	Balde con agua	Atrás. Zona ducha	
Escenario	Toalla para sangre	Atrás. Zona ducha	Doble de una de masaje
Escenario	Bolsita sangre termo sellada	Atrás. Zona ducha	Dentro de la toalla
Escenario	Doble toalla sangre	Atrás. Zona ducha	Doble de una de masaje
Escenario	Toallitas húmedas	Atrás. Zona ducha	
Escenario	Papeles (folios)	Taquilla Sony lateral	
Escenario	Caja cartón	Taquilla Sony lateral	Dentro: radiocasete, guantes boxeo y comba
Escenario	Cenicero	Taquilla Sony A	
Escenario	Botella casera	Taquilla Sony A	Con agua
Escenario	Bocadillo	Taquilla Sony A	
Escenario	Periódico As años 80	Taquilla Sony A	
Escenario	Cajetilla Fortuna + cigarros	Taquilla Sony A	
Escenario	Baldecito para vendas	Taquilla Sony A	
Escenario	Guantes falsas vendas	Taquilla Sony A	Dentro del baldecito
Escenario	Esparadrapo	Taquilla Sony A	
Escenario	Balde Zinc para ring	Taquilla Sony A	En el suelo junto a la taquilla
Escenario	Botella champán	Taquilla Sony A	Con gaseosa
Escenario	4 x Vasos de plástico	Taquilla Sony A	
Escenario	Doble de pluma Achúcarro	Taquilla Sony A	Sin tinta.
Escenario	Guantes boxeo Kid	Caja cartón	
Escenario	Comba	Caja cartón	

Listado de utilería (una parte).

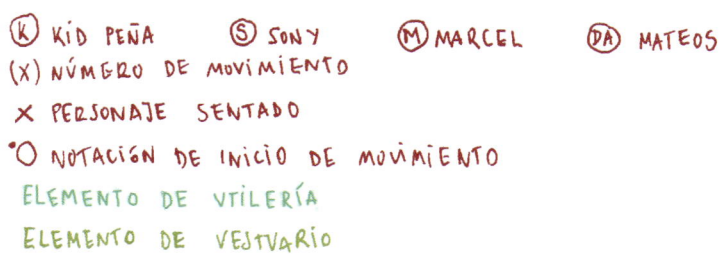

Leyendas de planos de movimiento.

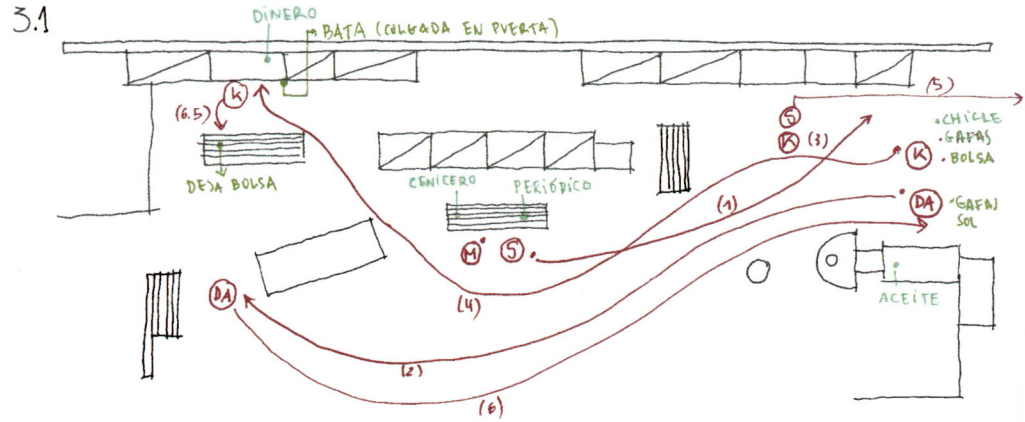

Esquema de movimiento. Escena 3, parte 1.

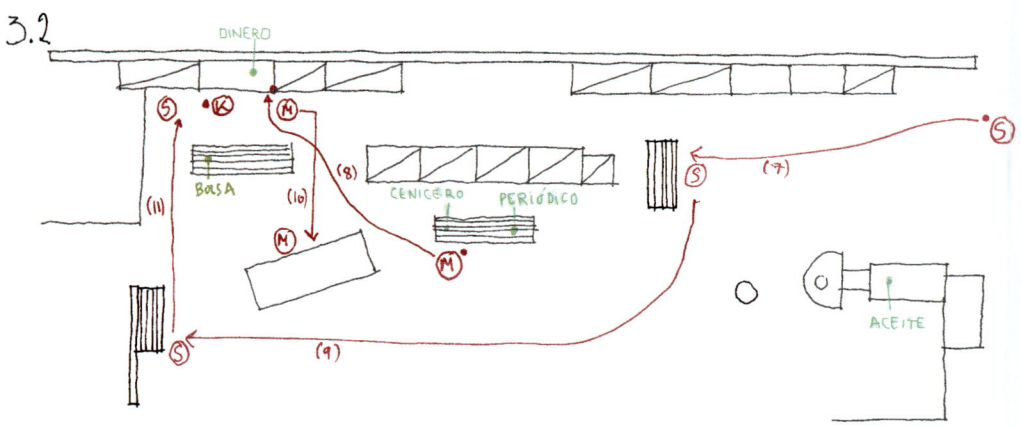

Esquema de movimiento. Escena 3, parte 2.

LEYENDA

Texto en granate: **Movimientos de actores**

Número entre paréntesis (X): **Correspondencia con el movimiento en la ilustración.**

Pie de iluminación

Pie de sonido

Cambio de vestuario

ESCENA 3. – EL CAMPEÓN

3.1

MATEOS. — Ya basta, chicos, el campeón tiene que vestirse, vamos, vamos... No es el momento para hacer declaraciones... Por favor...

MARCEL. — Sony, prométeme una cosa. Que no le dirás nada de la apuesta al Kid. ¿No querrás que salga preocupado al ring? Cuantas menos cosas tenga en la cabeza, mejor, ¿no crees?

SONY. — Sí, eso sí.

MARCEL-, Entonces, ¿prometido?

SONY. — Seguro, Marcel, Se lo diré después del combate... Si gana.

MARCEL. — Échale una mano a Don Ángel con los periodistas.

SONY va hacia la entrada. (1)

MATEOS- Por favor, tenemos que trabajar. Va hacia el centro. (2)

SONY se cruza con MATEOS. Luego con KID. Chocan manos. (3)

SONY — ¿Qué pasa, campeón?

KID — Hola, Sony. (Va hacia taquilla KID A) (4) Hola, Marcel.

MATEOS- Sony cierra la puerta.

SONY — (Sale por 2º HI) (5) ¡A tomar por culo todo el mundo de aquí! Q7

MATEOS — Enseguida vengo... con todo este lío he perdido a la señorita Marín...

Sale MATEOS. Sony vuelve al vestuario. (6)

KID deja bolsa de deporte en banco 2. (6.5)

3.2

SONY se aproxima a banco 4. (7)

MARCEL se acerca a taquilla KID B. Apoya brazo sobre ella. (8)

KID se quita la chaqueta calle y la cuelga en taquilla KID B.

MARCEL. — ¿Has dormido bien?

KID. — No he pegado ojo.

MARCEL. — ¿La cama no era buena?

KID. — La cama sí. El que no debe ser bueno soy yo. (SONY va hacia KID y MARCEL Se queda cerca de b1) (9)

MARCEL. — Eso no es verdad.

KID. — Pues lo parece.

MARCEL. — Sé cómo te sientes... Es duro, muy duro. Pero así vienen las cosas. ¡Qué le vamos a hacer! Anda, termina de desnudarte. Vamos justos de tiempo. (Marcel va a camilla y prepara toallas) (10)

SONY. — Qué más da. (Va hacia KID) (11)

Texto de escena 3, partes 1 y 2.

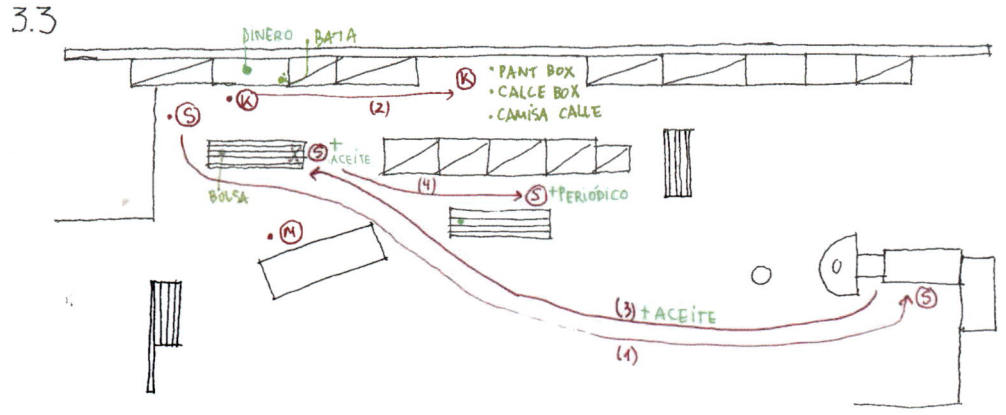

Esquema de movimiento. Escena 3, parte 3.

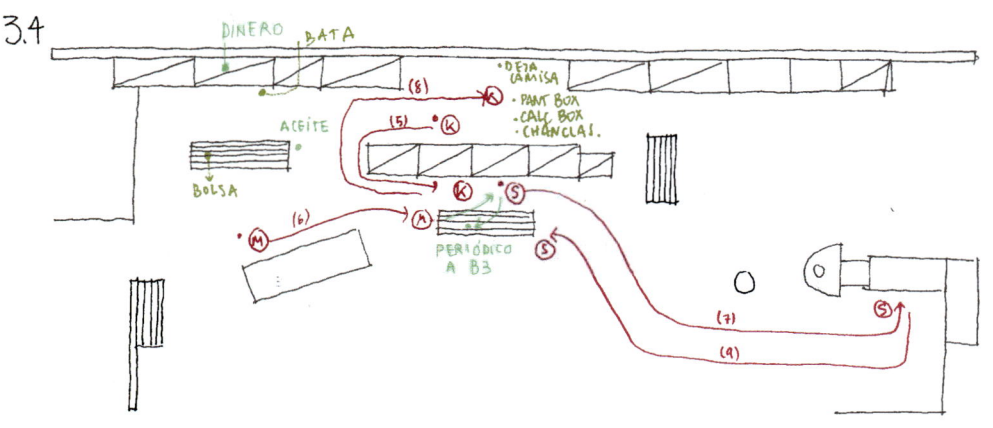

Esquema de movimiento. Escena 3, parte 4.

<u>3.3</u>

MARCEL. — Al mal tiempo, mala cara. ¡Sony, el aceite!

SONY. — Mala cara la que traes tú, chico. Va a su taquilla y coge el aceite. (1)

KID se mete en la ducha   Q11+ micro   L13

(contar un par de segundos desde que desaparece tras taquillas)

Cambio vestuario Kid --> Pantalón boxeo, calcetines boxeo y camisa. (2)

SONY. — ¡Hacía tiempo que no pillábamos un hotel así, eh! Eso es buena señal. ¡Vuelves a estar arriba! Y después de esta noche, cinco estrellas... ¿Verdad, Marcel? (Va hacia b2 y se sienta a horcajadas en extremo izq, junto a ducha) (3)

MARCEL. — Ese aceite.

SONY. — (Usando el aceite de micro) Bueno, bueno, bueno. ¿Qué se siente cuando uno está a punto de ser campeón de Europa?

KID. — Qué más quisiera. Pero lo veo difícil.

SONY. — ¡Campeón de Europa, que te lo digo yo! Ese Alarcón es pan comido! Mira lo que dice la prensa, mira... (Deja aceite en el suelo de b2, va tras el b3 y coge periódico) (4)

3.4   MARCEL. — Sony, ¿quieres hacer el favor? (KID sale de la ducha) (5)   L14

SONY. — Espera, hombre que le enseñe una cosa... (Le enseña el periódico al KID) La foto es buena, ¿eh?... Y el plumilla te pone por las nubes, dice que estás obsoleto, en plena forma, ¿entiendes? Y que puedes ganar...

MARCEL. — Deja al chico que termine de vestirse...(Amago de coger el periódico) ¡Y tráeme el aceite! (Coge el periódico, lo dobla) (6)

SONY. — ¡Va! ¡Va!... Ahora te ha dado por las prisas.

SONY va a por el aceite a su taquilla. (7)
MARCEL espera a que se haya alejado.

MARCEL. — No se entera...

KID. — Mejor para él. Tú déjale.

MARCEL. — Descuida.

KID. — ¿Has leído esto? El As dice que puedo ganar.

MARCEL. — Podrías. Y le ganarás cuando llegue el momento. (Deja periodico en b3) Túmbate.

KID se mete en la ducha (8)   Q13 + 1"

Cambio vestuario. Se quita la camisa y se queda en torso, con pantalón boxeo, calcetines boxeo y chanclas.

SONY. — ¿Lo ves? ¡Vas a ganar! ¡Fijo! (SONY hacia b3) (9)

MARCEL. - Sony, ¿por qué no vas preparando las cosas?

Texto de escena 3, partes 3 y 4.

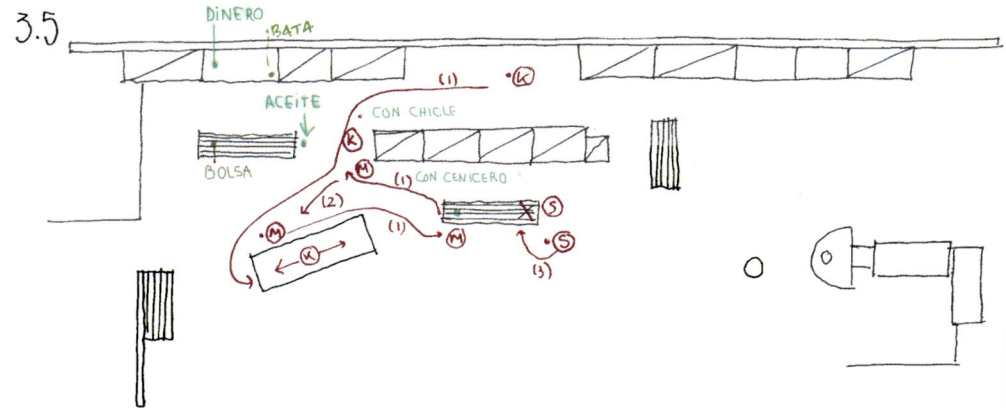

Esquema de movimiento. Escena 3, parte 5.

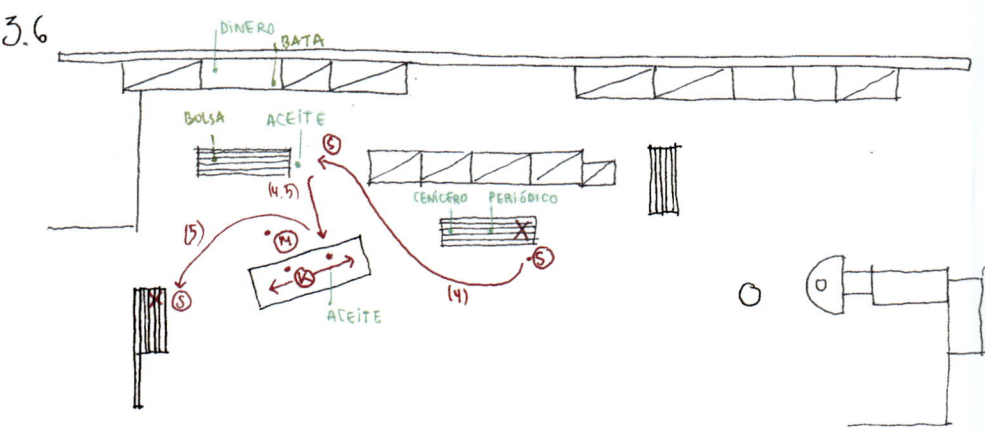

Esquema de movimiento. Escena 3, parte 6.

__3.5__

SONY. — Ya te he dicho que está todo listo.

MARCEL. — Entonces cierra la boca y cállate.

SONY. — (Dolido) ¿Yo? ¿Qué he hecho mal, Marcel?

MARCEL. — Mareas con tanta charla. (MARCEL coge la papelera bajo banco 3 y se la muestra a KID que sale de la ducha, tira el chicle y se tumba en camilla) (1) El campeón tiene que concentrarse un poco (Al KID) Vamos con el masaje. (MARCEL vuelve a camilla)

KID. — (A SONY) No te mosquees. Está un poco nervioso (Le guiña un ojo y se tiende sobre la camilla de masaje). L15

MARCEL. — ¿Vale ya, no?

SONY. — O.K., O.K... (Se sienta en banco 3 esquina alejada de camilla, cabreado. Imita y hace eco de lo que dice Marcel durante el masaje)

KID. — ¿Qué tal tiempo hace?

MARCEL. — Bueno, me parece. (Masaje en piernas)

KID. — ¿No estás seguro?

MARCEL. — No soy el hombre del tiempo. Además, tú eres el último que ha venido de la calle.

KID. — No me he fijado... Estoy idiota.

MARCEL. — ¿Por qué tienes tanto interés?

KID. — Tengo aquí un punto... (Señala una costilla).

MARCEL. — (Tocando) ¿Duele?

KID. — Molesta.

MARCEL. — ¿Es aquí? ¿Desde cuándo?

KID. — Desde que me he levantado.

MARCEL. — Respira... Debe ser una mala postura. Saldrá con el masaje... No te preocupes: esta noche no te hará falta emplearte a fondo.

__3.6__ KID hace gesto a MARCEL para que no lo escuche SONY.

SONY les mira, ve el aceite en el suelo de banco 2 y se levanta a cogerlo. (4)

KID. — (Le hace gestos de que se calle, que le puede oír SONY) Si no me preocupo. Es que pensé que igual iba a llover.

SONY deja aceite sobre camilla, da un golpe en el pie a Kid. (4.5)

¿Qué pasa, Sony?

Sony hace gesto de "sonao" (mano girando junto a oreja) y lo detiene rápido, sentándose en b1 cuando Marcel se gira. (5)

SONY. — ¿Puedo hablar?

KID. — Claro.

SONY. — No, que lo diga Marcel.

MARCEL. — Puedes...

Texto de escena 3, partes 5 y 6.

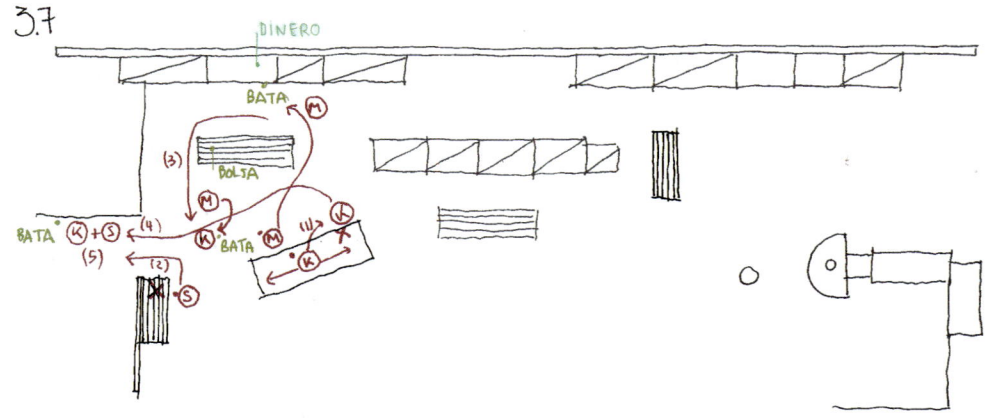

Esquema de movimiento. Escena 3, parte 7.

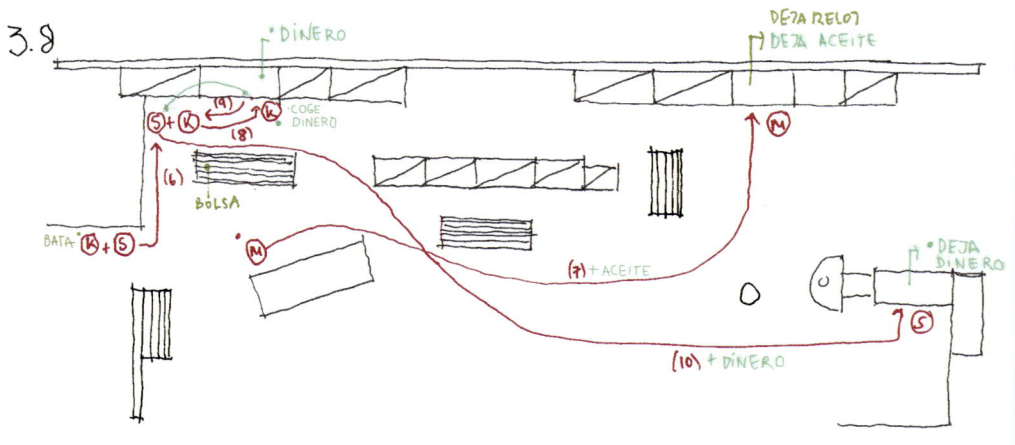

Esquema de movimiento. Escena 3, parte 8.

3.7 _____

SONY. — ¿Q'hablabais del tiempo?

MARCEL. — Del tiempo.

SONY. — Ha hecho sol.

MARCEL. — Ya lo has oído.

KID. — Gracias, Sony... Pues yo creo que va a llover. (Se incorpora) (1) ¿Esa puerta da a la calle? ¿Te importa que mire un momento?

Sony va hacia la puerta del callejón (2)

MARCEL. — Déjate de puertas. Cuantas menos corrientes, mejor.

KID. — Un momento nada más. Por salir de dudas.

MARCEL. — Está bien. Pero ponte la bata, no te vayas a enfriar. Coge la bata que está colgada en taquilla Kid B, y se la da.

KID. — (Poniéndosela sobre los hombros) Abrir y cerrar.

KID abre la puerta metálica y sale por HD. (4)

SONY se queda apoyado en taquilla lateral HD. (5)

SONY. — No se ve nada.

KID. — Ni una estrella. Debe estar cubierto.

SONY. — En la ciudad nunca se ven las estrellas.

Se quedan un momento mirando al cielo.

3.8 _____

MARCEL. — Para adentro, Kid.

KID entra pensativo. SONY le sigue. (6)

Se quedan ambos junto a taquillas laterales.

KID. — Pues yo te digo que esta noche llueve. ¿Qué te apuestas?

MARCEL va a taquilla MARCEL A y deja allí su reloj y el aceite. (7)

SONY. — Estoy sin blanca.

KID. — ¿Van cuarenta duros?

SONY. — Que no los tengo.

KID. — Te los presto yo, ¿hace?

MARCEL. — Dejaros de apuestas. Estamos trabajando.

SONY. — Tranquilo, Flanagan (Al KID) No puedo apostar contigo. No sería justo.

KID. — ¿Por qué?

SONY. — Sería juego sucio... (KID le besa en la frente) Es que he leído el pronóstico en el periódico y ponen un sol como una casa.

MARCEL. — Túmbate, Kid. A ver si empezamos de una vez...

KID. — De todas formas, si necesitas algo...

SONY. — La verdad, me vendrían bien esos cuarenta duros.

KID. — Eso está hecho (Coge dinero de su taquilla y se los da).(8) (9)

Texto de escena 3, partes 7 y 8.

Pliego de materiales: Cristina Hermida

CALENDARIO "TÍTULO"						LUGAR DE ENSAYOS	
						LUGAR DE FUNCIONES /TEATRO	
FEBRERO		**MARZO**		**ABRIL**		**MAYO**	
		S1	Ensayo Sala (10:00 - 16:00) *	M1	Ensayo Sala (16:00 - 23:00)	J1	Función 21
		D2	DESCANSO	X2	Ensayo TEATRO (16:00 - 23:00)	V2	Función 22
		L3	Ensayo Sala (10:00 - 16:00)	J3	Ensayo TEATRO (16:00 - 23:00)	S3	Función 23
		M4	Ensayo Sala (10:00 - 16:00)	V4	Ensayo TEATRO (16:00 - 23:00)	D4	Función 24
		X5	Ensayo Sala (10:00 - 16:00)	S5	Ensayo TEATRO (16:00 - 23:00)	L5	DESCANSO
		J6	Ensayo Sala (10:00 - 16:00) *	D6	Ensayo TEATRO (16:00 - 23:00)	M6	Función 25
		V7	Ensayo Sala (10:00 - 16:00) *	L7	DESCANSO	X7	Función 26
		S8	Ensayo Sala (10:00 - 16:00)	M8	Función 1	J8	Función 27
		D9	DESCANSO	X9	Función 2	V9	Función 28
		L10	Ensayo Sala (10:00 - 16:00)	J10	ESTRENO OFICIAL	S10	Función 29
		M11	Ensayo Sala (10:00 - 16:00)	V11	Función 4	D11	Función 30
		X12	Ensayo Sala (10:00 - 16:00)	S12	Función 5	L12	DESCANSO
		J13	Ensayo Sala (10:00 - 16:00)	D13	Función 6	M13	Función 31
		V14	Ensayo Sala (10:00 - 16:00)	L14	DESCANSO	X14	Función 32
		S15	Ensayo Sala (10:00 - 16:00)	M15	Función 7	J15	Función 33
		D16	DESCANSO	X16	Función 8	V16	Función 34
		L17	Ensayo Sala (10:00 - 16:00)	J17	Función 9	S17	Función 35
		M18	Ensayo Sala (10:00 - 16:00)	V18	Función 10	D18	Función 36
		X19	Ensayo Sala (10:00 - 16:00) *	S19	Función 11	L19	DESCANSO
		J20	Ensayo Sala (10:00 - 16:00) *	D20	Función 12	M20	Función 37
		V21	Ensayo Sala (10:00 - 16:00)	L21	DESCANSO	X21	Función 38
S22	Ensayo Sala (10:00 - 16:00)	S22	Ensayo Sala (10:00 - 16:00)	M22	Función 13	J22	Función 39
D23	DESCANSO	D23	DESCANSO	X23	Función 14	V23	Función 40
L24	Ensayo Sala (10:00 - 16:00) *	L24	Ensayo Sala (10:00 - 16:00)	J24	Función 15	S24	Función 41
M25	Ensayo Sala (10:00 - 16:00)	M25	Ensayo Sala (10:00 - 16:00)	V25	Función 16	D25	Función 42 (ÚLTIMA)
X26	Ensayo Sala (10:00 - 16:00)	X26	Ensayo Sala (10:00 - 16:00)	S26	Función 17		
J27	Ensayo Sala (10:00 - 16:00) *	J27	Ensayo Sala (10:00 - 16:00)	D27	Función 18		
V28	Ensayo Sala (10:00 - 16:00) *	V28	Ensayo Sala (10:00 - 16:00) *	L28	DESCANSO		
		S29	Ensayo Sala (10:00 - 16:00) *	M29	Función 19		
		D30	DESCANSO	X30	Función 20		
		L31	DESCANSO				

Ejemplo tipo de calendario de ensayos.

PLAN SEMANAL "TÍTULO"				LUGAR DE ENSAYOS
Nº SEMANA	**FECHAS**			
DÍA	**HORARIO**	**ACTIVIDAD**	**CITACIÓN**	**COMENTARIOS**
LUNES	10:00-12:00	Escenas 1,2	Actor 1 y actor 2	* ACTOR 2 hasta las 14h
	12:00-12:30	Pausa	Actriz 2, actriz 3 y actor 3	Al acabar ACTOR 1 toma de medidas en taller
	12:30-16:00	Escenas 3,4	Actor 1, 2 y 3, actriz 1 y 3 *	
MARTES	10:00-12:00	Escenas 3,4	Actor 1, 2 y 3, actriz 1 y 3	Las fotos se realizarán en …
	12:00-13:00	Pausa + preparación para fotos *	Todo el elenco	* Recordad que no hay personal de maquillaje y peluquería
	12:30 - 13:00	Fotos Prensa	Equipo artístico	
	13:00-14:30 **	Fotos Prensa	Todo el elenco	** Duración de fotos aproximada.
	14:30-16:00	Escenas 3,4	Actor 1, 2 y 3, actriz 1 y 3	
MIÉRCOLES	10:00-12:15	Escenas 6B,7	Actor 1 y actor 3	ACTOR 2 toma de medidas en taller a las 12h
	12:15-12:45	Pausa		
	12:45-16:00	Escenas 6B,7		
JUEVES	10:00-12:15	Escenas 5,6,6B, 7	Actor 1 y actor 3	
	12:15-12:45	Pausa		
	12:45-16:00	Escenas 5,6,6B, 7		
VIERNES	10:00-12:15	1, 2, 3, 4, 5, 6, 6B, 7	Todos menos actriz 2	Viene diseñador de sonido
	12:15-12:45	Pausa		
	12:45-16:00	1, 2, 3, 4, 5, 6, 6B, 7		
SÁBADO	10:00-12:15	Por determinar	Todos menos actor 2 y actriz 2	
	12:15-12:45	Pausa		
	12:45-16:00	Por determinar		

Ejemplo tipo de plan semanal.

Pliego de materiales: Cristina Hermida

CITACIÓN "TÍTULO"			LUGAR
DÍA SEMANA	**FECHA**		

HORARIO	ACTIVIDAD	CITACIÓN	COMENTARIOS
12:00	Rueda de Prensa *	Actor 1 y actor 2	* ESPACIO: Sala …
16:00	Llegada compañía y eq. Técnico		
	Preparación pasada para pase gráfico		
	Microfonar y prueba sonido	Actor 1 y 2	Prueba de sonido en escenario
	Peluquería y maquillaje	Actor 3 y actriz 3 *	* Cuando acabéis, microfonar y prueba de sonido en escenario
16:15	Peluquería y maquillaje	Actriz 2	
16:45	Peluquería y maquillaje	Actriz 1	
17:30	**PASE GRÁFICO**		Escenas por confirmar: E1, E3, E6 y 6B + TRANSICIÓN
18:30	Fin pase gráfico	Actor 1 y actor 3	Posibilidad de ajustes
19:30-20:00	Pausa	Equipo técnico y compañía	
20:00 - 20:30	Preparación pasada para E. general		
20:30	**ENSAYO GENERAL**		
NOTAS	17HRS LLEGADA DE 2 ACOMODADORES PARA PUERTAS		

Ejemplo tipo de citación.

"TÍTULO"		
FECHA EXHIBICIÓN		**NOMBRE DEL TEATRO / SALA**

HORA	ACTIVIDAD	OBSERVACIONES
16:00	CITACIÓN EQUIPO TÉCNICO	
17:30	CITACIÓN ACTRIZ 1	
	CARACTERIZACIÓN ACTRIZ 1	CON MICROFONISTA (EN PELUQUERÍA)
	ENSAYO TÉCNICO CON MAQUINARIA	TELAR Y ESCENARIO
17:45	CITACIÓN ACTRIZ 2 y 3	
	CARACTERIZACIÓN ACTRIZ 2	CON MICROFONISTA (EN PELUQUERÍA)
18:00	CITACION ACTORES 1, 2 Y 3	
	CARACTERIZACIÓN ACTRIZ 3	CON MICROFONISTA (EN PELUQUERÍA)
18:15	COLOCACIÓN MICROS ACTOR 1, 2 Y 3	CON MICROFONISTA (EN CAMERINOS)
18:30	CHEQUEO PASADA ESCENARIO	UTILERÍA, SASTRERÍA Y REGIDURÍA
	PRUEBA DE SONIDO. ORDEN: ACTRIZ 1, ACTRIZ 2, ACTOR 1, ACTOR 2, ACTRIZ 3 Y ACTOR 3	TÉCNICO DE SONIDO Y MICROFONISTA
19:00	LIMPIEZA DE ESCENARIO	
19:30	PRIMERA / APERTURA DE SALA	
	CHEQUEO MICROFONÍA (TODOS)	EN HOMBRO DERECHO (RAC DE MICROFONÍA)
20:00	**FUNCIÓN**	
21:30	FIN FUNCIÓN / NOTAS DIRECCIÓN	EN PATIO DE CABALLOS
21:45	APAGADO EQUIPO + RECOGIDA ESCENARIO	EQUIPO TÉCNICO
22:00	FIN JORNADA COMPAÑÍA	
ESTA TABLILLA PUEDE SER MODIFICADA SEGÚN NECESIDADES TÉCNICAS Y/O DE OTRA ÍNDOLE.		

Ejemplo tipo de tablilla de regiduría.

Pliego de materiales: Cristina Hermida

Ignacio García en la mesa de dirección (1999).
La habitación azul, de David Hare. Dirección de Mario Gas.

Ana Barceló (izq.) en la presentación
de *La colección,* de Juan Mayorga,
en el Teatro Olympia de Valencia
junto al equipo. Foto: archivo
personal (autor no identificado).

Ana Zamora con Àlex Rigola
en el Teatro de La Abadía (2002).
Ubú Rey, de Alfred Jarry.
Foto: Ros Ribas.

Valle del Saz (izq.) y Natalia Menéndez (der.).
Queen Lear, de Juan Carlos Rubio y Natalia Menéndez.
Dirección de Natalia Menéndez. Foto: Inés Sánchez.

Mar Eguiluz.

Cristina Ramos preparando
la cabalgata de los Reyes Magos
en Madrid (2024).

Pliego de materiales: Cristina Hermida

Javier López Patiño (der.) junto a Íñigo Rodríguez-Claro (izq.) en los ensayos de *Arder y no quemarse,* de José Padilla y Grumelot. Dirección de Íñigo Rodríguez-Claro. Foto: Carla Maro.

Eva Luna García-Mauriño (sentada a la mesa, der.) con Marta Pazos (izq.) en el Circo Price (2022). *Twist,* de Marta Pazos. Foto: Gaby Merz.

María Goiricelaya (sentada a la derecha) con Calixto Bieito (izq.) y Ane Picaza (arriba) (2022). *Kingdom,* de Bernardo Atxaga. Dirección de Calixto Bieito. Foto: E. Moreno Esquivel / Teatro Arriaga.

Tercera fase. Segunda etapa del proceso de ensayos

Llamo «tercera fase» al periodo de ensayos en el que se están ultimando todos los componentes definitivos que compondrán la puesta en escena. Es una fase diferente a la segunda porque la atención de ayudantía se debe ampliar. Además de seguir muy atentos a todo lo que acontece en la sala de ensayo, debemos tomar conciencia de los elementos definitivos que se están elaborando fuera. Es el momento de comenzar a ejercer el control de plazos de realización de los elementos plásticos y técnicos del proyecto.

Realización de la escenografía

En algunas ocasiones contamos con la escenografía definitiva desde el comienzo de ensayos. Si es así, directamente nos olvidaremos de este punto y centraremos nuestra atención en otras cuestiones.

Pero como esto no es lo habitual, son muchas las acciones que hay que acometer. En primer lugar, si la producción en la que estamos implicados es de cierta envergadura, el equipo artístico habrá contado con un ayudante de escenografía. Es importante que desde el principio establezcamos una relación de complicidad con la red de ayudantes que estén implicados en el proceso y que seamos capaces de distribuir y delegar las tareas correspondientes a cada una de las áreas, que a partir de ese momento se harán responsables de ellas. Hacer esto con inteligencia nos evitará sobresaturación y colapso en la última etapa de ensayos. Es muy importante en este momento tener información y saber delegar para evitarnos picos de estrés innecesarios.

Coordinar es nuestra palabra mágica, y debemos manejarnos con destreza en este sentido. Será muy eficaz que periódicamente hagamos balance con ayudantía de escenografía de los elementos que necesitamos incorporar a los ensayos con un margen de tiempo razonable para que se pueda gestionar con eficacia. Una dinámica muy sana será hacer repaso al concluir cada ensayo. Si no contamos con la presencia del ayudante de escenografía en todos los ensayos, como mínimo hay que hacer este balance una vez a la semana.

Escenografía no solo se encarga de los diseños de los componentes escenográficos, sino que todos los elementos de utilería son también de su competencia. Debemos responsabilizarnos de contar en el momento adecuado con los útiles que intervienen en escena, de modo que, como siempre, prever y anticiparse a las necesidades será una muestra de que estamos haciendo bien nuestro trabajo. No podemos esperar a que dirección o los actores nos pidan las cosas: debemos tener autonomía y eficacia para que, cuando se solicite algo —siempre que no sea improvisado—, lo hayamos anticipado y resuelto. Ser eficiente en este cometido contribuirá a granjearnos la confianza de todo el equipo y a conseguir que la atención tanto de los actores como de dirección se centre en la creación.

Control de tiempos de construcción de los talleres

Al mismo tiempo, es necesario ir cotejando con escenografía cómo se va desarrollando el proceso de construcción en talleres. Escenografía hará visitas a los lugares de construcción para comprobar cómo va el proceso y dar indicaciones artísticas y técnicas. Debemos pedirles que compartan imágenes e información con dirección artística para evitar malentendidos y, si los hubiere, solucionarlos con margen de tiempo suficiente (acabados, texturas, color, mecanismos). De la misma manera, debemos informar inmediatamente de cualquier necesidad especial que haya surgido en los ensayos y que no estuviese prevista en el diseño inicial de la escenografía, ya sea referente a las dimensiones (cambios de medida, desniveles, cambios de forma), a la movilidad (frenos, ruedas, rampas), a la accesibilidad (puertas, cortinas, telones, etc.) o al trabajo de los actores. Siempre hay que poner mucha atención a la relación entre movimiento escénico y el tipo de suelo con el que vamos a trabajar.

A estas alturas del proceso, hay que tener conciencia de la importancia de no perder tiempos innecesarios. Normalmente, una vez que entramos en sala, los tiempos de trabajo son muy justos, y hacer una buena previsión y gestión de los tiempos de confección e implantación de los elementos demostrará que somos profesionales a la altura de nuestra responsabilidad.

Incorporación de los elementos acabados al proceso de ensayo

A medida que se ultiman los elementos, iremos coordinando su incorporación a los ensayos. Cuanto más tiempo tengan los intérpretes para trabajar con los elementos definitivos, más pericia y precisión demostrarán en su manejo.

Realización del vestuario

El protocolo que seguir con el vestuario es muy similar al de la escenografía, aunque vamos a reseñar algunas de sus particularidades.

Relación con ayudantía de vestuario

Como en el caso anterior, si las condiciones de la producción son las óptimas y lo permiten, contaremos con la figura de ayudantía de vestuario, que contribuirá al diseño y control de confección y asistirá a los ensayos para colaborar e intermediar entre dirección artística, figurinista y producción. En este caso también es conveniente fraguar una relación de confianza y complicidad que nos permita descargarnos de responsabilidades en esta área. Como con ayudantía de escenografía, será muy sano poner en común al final de los ensayos el estado de las cosas y las necesidades que surjan en lo que al vestuario se refiere.

Es frecuente que el figurinista desee también realizar el diseño de caracterización de los personajes, salvo en musicales o producciones en que la propuesta artística sea compleja o peculiar y deba ser realizada por un profesional especializado (utilización de apósitos con látex, máscaras, personajes de época, maquillaje corporal). Si nos encontramos ante una de estas situaciones en concreto, debemos verificar que producción haya presupuestado la contratación, y dirección artística será la responsable de indicar en qué momento necesitaremos su incorporación al proyecto tanto para pruebas previas como para la ejecución del diseño definitivo. Si no es así, el responsable será el figurinista, y deberemos estar atentos a las necesidades de diseños definitivos y pruebas. Del mismo modo, en caso de que alguno de los personajes requiera para su caracterización la utilización de postizos, pelucas u otros, conviene coordinar con ayudantía de vestuario la incorporación de los elementos al ensayo para que el actor o actriz que lo encarne se habitúe a trabajar con pericia con el elemento.

Atención especial hay que dedicarle a la incorporación del calzado definitivo, sobre todo si se ha de trabajar con tacones o plataformas o el suelo presenta alguna complicación. Debemos contemplar que trabajar con el calzado definitivo puede ayudar a dar calidad al movimiento escénico y en muchas ocasiones evitar accidentes de trabajo.

También hay que prestar muchísima atención a los cambios de vestuario. Es el momento, antes de la confección definitiva, de controlar el tiempo que requieren dichos cambios y las circunstancias en que se realizan para intentar, en la medida de lo posible, facilitar el trabajo de quien tenga que efectuarlos: colocación de las prendas fuera de escena para agilizar, cierres tipo cremallera, corchetes, gomas, etc., ruido innecesario que interfiere en escena (velcros, perchas, tacones).

Hay que saber cuanto antes si necesitaremos personal de sastrería en hombros para ayudar y reubicar. Si esto no está previsto desde el principio, hay que saberlo lo antes posible para comunicarlo a producción y oficina técnica.

Las pruebas de vestuario

Si el vestuario de nuestra producción es confeccionado en talleres, es muy probable que sea en esta parte del proceso cuando haya que hacer pruebas para los acabados y retoques definitivos. En cualquier caso, las pruebas deben hacerse también si el vestuario es comprado. Artísticamente, es un momento importante porque empezaremos a vislumbrar el diseño final de cada uno de los personajes y aún hay tiempo para reaccionar en caso de que haya algún malentendido.

¿Cómo se coordinan las pruebas de vestuario? Un buen profesional las planificará de manera estratégica para que se puedan realizar sin prisa, con la atención necesaria y rentabilizando los tiempos de trabajo para no perder tiempo de ensayo. Todo es importante, y hay que darle a cada cosa la trascendencia que tiene. Planificación y estrategia son las claves.

En primer lugar, si podemos pactar con producción y vestuario que las pruebas se hagan fuera del horario de ensayo, habremos metido un gol. Si no es así, debe quedarnos claro que tenemos la autoridad necesaria para decidir cuándo es el mejor momento respetando nuestra planificación de ensayos y organizando las pruebas de tal manera que evitemos en la medida de lo posible perder horas de ensayo.

En la tablilla del día anterior a la prueba debe constar el lugar y la hora en que cada uno de los intérpretes está citado. Si se van a efectuar en la propia sala de ensayos, nos habremos encargado de que, en la medida de lo posible, tengamos un camerino disponible para ello, además de haber coordinado con oficina técnica y producción las necesidades materiales y de personal cualificado para poder realizarlas en condiciones óptimas.

Incorporación a los ensayos
de la composición musical y pistas de espacio sonoro

Durante este periodo es conveniente, para preparar nuestra entrada en sala con tranquilidad, ir integrando a los ensayos los elementos sonoros que van a intervenir en nuestra puesta en escena. Tanto para dirección artística como para los intérpretes es importante contar con estos elementos lo antes posible, ya que suelen ser un trampolín creativo hacia las emociones, atmósferas y el ritmo escénico. Disponer con tiempo suficiente de dichos elementos potenciará en gran medida el hecho escénico.

Puede darse que contemos con música en directo; si este es el caso, lo lógico es que se vaya integrando la partitura musical al tiempo que vamos diseñando la partitura de movimiento. Siempre que contemos con músicos en escena, hay que tener en cuenta los tiempos necesarios para la afinación de los instrumentos y las condiciones ambientales de la sala, que influyen considerablemente en ese aspecto.

Si la composición musical y el espacio sonoro corren a cargo de un compositor/a, la coordinación de la inserción de las músicas y efectos puede hacerse de varias formas:

- Con la asistencia permanente a los ensayos de quien compone la música, de tal manera que va creando en función de lo que ocurre en la sala de ensayo.
- Con asistencia periódica. En este caso habremos acordado con dirección qué día nos interesa contar con la presencia de quien ejecuta el diseño y prepararemos la jornada de trabajo para rentabilizar su presencia.
- Con grabaciones de vídeo de los ensayos específicos de los momentos en los que intervienen elementos sonoros, que enviaremos a la persona responsable de la composición musical, de tal manera que no necesitemos su asistencia al ensayo y pueda componer a distancia.

En cualquiera de los casos, es el momento de empezar a lanzar desde mesa elementos de sonido, para lo cual lo más útil es contar con un técnico especializado que ejecute con pericia y se responsabilice del equipo de sonido. Ayudantía se encargará de definir y concretar los pies de entrada y salida. Recordemos siempre que hemos de anticiparnos quince días para solicitar a oficina técnica y producción la incorporación de técnicos a los ensayos.

Si se plantea la necesidad de grabar locuciones específicas de texto, canciones o voces en *off,* hemos de prever el lugar donde las vamos a realizar y contar con un espacio idóneo sin filtraciones de ruido y con un equipo solvente para hacerlo de manera adecuada (micros, atriles, separatas, sillas y personal técnico). Además, hemos de fijar un calendario y comunicárselo a oficina técnica, producción, actores y compositor con el suficiente tiempo de antelación para organizar todas las necesidades.

Incorporación a los ensayos
de pies técnicos previos a la entrada en sala

A medida que avanzamos en el diseño definitivo de la creación de personajes y partitura de movimiento, además de todos los elementos que hemos ido analizando previamente, será muy aconsejable ir definiendo los pies que tengan que ver con las entradas y salidas de vídeo, si los hubiese, con los movimientos de maquinaria del tipo subidas y bajadas de elementos o telones y con los momentos en que dirección artística requiere efectos de iluminación determinados. Recordemos que el registro de todos estos pies en nuestro primer libreto es recomendable que sea borrable, ya que aún nos encontramos en la fase de diseño y todo es susceptible de ser modificado.

Incorporación de reguiduría al proceso de ensayos

Si reguiduría no ha participado en el proceso desde el inicio, este será el momento ideal para su incorporación al equipo. La relación entre ayudantía de dirección y reguiduría debe ser estrecha y de mucha complicidad, ya que estas dos figuras serán las responsables de la coordinación de los equipos artísticos y técnicos, de la organización y citación de las sesiones de trabajo y, en última instancia, del cuidado, rigor y mantenimiento de las dinámicas de trabajo.

En el oficio teatral es un arte conservar las tradiciones y rituales que confieren a nuestra profesión el carácter de un rito ancestral que perdura en el tiempo. Uno de los rituales para un ayudante de dirección es el traspaso del proyecto a reguiduría. Hay que otorgarle valor a este hecho y hacerlo con la debida atención. Mi consejo es convocar una reunión antes de la incorporación a los ensayos (reguiduría/ayudantía) para trasladar toda la información detallada de los pormenores del proyecto a quien se va a encargar de regir al equipo en el futuro una vez dirección artística le traspase la autoridad. Transmitir toda la información necesaria a reguiduría nos ayudará a delegar funciones y responsabilidades y nos permitirá centrar nuestra atención en cuestiones artísticas. Algo que debemos tener muy claro en el organigrama de jerarquías es que la autoridad de ayudantía está por encima de quien ejerce la reguiduría, y que es en quien recae la confianza de dirección artística en primera instancia para defender su propuesta artística. No siempre está claro, y por eso conviene afianzar nuestra autoridad en los primeros momentos de esta relación.

En primer lugar, facilitaremos las carpetas con los diseños definitivos de escenografía y de vestuario:

- Los planos técnicos con los que contemos, por ejemplo de la implantación en sala de la escenografía, en los que estén definidas las dimensiones con exactitud, tanto de la planta como del alzado. Y planos de iluminación si a estas alturas ya contamos con ellos.

- Figurines detallados y desgloses de vestuario por personaje que permitan la coordinación del trabajo con la sección de sastrería. También toda la información correspondiente a los cambios de vestuario de la función y la pasada técnica de este.
- Memoria de los elementos de utilería: cómo interviene en escena cada elemento y pasada técnica correspondiente.
- Información sobre calendarios de trabajo y franjas horarias, así como incidencias y permisos que hayamos otorgado al elenco.
- Ficha de contactos de la compañía en la que conste número de teléfono y dirección de correo electrónico.
- Información sobre las particularidades de los personajes y las relaciones entre los miembros del elenco. Es importante recordar siempre que las emociones son la materia prima del trabajo de los actores y es necesario que tanto reguría como ayudantía lleven la batuta primando lo racional para canalizar de manera óptima los flujos y sinergias que se establecen, inevitablemente, entre los miembros de un equipo.
- Traspaso del libreto actualizado con todas las modificaciones, cambios y cortes de texto que hayamos ido realizando. Para facilitar, agilizar y no perder tiempos de trabajo innecesarios, es importante que el paginado y la maquetación del libreto que vamos a compartir con reguría sean similares; debería ser obvio, pero no siempre es así.
- Traspaso del diseño de movimiento escénico actualizado. Si contamos con un vídeo de ensayo, será un buen material de referencia. Es conveniente que reguría anote con sus técnicas personales este tipo de cuestiones. Si no se dispone de vídeo, es recomendable permitir que elabore su libreto en el visionado presencial de los ensayos.
- Traspaso de los pies técnicos de la propuesta. Al igual que con la partitura de movimiento, reguría tendrá su metodología personal a la hora de realizar este tipo de anotacio-

nes. Lo verdaderamente importante es que ambas partes tengan muy claros sus propios libretos para comunicarse con fluidez, agilidad y sin interferencias.

Una tendencia de regiduría que debemos conocer es la de intentar fijar cuanto antes todos los pies y cambiar lo menos posible para mecanizar y tener clara su rutina cuanto antes. Este interés a menudo choca frontalmente con dirección artística, que necesita que el diseño artístico permanezca abierto hasta el día del estreno, e incluso después si fuese necesario. El objetivo final es que la propuesta tenga la máxima calidad artística. No debemos dejarnos llevar por los requerimientos de regiduría de definir cuanto antes. Debe quedar claro desde el inicio que los retos son otros y que su función es ser eficaz a la hora de incorporar con celeridad las diferentes modificaciones que vayamos realizando.

A regiduría hay que darle la importancia que se merece dentro del equipo. En su incorporación a los ensayos está bien que seamos responsables de hacer la presentación a dirección artística, si no se conocen, y al resto del equipo artístico. Desde la incorporación de la figura del regidor a los ensayos, es recomendable hacerle responsable de disponer las pasadas, de organizar a los equipos en sala de ensayo y de comunicar inicio, descanso y fin de jornada de trabajo. A partir de este momento seremos responsables de que se cumpla con estos protocolos en función de los requerimientos de dirección artística. Si existen obstáculos para su debido cumplimiento, se nos debe comunicar con la mayor antelación posible.

Regiduría será responsable a partir de su incorporación del mantenimiento del orden y la organización en el espacio de trabajo. Nuestro trabajo a partir de aquí será comprobar y supervisar que se hace en las debidas condiciones y, si no es así, dar las indicaciones necesarias al respecto. Asimismo, pondremos en común las necesidades de personal y material que haya que trasladar a producción y oficina técnica.

A estas alturas del proceso, probablemente ya estemos realizando pases completos de la función, y otra cuestión que debemos coordinar con reiduría es la disposición de los asistentes a los ensayos: actores fuera de escena, dirección artística, equipo artístico, equipo técnico e invitados. Es importante que todo el mundo tenga claro cuál es su puesto de trabajo y facilitar que lo puedan desarrollar en las mejores condiciones posibles.

Coordinación de acciones relacionadas con prensa,
redes sociales, comunicación y pedagogía

En función de lo complejo que sea el organigrama profesional de la institución o productora para la que estemos trabajando, tendremos más o menos intervención en estas cuestiones. En caso de que nos lo soliciten, debemos estar disponibles.

Se aproxima la fecha de entrada en sala y, por tanto, del estreno, y mientras se está ultimando la producción en la sala de ensayo, otros departamentos trabajan en la promoción y difusión del espectáculo. ¿Qué colaboración se le puede solicitar a ayudantía?

- Con respecto a prensa. El departamento de prensa necesitará cerrar entrevistas con dirección y elenco. Es muy probable que nos solicite información relacionada con los horarios de ensayo y la disponibilidad para entrevistas de los componentes del elenco o de dirección que interesen a los medios. Debemos informar de ello y alertar de cualquier modificación o incidencia en nuestros planes de trabajo. Puede ocurrir que se nos solicite colaboración para distribuir entrevistas por *mail* y ayuda para recordar fechas de entrega de estas. Es el momento de que, en caso de que no se nos facilite, seamos nosotros quienes solicitemos la fecha, hora, lugar y personas convocadas a la rueda de prensa. Una vez lo sepamos, es conveniente trasladarlo al resto del equipo. Hay ocasiones en que la rueda de prensa se realiza en el propio escenario donde tendrá lugar la representación; de ser así, hay que comunicarlo lo antes posible a equipo artístico, producción y oficina técnica para valorar la incidencia en los tiempos de montaje.

- Cada vez es más habitual que en esta última etapa del proceso de ensayos se genere material audiovisual para distribuir por redes y a los medios como recurso de promoción. Al público potencial le resulta muy atractivo atisbar qué se está cociendo en la sala de ensayo, lugar inaccesible solo reservado a los implicados en la producción. Se trata de elaborar un breve vídeo que, a modo de adelanto, muestre algo de lo que se está ensayando. Nuestro trabajo será coordinar con prensa y dirección artística en qué momento nos interesa y nos viene bien realizarlo. Hay que avisar al elenco cuando agendemos esta acción en nuestro calendario. Conviene acordar con dirección qué es exactamente lo que queremos mostrar y comprobar que disponemos de los requerimientos técnicos necesarios para hacerlo en condiciones óptimas; no perdamos de vista en ningún momento que es material de promoción y será la primera presentación para el público.
- Es probable que prensa necesite, además, alguna entrevista de las caras más visibles. En este sentido, habremos previsto con oficina técnica, siempre que se pueda, la necesidad de peluquería y maquillaje y habremos establecido horarios de citación.
- Con respecto a redes sociales. El material audiovisual de ensayo que hayamos realizado para prensa probablemente será aprovechado por redes para multiplicar la difusión. Otros materiales que se pueden aprovechar para ello son fotografías de ensayo o pequeñas píldoras de la dirección y el elenco presentando el trabajo. Conviene recordar que hay que ser muy cuidadoso con lo que se muestra, pues si lo hacemos mal podemos provocar el efecto contrario al que perseguíamos.
- Con respecto a comunicación. El departamento de comunicación se encarga, fundamentalmente, de la imagen del

espectáculo (fotografías, cartel y programa de mano). Si nuestro cartel es una fotografía en la que aparecen los actores, normalmente la habremos realizado antes de iniciar el proceso de ensayos. No siempre se produce en la misma fase, pero en algún momento será necesario realizar una sesión fotográfica del equipo artístico y del elenco. Deberemos coordinar con dirección cómo queremos elaborar la fotografía, si preferimos que cada cual aparezca ofreciendo la imagen personal que le apetezca o establecemos pautas generales de vestuario. Una vez lo sepamos, lo comunicaremos a los interesados y los departamentos implicados (comunicación, oficina técnica, producción). No olvidemos solicitar la citación de peluquería y maquillaje, de sastrería en caso de que utilicemos prendas de los personajes y de iluminación para apoyar si fuese necesario. Las imágenes resultantes de esta sesión serán utilizadas para el dosier de prensa y para distribución.

• Con respecto a actividades pedagógicas. Este departamento no existe en todas las instituciones y no suele ser habitual en producciones privadas. No obstante, conviene que sepamos cómo relacionarnos con él. El departamento de actividades pedagógicas se encarga de difundir, convocar y facilitar información didáctica a diferentes colectivos sociales, normalmente con el objetivo de generar nuevos públicos. Es muy interesante establecer una relación estrecha de colaboración con él y ofrecerle material de inspiración en la creación del proyecto, entrevistas específicas sobre los diseños con los componentes del equipo artístico, anécdotas sobre el proceso de creación o material audiovisual. Suele ocurrir que durante el proceso de ensayos perdemos visión panorámica de la repercusión de nuestro trabajo y no somos conscientes de la necesidad de fomentar este tipo de acciones para adentrarnos en tejidos sociales que, en principio, no suelen mostrar interés por el panorama teatral o carecen de información sobre él.

No debemos olvidar supervisar con dirección artística y reguduría, quince días antes de la entrada en sala, el calendario de trabajo con oficina técnica y cotejarlo con el resto de creativos para cerciorarnos de que tendremos a nuestra disposición el personal técnico imprescindible para realizar de manera óptima la implantación del proyecto en la sala de exhibición y llegar sin contratiempos a nuestro estreno.

Habiendo cumplido todo lo anterior, a estas alturas estaremos haciendo pases completos, habremos terminado nuestro primer libreto de trabajo y se estarán ultimando todos los elementos de escenografía, vestuario y utilería. Reguduría tendrá la información necesaria sobre el proyecto. Se habrá incorporado la mayor parte de la composición musical y el espacio sonoro. Prensa, comunicación, pedagogía y redes tendrán material propio para la difusión y promoción del montaje. El equipo artístico estará preparado para entrar en juego y nos encaminaremos con seguridad y control a la siguiente fase.

Cuarta fase. Entrada en la sala de exhibición y estreno

Es el periodo comprendido entre la entrada en la sala de exhibición, en la que se implantarán todos los elementos técnico-artísticos de nuestra puesta en escena, y el estreno de la función. Si en las fases anteriores gran parte de nuestra atención ha estado centrada en el trabajo de los intérpretes, a partir de este momento se decantará, en gran medida, hacia el trabajo de los creativos, es decir, del equipo artístico, y hacia la coordinación con el equipo técnico que ejecutará cada una de las funciones mientras esté en programación nuestra función. Si tenemos control sobre el trabajo y hemos cumplido con rigor las fases anteriores, esta será un refresco en nuestra actividad y un reto emocionante que desempeñar.

Implantación de luces y escenografía

Salvo en raras excepciones, el proceso de implantación de un proyecto en sala de exhibición se inicia con lo que denominamos «colgar focos», cuya labor de coordinación corre a cargo del diseñador de luz junto con la persona responsable de oficina técnica de la sección de iluminación. Siempre que sea posible, maquinaria habrá aforado con anterioridad, siguiendo las instrucciones de escenografía, el espacio escénico. Sobre esta dinámica puede haber variantes en función de la particularidad de cada diseño escenográfico. Una vez colgados los aparatos de iluminación y aforada la sala, se procederá al montaje del decorado, coordinado por escenografía y ejecutado por la sección de maquinaria.

Es importante que dirección artística sea consciente de que durante este proceso los intérpretes no deben ocupar el espacio escénico y se debe privilegiar el tiempo de trabajo de técnica. Si hemos organizado el trabajo debidamente, mientras se esté ejecutando la implantación, podremos seguir trabajando con los actores en la sala de ensayo.

¿Qué debe hacer ayudantía en estas jornadas? Por supuesto, si hay ensayo, asistir a dirección artística y presenciarlo. Aunque en este periodo excedamos las horas de trabajo (debemos encontrar el momento para recuperar el tiempo excedido si no nos es remunerado), ganaremos en tranquilidad y control de la situación si al terminar el ensayo acudimos a la sala de exhibición, nos ponemos al tanto con escenografía e iluminación de cómo va el montaje y si se van cumpliendo los tiempos de trabajo previstos, nos damos a conocer al equipo técnico y aprovechamos para gestionar cuestiones que después coordinaremos con reguría, oficina técnica y producción, por ejemplo:

- Revisar los camerinos. Aunque esta sea una tarea de producción, debe estar pactada previamente con dirección artística, ya que conoce mejor la relación forjada entre los distintos componentes del elenco y es quien debe tomar la decisión de qué intérpretes desempeñan un rol predominante o necesitan mayor concentración dada la dificultad de su trabajo. Hay primeras figuras de la interpretación que estipulan en su contrato las condiciones que debe cumplir su camerino, y en este caso producción tendrá que hacer valer esos derechos. En cualquier caso, revisaremos que los camerinos se adjudiquen cumpliendo estos requisitos y adelantaremos esta labor para que, en el momento en que se incorporen los actores/actrices, les podamos indicar, junto con reguría, dónde van a estar ubicados. Nos ahorraremos así un tiempo de trabajo muy valioso en esta fase.

- Comprobar tránsitos y accesos a escenario. Conviene dedicar algo de tiempo, antes de la incorporación de los intérpretes al escenario definitivo, a revisar los recorridos y los lugares de acceso por donde va a transitar los próximos días el elenco de la función. El propósito de esta tarea, que debemos realizar poniendo mucha atención, es evitar accidentes innecesarios, facilitar en la medida de lo posible la rapidez para desplazarse por estos espacios, localizar qué puntos deben ser señalizados por reguría con cinta fluorescente para que sean fácilmente visibles por los actores y solicitar la retirada de elementos superfluos que obstaculicen los recorridos y accesos.

- Proponer en qué lugar entrecajas es preferible ubicar los elementos de utilería, las burras de vestuario, las zonas de caracterización y los camerinos de transformación, en función de los requerimientos de nuestra puesta en escena.

- Solicitar a oficina técnica, si no se ha encargado ya de ello, una mesa de trabajo para dirección artística, valorando desde qué ubicación tendrá la visibilidad óptima y estará aislada de ruidos y perturbaciones que dificulten la capacidad de concentración. Hay que recordar siempre que la concentración es indispensable para nuestro cometido.

Por supuesto, nos pondremos a disposición de escenografía e iluminación para intentar solventar cualquier cuestión que no esté clara. Del mismo modo, si detectamos que hay algún aspecto que nos genere duda sobre los planteamientos acordados, lo pondremos en común con los colaboradores. Durante estas jornadas nos agradecerán enormemente que les prestemos atención y estemos pendientes de sus necesidades.

Este es además un buen momento para sentarse en distintos lugares del patio de butacas y poner la atención en las visuales. Para ello controlaremos que el espacio está bien aforado y que el planteamiento de movimiento escénico que hemos trabajado en la sala de ensayos se adaptará sin problemas, por lo que respecta a las visuales, al nuevo espacio de trabajo.

Implantación de los elementos
y movimientos de maquinaria escénica

Si el plan de trabajo ha ido bien, sobre lo previsto, en las últimas horas de esta primera jornada de trabajo en la sala de exhibición podremos supervisar, en caso de que existan, las bajadas y subidas de elementos que van colgados en el peine del teatro, además de las entradas y salidas de elementos móviles de escenografía, para que, en caso de que planteen alguna dificultad, se pueda solventar antes de que la compañía pise el escenario. De esta forma se podrá hacer con la debida concentración y sin interferencias.

Si tenemos conciencia de todas estas tareas, las resolvemos con eficacia y evitaremos contratiempos; además, nos habrán llevado solo dos o tres horas pero habremos adelantado con tranquilidad un gran trabajo. En el momento en que dirección artística y el elenco se incorporen a este nuevo espacio, se acabará nuestra paz, y lo más normal es que nos estén reclamando en cada esquina del teatro. El estrés en las próximas jornadas imperará a nuestro alrededor, y será fundamental que tanto ayudantía como reguría mantengan la calma y contribuyan a transmitir orden y tranquilidad a todo el equipo. El control, la templanza y el orden son siempre virtudes muy valiosas en un ayudante, pero sobre todo en estos momentos. Conviene que nos esforcemos por no perder el sentido del humor y la visión lúdica para disfrutar esta fase tan especial del proceso.

En la mañana de la segunda jornada en sala, no será imprescindible que ayudantía esté en el teatro, pero sí habremos previsto con oficina técnica que se realicen las siguientes tareas, siempre que sea posible. Nuestro trabajo será incidir en que el trabajo de las secciones técnicas se desarrolle simultáneamente siempre que la labor de una sección no paralice la de otra. Debemos tener claras las prioridades en cuanto al montaje.

Dirección de luces y grabación de memorias

La prioridad en escenario, siempre que haya finalizado el montaje de escenografía, será la dirección de los aparatos de luz y, una vez concluida, la grabación en mesa de la secuencia de memorias. Si pudiésemos, es muy aconsejable estar al lado del iluminador/a mientras graba e ir anotando en nuestro libreto las memorias que va creando. Normalmente los iluminadores trabajan con la grabación del último pase que se haya hecho en sala de ensayo para tener claro el movimiento escénico y las posiciones puntuales de los actores. No obstante, es elegante que nos pongamos a su disposición por si necesita un doble de luces u otro tipo de aclaración.

Mientras se esté trabajando con la luz en el escenario, será complicado realizar otras labores. Se estará utilizando la Genie (las plataformas de elevación Genie son máquinas compactas y portátiles diseñadas para trabajos en altura. Permiten a una persona subir a una plataforma elevada de forma segura y eficiente), y probablemente será complicado compatibilizar otras tareas en escena. En estos días es fundamental prestar mucha atención a la seguridad laboral. Son jornadas en las que la urgencia y la continua sucesión de actividades pueden provocar accidentes. Oficina técnica, regiduría y ayudantía de dirección deben centrar gran parte de su atención a evitar que se puedan generar situaciones de riesgo.

Dependiendo de lo complejo que sea el diseño de iluminación y del personal técnico de luces con el que contemos, se podrá comenzar en esa misma mañana con la grabación de las memorias en mesa o no.

Si bien es cierto que en estas primeras jornadas hay que priorizar el montaje técnico, es importante ejercer presión para poder entrar con los actores a ensayar en la sala de exhibición lo antes posible. Lo ideal es que en esta segunda jornada los actores puedan pisar el escenario y hacer al menos un ensayo técnico como a mitad de la tarde.

Distribución de la pasada de utilería

Mientras la sección de luces está haciendo su trabajo, se pueden ir adelantando otras labores fuera de escena. Una vez ubicados las mesas, los estantes y los ganchos, es decir, los soportes necesarios para distribuir la utilería, regiduría se responsabilizará de indicar a la sección de qué forma se ha de disponer cada uno de los elementos para facilitar a los intérpretes su localización y manipulación. Cuando se incorporen, solo nos quedará informales de la distribución.

Distribución de la pasada de vestuario

Al igual que con la utilería, regiduría se responsabilizará de indicar a la sección de sastrería la distribución del vestuario de función siguiendo las pautas de la pasada técnica. Se ha de organizar en camerinos el vestuario de inicio de función de los actores y los elementos que no requieran un cambio rápido y que se puedan realizar de forma cómoda. En hombros y foro ubicaremos burras y las prendas de las que tengan que disponer los actores con más celeridad. Con respecto a esto, conviene colocar las prendas de manera estratégica para agilizar al máximo los cambios y solicitar el uso de perchas que minimicen el ruido fuera del escenario. La magia del teatro es directamente proporcional a la limpieza del trabajo, y este tipo de ruidos desvirtúa y rompe la ilusión.

Implantación de los elementos de sonido

En paralelo al montaje de luces, en el momento en que se estén ubicando en las varas los aparatos se colgarán en el lugar indicado previamente por el diseñador de sonido las diferentes salidas de audio: en foro, en boca de escenario o en puntos estratégicos del suelo para la salida de subgraves.

En esta segunda jornada de trabajo, habrá que coordinar con oficina técnica una franja horaria apropiada para poder implantar el diseño del espacio sonoro y nivelar volúmenes. Para ello es imprescindible aislar de ruidos al equipo de diseño de sonido para rentabilizar al máximo este tiempo de trabajo y afinar de manera óptima. Este es un buen momento, si estamos al lado del diseñador/a, para cerciorarnos de que los pies de ejecución que tenemos anotados en nuestro libreto coinciden y evitar así perder tiempo en el ensayo técnico.

Implantación de los elementos de vídeo

De forma muy similar a la que se ha seguido en la implantación de sonido, se procederá con la videoescena. No en todos los proyectos se utiliza este recurso dramatúrgico, pero si se hace, debemos tener nociones de nuestra intervención al respecto. Lo ideal es que el proyector o proyectores se instalen en el mismo momento en que se están implantando los aparatos de luz y sonido, es decir, al principio de la primera sesión de montaje. Lo que hará el/la videoescenista en esta segunda jornada será lanzar la secuencia de proyecciones para ajustar su encuadre y nitidez a las superficies definitivas de proyección. Este trabajo está muy vinculado al de iluminación y sonido, y lo ideal es ajustar en el momento en que se están grabando las memorias de luz en las que intervienen proyecciones, y proceder de la misma manera con el sonido.

Esta segunda mañana de trabajo en la sala de exhibición es una jornada que recomiendo no perderse a quienes se estén iniciando en la ayudantía de dirección. Es una oportunidad ideal para aprender y disfrutar del trabajo en común del equipo artístico.

Una vez ajustadas por separado las secuencias de vídeo y sonido, se procederá a integrar ambos diseños en un único QLab[49]. Lo idóneo es tener este trabajo hecho al finalizar la mañana o a primera hora de la tarde para así poder realizar nuestro primer ensayo técnico ese mismo día.

En caso de utilización de emisión de vídeo en directo, comprobaremos que las cámaras y diferentes dispositivos que intervienen en escena están disponibles, conectados y preparados para poder utilizarlos con los criterios que hayamos planteado en los diseños previos.

Coordinación del libreto técnico con regiduría

Una vez realizado todo lo expuesto anteriormente, debemos encontrar el momento apropiado para sentarnos con regiduría y poner en común el desglose de memorias técnicas que se han ido definiendo a lo largo de la mañana. Es preferible realizar esta puesta en común antes de la incorporación del elenco, pues, una vez que entren en juego, acapararán gran parte de nuestra atención. La coordinación con regiduría es fundamental para que el control, el orden y la tranquilidad imperen en estos primeros ensayos. Hay

---

[49] QLab es uno de los *softwares* más potentes para diseñar y reproducir señales de sonido, vídeo e iluminación y control de espectáculos. Es una herramienta fiable y fácil de usar.

que contribuir a que tanto dirección escénica como el elenco se encuentren en el ambiente adecuado de concentración para hacer el traspaso del trabajo artístico elaborado en la sala de ensayo de forma amable y evitando, siempre que se pueda, el nerviosismo, el descontrol, la desconcentración, la precipitación y las crisis innecesarias.

El intercom

Se trata de un aparato de intercomunicación que permitirá una sincronización perfecta entre las distintas secciones y diseñadores de forma que los miembros de los diferentes equipos estén en contacto directo y puedan coordinarse tanto en los ensayos técnicos como en las funciones con precisión y discreción. Antes de enfrentarnos a nuestro primer ensayo técnico en sala de exhibición, deberíamos haber dedicado un tiempo a conocer el funcionamiento del aparato si no lo conocemos y estudiar su funcionamiento.

El buen uso del intercom nos facilitará la organización y la comunicación constante con reguría en estos primeros días de trabajo en nuestro nuevo espacio, evitando pérdidas de tiempo y energía innecesarias en la localización de miembros del equipo e interferencias continuas en la comunicación. Estableceremos una comunicación directa sin interferencias. Es un requisito de interlocución fundamental, sobre todo en salas de amplia dimensión, entre reguría y ayudantía. Ya durante las funciones, es además imprescindible para la organización del trabajo entre reguría y el equipo técnico.

El primer ensayo técnico en sala de exhibición

Si todo el proceso anterior se ha desarrollado de manera adecuada, sin imprevistos, en la tarde de esta segunda jornada de trabajo de la cuarta fase estaremos en condiciones de hacer nuestro primer ensayo técnico con el elenco en el espacio en el que en adelante estarán ejecutando día tras día el total de las representaciones programadas.

Nuestro trabajo es organizar junto a reguiduría la incorporación del elenco a este nuevo espacio. Dos factores facilitarán una organización óptima:

- Citaciones: la franja horaria estándar para una jornada de trabajo en la que van a confluir el equipo técnico y el artístico normalmente es de 16 h a 23 h. En la mayor parte de las ocasiones no conviene citar al elenco desde primera hora, sobre todo en este primer día. Hay que dejar un margen de tiempo para revisar y, si algo no está listo, organizar las pasadas técnicas; permitir que los diseñadores ultimen cuestiones pendientes; terminar de organizar camerinos, y solicitar limpieza en escenario y perímetros de recorrido de actores recordando poner máxima atención en la señalización y retirada de obstáculos para la prevención de accidentes. En esta nueva fase del proceso coordinaremos siempre las franjas de descanso para hacerlas coincidir entre departamento técnico y artístico.

- Incorporación de los actores al nuevo espacio. Es muy recomendable organizar este asunto con reguiduría y, como siempre, establecer una dinámica ordenada evitando en todo momento el descontrol. El elenco debe desde ahora tomar conciencia de su obligación de seguir las indicaciones de reguiduría después de haberlas pautado con ayudantía: es una relación de respeto imprescindible. Lo más probable, como es lógico, es que los actores/actrices lleguen con el deseo de pisar escenario y tener la primera toma de contacto con el espacio que desde este momento va a ser su hábitat función tras función. Dejar que entren libremente con toda probabilidad obstaculizará las labores que se estén realizando en el escenario, y debemos tener siempre muy presente que en esta fase más que en ninguna otra el tiempo es oro.

Mi recomendación es que en primer lugar los intérpretes conozcan sus camerinos y las peculiaridades de las instalaciones si no han estado antes (aseos, duchas, *office* y demás). Si tanto nosotros como regiduría estamos atendiendo labores prioritarias, responsabilizaremos a producción de esta tarea. El elenco se incorporará al escenario solo cuando lo indique regiduría y, en la medida de lo posible, todos al mismo tiempo.

Antes de iniciar el ensayo es conveniente que transiten, tanto dentro como fuera de escena, el nuevo espacio escénico con la atención puesta en los desniveles, los aparatos de luz que estén en el suelo y con los que se puedan tropezar y los accesos y pasos por foro o por el foso y que indiquen si encuentran algún problema, sobre todo para los momentos que requieren velocidad. Es también el momento adecuado para que realicen peticiones especiales sobre colocación de elementos de escena o sillas para estar entrecajas.

Una vez realizado este reconocimiento del espacio, si dirección escénica lo considera necesario, les reuniremos en el escenario para recibir las indicaciones previas al ensayo técnico y los organizaremos en camerinos o fuera de escena, según nos convenga.

Los ensayos técnicos suelen ser tediosos para los intérpretes, pero han de ser conscientes de que en todo momento deben estar localizados por regiduría y avisar siempre que tengan necesidad de abandonar el lugar que les hemos asignado.

Este primer ensayo técnico debe estar planteado de manera estratégica y tener como objetivo insertar todos los nuevos elementos técnicos que configurarán nuestra puesta en escena y con los que no se ha contado en la sala de ensayo y, además, integrar al elenco y hacerlos conscientes de ellos. Es el momento además de que dirección escénica dé indicaciones a su equipo de diseño sobre los matices o discrepancias de planteamiento para que puedan afinarse en jornadas posteriores.

Una manera de abordar este ensayo es pasar toda la pieza pidiendo a los actores que primen los aspectos técnicos de su trabajo (precisión de movimiento, ritmo y volumen) y detener el pase para ir corrigiendo luz, sonido, vídeo y demás cuestiones técnicas.

Otro abordaje consiste en no pasar toda la pieza y centrarse directamente en los pies de texto en los que intervengan elementos técnicos de la puesta en escena. Si lo hacemos de este modo, ayudantía irá indicando a regiduría página, pie de texto, posición de actores y razón.

Saber organizar y ejecutar un buen ensayo técnico pone de manifiesto la profesionalidad de un ayudante.

Por supuesto, si dirección ha depositado en nosotros su confianza, como es de esperar si a estas alturas hemos hecho bien nuestro trabajo, estaremos habilitados para aconsejar sobre todos los aspectos que consideremos reseñables y para dar instrucciones al respecto a los colaboradores/as. Es más, serán quienes acudan a nosotros para que lo hagamos.

El desarrollo de este primer ensayo técnico, que suele ser una de las jornadas de trabajo más intensas pero también más bonitas si nos gusta nuestro trabajo, es crucial para que el resto de los ensayos hasta el día del estreno fluyan con orden y con el menor número de crisis posible. En este periodo la excitación y los nervios están muy presentes en la mayor parte del equipo porque se acerca la fecha de estreno y todo el mundo tiende a pensar que su tarea es la más importante. La templanza, la complicidad, la organización, el sentido del humor, la capacidad para detectar qué es más importante en cada momento, la psicología, la empatía, la comunicación y la exigencia son valores que ayudantía de dirección debe desplegar a su alrededor como un verdadero maestro de ceremonias para evidenciar que nuestra labor es todo un arte.

Disposición de tiempos previos para caracterización y vestuario

Otra estimación que debemos tener prevista o calcular en esta jornada con la sección de peluquería y maquillaje es el tiempo necesario para ejecutar el diseño y el que requieren los actores/actrices para estar en escenario con todo el vestuario y la caracterización de cara a un ensayo general completo. Una vez tengamos el cálculo, lo compartiremos con reguría y dirección artística para evitar malentendidos y saber con precisión a qué hora puede comenzar el ensayo.

Una cuestión importante es saber qué día se harán las fotografías definitivas de función y se grabará el vídeo para confirmar con oficina técnica que necesitaremos contar con peluquería y maquillaje. Aunque parezca algo obvio, es importante confirmar y, como con todo lo demás, no dar *a priori* nada por hecho.

Los ensayos generales

Las siguientes jornadas de ensayo deberían empezar a ser ensayos generales en los que se vayan ultimando todos los elementos de la puesta en escena. Lo más inteligente es ser muy prácticos y ensayar de manera puntual momentos concretos que dirección quiera matizar, hacer un descanso y a continuación proceder a un pase completo. En estos ensayos debemos ser conscientes de que, al igual que los intérpretes han necesitado en la sala de ensayo repetir la partitura para mecanizar el diseño, el equipo técnico que será el responsable de ejecutar las funciones necesita tener los pases suficientes para llegar con tranquilidad y seguridad al estreno.

¿Cómo debe actuar ayudantía en este tipo de ensayos? En primer lugar ya habremos delegado en reguría la responsabilidad de organizar al elenco y al equipo técnico, de modo que nos limitaremos a requerirle que se cumplan las estimaciones de tiempo con rigor si no hay imprevistos. Durante los pases debemos estar muy alerta a los fallos de ejecución de los pies técnicos. A estas alturas hay que tener en mente todos los elementos definitivos que aún no han sido entregados y estar muy atentos a los arreglos de vestuario pendientes de realizar a los retoques de escenografía por rematar, a los niveles de volumen y a los problemas con las visuales. Al concluir el pase, entregaremos las notas que hemos tomado a quien corresponda e insistiremos en la importancia de resolver lo antes posible los fallos o errores que figuraban en ellas. Seguramente al concluir el pase dirección artística reunirá al elenco para dar notas sobre el ensayo, de modo que debemos estar presentes y apuntar las directrices de dirección para tener pautas claras de cara al seguimiento.

Al concluir deberemos, además, coordinar con oficina técnica las tareas que las distintas secciones tienen que realizar en escenario en la mañana siguiente y cualquier otra apreciación resultante del ensayo. Planificaremos la tablilla de trabajo con regiduría. Una vez que entremos a trabajar en la sala de exhibición, será regiduría la responsable de distribuirla tanto al elenco como al equipo técnico.

El pase gráfico

Consiste en mostrar para prensa alguna o algunas de las escenas de la función ya con el resultado definitivo para promocionar a través de los distintos medios el proyecto. Cada vez es menos habitual en instituciones públicas este tipo de acciones mediáticas, aunque sí en las privadas. Si debemos organizar el pase gráfico, como siempre, prepararemos estratégicamente la sesión para rentabilizar el tiempo y conseguir que nos quede media jornada libre para poder hacer un pase al concluir.

Para organizar el pase gráfico, una vez decida dirección artística las escenas que vamos a mostrar, coordinaremos con regiduría el inicio y el fin concretos del tramo que enseñaremos, la pasada técnica necesaria y cómo tienen que ir vestidos y caracterizados los intérpretes. Estaremos en comunicación con el departamento de prensa para tener claro que están todos los medios convocados y para saber que podemos comenzar y si es necesario pasar dos veces las escenas: una para cámaras fotográficas y otra para vídeo. Recordemos que se trata de promocionar nuestro trabajo de cara a la venta con la máxima calidad posible.

La rueda de prensa

Con respecto a la rueda de prensa, ¿cuál debe ser nuestro cometido? En primer lugar, hay que recordar que habremos avisado con antelación suficiente, aunque también lo haya hecho el departamento de prensa, a quienes nos haya comunicado dirección artística y prensa que debemos convocar. La citación constará en la tablilla del día anterior. Durante la convocatoria nos encargaremos de coordinar con prensa la llegada de las personas implicadas y el lugar que debe ocupar ante los medios cada una de ellas. Coordinaremos, además, si están previstas entrevistas y fotografías, el lugar en el que se van a hacer y el orden de realización.

Los ensayos con público

Para los ensayos con público nos encargaremos de coordinar con producción, oficina técnica y reguridía el número de personas que dirección artística considera oportuno que asistan y si prefiere que sigan instaladas en el patio de butacas las mesas de trabajo del equipo y de dirección artística. Una vez establecida la cantidad de invitados que acudirán al ensayo, habrá que elaborar un listado con los nombres con el que o producción o personal de sala realizará el control de acceso. Suele ser habitual que se le solicite a ayudantía que elabore el listado, aunque hemos de saber que si asumimos esa tarea le estaremos haciendo un favor a producción, ya que esta competencia es responsabilidad de su departamento. Para el ensayo general con público pactaremos con dirección artística si va a realizar alguna intervención antes del pase para recordar que están presenciando un ensayo general y agradecer la asistencia. Si es así, se lo comunicaremos a reguridía para que esté prevenida y solicitaremos un micro para hacer la presentación de manera idónea.

El estreno

En cualquier proceso, este debe ser un día festivo para todo el equipo implicado. Lo ideal es llegar tranquilos con la seguridad de que todo aquello que esté en nuestras manos ha de estar controlado.

Es un ritual de teatro montar los saludos definitivos de fin de función el día de estreno. Convocaremos al elenco para poder ensayarlos con tranquilidad y que puedan disponer de sus tiempos de caracterización, calentamiento y concentración necesarios. Habremos previsto con iluminación y sonido las memorias necesarias para dar al saludo una calidad artística a la altura de la función. El día del estreno debe salir a saludar el equipo artístico acompañando a dirección, de modo que es conveniente organizarlo comunicándolo a todos los creadores.

Durante las próximas funciones, pero especialmente el día del estreno, en el que todo el mundo está nervioso, conviene insistir al elenco en que revise su pasada técnica y de la misma manera nos aseguraremos con regiduría de que todo está en orden.

El seguimiento en funciones

No en todas las producciones, sobre todo en las compañías privadas, es común que ayudantía se quede haciendo labor de seguimiento artístico del trabajo. En los teatros públicos sí se suele hacer. En cualquier caso, y en mi opinión, el seguimiento artístico por parte de ayudantía de dirección es muy recomendable, ya que contribuirá al control, mantenimiento y evolución de la calidad artística de la totalidad de la puesta en escena. En las compañías privadas se considera que con las funciones de regiduría se cubre esta responsabilidad, pero a mi juicio es un error. Si la contratación del ayudante de dirección se ha realizado en las mejores condiciones, las ideales, desde el inicio de diseño del proyecto, estará en disposición de tomar de forma autónoma decisiones en cuanto al mantenimiento y enriquecimiento de la calidad artística del proyecto.

Una vez estrenada la función, conviene dar notas de interpretación al elenco. El trabajo actoral es muy delicado y está expuesto a intensificar su dimensión artística o a desvirtuarse durante los ensayos por múltiples factores. Ayudantía ha estado presente a lo largo del proceso de diseño y es quien mejor debe conocer las directrices de composición e interrelación de los personajes; por tanto, es la persona más capacitada para velar por el rigor en el cumplimiento y evolución del diseño.

Durante el periodo de representaciones conviene también que ayudantía vea la función de manera habitual y establezca una dinámica con el elenco para que apliquen las notas de interpretación que consideremos necesarias.

¿Cómo se han de dar las notas de dirección? Si hemos hecho bien nuestro trabajo, tendremos un compendio de notas que dirección artística habrá ido dando al elenco en los ensayos y que nos serán de mucha utilidad a la hora de recordar a los actores los trazos de creación de los personajes.

Debemos dar notas técnicas de interpretación referentes a volumen, ritmo y calidad de movimiento o que estén vinculadas con elementos de la puesta en escena tales como posiciones puntuales para iluminación, relación con elementos de videoescena, ruido escénico o manipulación de vestuario. Y, asimismo, notas de calidad interpretativa sobre estados emocionales, relación con otros intérpretes, interacción con el público, ritmos internos de pensamiento, objetivos, conflictos, líneas de acción dramática.

Una cuestión importante con relación a las notas es hacer valer nuestra autoridad y ganarnos el respeto del elenco. Si nos implicamos en esta tarea, lo más probable es que los actores soliciten nuestra valoración para mejorar su trabajo. Es importante dar las notas en positivo, de manera que no las sientan como una crítica sino como una aportación al trabajo.

Tener psicología para encontrar el momento más adecuado de dar notas y de que se reciban con la atención adecuada es un arte que debemos manejar estratégicamente. No conviene tener prisa, y debemos valorar cómo las va a encajar el intérprete en cuestión. Por experiencia, aconsejo no darlas al concluir la representación porque lo haremos en caliente, sin reflexión, y además el actor estará cansado y deseando salir del teatro. Es preferible esperar al día siguiente, y si disponemos de tiempo suficiente dentro del horario de citación habitual respetando los tiempos de peluquería y maquillaje, calentamiento y rituales de concentración, lo haremos entonces. Si no disponemos de tiempo suficiente, pediremos a regiduría que cite antes al elenco para notas o para ensayar los momentos puntuales que consideremos que hay que revisar.

- Dar notas técnicas a regiduría. Mantener la calidad artística de la puesta en escena es otra de las tareas que debemos asumir durante el seguimiento de las representaciones: vigilar el deterioro y solicitar mantenimiento de los elementos tanto de vestuario como de escenografía y utilería; tener rigor en la exigencia del cumplimiento de los diferentes pies técnicos; supervisar que el espacio de representación cumple los requisitos óptimos de limpieza y seguridad, y estar alerta a las interferencias externas que perturben la representación. Será muy sano que al concluir cada una de las representaciones pongamos en común con regiduría las incidencias detectadas durante la función. En caso de incidencias graves en cuanto a ejecución técnica o comportamientos indebidos, hemos de saber que tenemos autoridad para exigir a regiduría que las haga constar en el parte que redactará tras cada representación para que tanto oficina técnica como producción tengan conocimiento de las irregularidades y queden registradas de manera formal.
- Informar a dirección artística de la dinámica de las funciones. Dirección artística debe estar al tanto del día a día de las representaciones. Es una buena costumbre, y se nos agradecerá enormemente, informar sobre las anécdotas, la acogida del público y la calidad técnica de cada una de las representaciones. Por medio de un mensaje de texto o audio, informaremos a dirección de las particularidades de cada una de las representaciones. Para esto, como para todo, el sentido co-

mún dictará la mejor medida: no extenderse demasiado en el mensaje y no ser demasiado breve es lo más aconsejable.

El encuentro con el público

El encuentro con el público es una actividad en la que este tiene la oportunidad de interactuar con el equipo artístico, el elenco, la dirección y a veces dramaturgia o alguno de los creadores después de una función. Este encuentro permite a los espectadores compartir sus impresiones sobre la obra, plantear preguntas, conocer detalles sobre el proceso de creación y disfrutar de una conversación más cercana con los artistas.

Nuestro trabajo para la preparación del encuentro será:

- Avisar con suficiente antelación a las personas convocadas.
- Atender con regiduría las necesidades técnicas: sillas y dónde van a estar ubicadas y micros suficientes para que las intervenciones se escuchen con calidad. Además, dispondremos los elementos de escenografía que dirección indique y las memorias de iluminación deseadas para crear una atmósfera atractiva.
- Coordinar con regiduría la incorporación de los actores al encuentro tras concluir la función y pautar el inicio y el fin del acto.

QUINTA FASE. EL MONTAJE TRAS LAS REPRESENTACIONES EN LA SALA DE ESTRENO

Funciones de ayudantía de dirección en gira

En la empresa privada no se suele contar con la contratación de ayudantía de dirección para la gira. Es importante instar a los empresarios teatrales a reflexionar sobre esta cuestión y hacerles entender que si se aboga por ofrecer el espectáculo en las mejores condiciones en gira, la presencia de una persona responsable que vele por optimizar al máximo los recursos y por asegurar la mayor calidad artística para el público potencial en gira repercutirá directamente en el prestigio de la empresa y será garantía de calidad de la productora en cuestión.

En empresas públicas, aunque lamentablemente las giras se han reducido de forma notoria de unos años acá, sí se cuenta con ayudantía de dirección para las representaciones en gira. ¿Cuál será nuestro cometido en este caso?

- Estudio de la implantación en el nuevo espacio de representación. Probablemente la productora no cuente con los diseñadores de la puesta en escena para esta nueva etapa y nuestro cometido será estudiar la nueva implantación con el responsable de dirección técnica en gira, con margen de tiempo suficiente para gestionar las necesidades que surjan. Necesitaremos los planos de implantación de escenografía adaptados al nuevo espacio y la adaptación del plano de iluminación. En caso de tener que tomar decisiones que modifiquen el diseño original, lo haremos en común adaptándonos a las nuevas condiciones técnicas y haciendo valer las propuestas artísticas más apropiadas para ese espacio en concreto. Si las modificaciones son severas, informaremos a dirección artística para que dé el visto bueno o haga otro tipo de valoración. Si nos hemos ganado la confianza de dirección durante el proceso, nos concederá total autonomía para tomar decisiones. En caso de que surjan cuestiones que afecten a producción (cancelación de butacas por visuales, alquiler de material o supresión de elementos que afecten al transporte), lo comunicaremos a la mayor brevedad posible.
- Estudio de modificaciones que afecten al trabajo de los intérpretes. Puede ocurrir que tengamos que adaptar la función a un espacio con dimensiones muy distintas al de

nuestro estreno; si es así, no es aconsejable en ningún caso resolver este problema directamente en el teatro en cuestión. Los tiempos de trabajo en gira van contrarreloj y conviene llevar muy estudiado el plan de trabajo. Llevaremos planificados los nuevos movimientos que hay que ensayar, las nuevas entradas y salidas y nuevas posiciones de luz puntuales, si es necesario.

- Estudio del plan de trabajo. Se hará en común con producción y dirección técnica, teniendo en cuenta los horarios de trabajo del teatro anfitrión. Nos coordinaremos para optimizar los tiempos de montaje y solicitaremos un ensayo técnico con el elenco previo a la representación. Si el montaje va muy ajustado de tiempo, producción solicitará un espacio alternativo dentro del teatro, si es posible, para adelantar el trabajo con el elenco.

- Producción (en algunos casos puede ser gerencia en gira) debe hacer llegar a todo el equipo, tanto técnico como artístico, una hoja de ruta con la información necesaria en cuanto a planes de viaje, alojamiento, dietas y horarios de trabajo. Debemos exigir que se haga con un mínimo de tiempo razonable para evitar imprevistos no deseados.

- El ensayo técnico. Habiendo hecho el estudio previo en condiciones, el objetivo será ser rápidos y eficaces. Es recomendable pasar toda la secuencia de memorias y acciones técnicas para ajustar e intentar ofrecer la máxima calidad artística. Ensayaremos, por supuesto, con el elenco todas aquellas modificaciones de movimiento, posiciones, pasos, accesos, zonas de cambio de vestuario, etc. Recordar siempre la importancia de comprobar y señalizar los recorridos y zonas complicadas para evitar accidentes. Debemos poner atención, además, a la necesidad de ajustar volúmenes de voz y articulación del elenco y del diseño de espacio sonoro. No debemos olvidar en nuestra estimación de tiempos el necesario para caracterización, limpieza de escenario y preparación del personal de sala. Durante la representación, si es posible, nos sentaremos cerca de cabina técnica por si surge alguna incidencia.

- Labores de protocolo. Seremos la máxima representación artística y cuidaremos la imagen de la productora y de dirección artística. Saludaremos a nuestros anfitriones y recibiremos a las autoridades e invitados más reseñables.

Sustituciones

En caso de tener que sustituir, por cualquier razón, a alguno de los intérpretes una vez estrenada la función, lo ideal es que sea el ayudante de dirección el que realice el trabajo previo y dirección artística lo revise y ultime. Mi metodología, tras años de experiencia, es comenzar a trabajar con el intérprete de manera individual sin el resto del elenco para evitar presión y tener mayor concentración. Comenzaremos trabajando el texto: memorización y análisis del personaje, indicando las notas de interpretación que dirección artística pautó con el actor original, aunque es recomendable amoldar el trabajo a las características del nuevo intérprete.

Una vez afianzada esta parte del proceso, incorporaremos la partitura de movimiento, sin integrar aún al resto del elenco. Es recomendable disponer de los elementos escenográficos indispensables, la utilería, los elementos sonoros y el vestuario. Por lo que respecta al vestuario, es aconsejable hacer una prueba lo antes posible para que sastrería realice los arreglos necesarios o, de no ser estos viables, para que se confeccionen nuevas prendas.

Cuando el actor/actriz que sustituye maneje con solvencia tanto el texto como la partitura de movimiento, será el momento de incorporar al resto del elenco para trabajar la relación y la complicidad con los demás personajes.

Por último, pondremos a disposición de dirección escénica el trabajo para que ultime todos los matices de interpretación.

Las reposiciones

Puede ocurrir que, por diferentes razones, los programadores de cualquier unidad de producción artística decidan reponer un título pasado el tiempo. En función de cuánto tiempo haya pasado desde la última representación, tendremos más o menos trabajo que afrontar:

- Constatar con producción que el elenco original tiene las fechas disponibles. En caso contrario, plantear sustituciones.
- Constatar con oficina técnica que los elementos escenográficos y de vestuario se han conservado en condiciones idóneas. En caso contrario, organizar la puesta en marcha de los nuevos elementos sustitutorios.
- Coordinar con producción el número de ensayos necesarios para retomar el proyecto, el calendario de estos, el espacio de trabajo y las necesidades materiales para los nuevos ensayos.
- Revisar el vídeo de la grabación completa de la obra y de nuestro libreto de trabajo para no dudar durante los ensayos de la puesta en escena original.
- Para el nuevo montaje en sala de exhibición, solicitar, en la medida de lo posible, la contratación de los diseñadores artísticos para garantizar y en algún caso reevaluar la calidad de la reposición. Si regiduría queda a cargo de un profesional que no conoce el proyecto, le dedicaremos el tiempo necesario para el traspaso de responsabilidad.

Conclusión

Podríamos extendernos más sobre cada uno de los puntos planteados en las distintas fases a las que se puede enfrentar ayudantía de dirección artística. Lo recomendable es completar el aprendizaje con buenas dosis de experiencia práctica.

El objetivo deseado, tras todo lo expuesto con anterioridad, es que se instale en la profesión teatral la conciencia de la importancia de asumir la ayudantía de dirección profesional como una figura clave en cualquier producción profesional que se precie. Es fundamental incidir en la necesidad de una formación rigurosa para un oficio tan importante como atractivo para la mejora de las artes escénicas.

Veinte son los años que he dedicado de manera continuada a una profesión exigente, compleja, lúdica y hermosa y que, con humildad, me permiten ofrecer mi conocimiento a futuros profesionales que puedan ejercer más y mejor con conocimiento, pasión y generosidad.

CAPÍTULO 7

La ayudantía de dirección en espacios escénicos diferentes y al aire libre

Natalia Menéndez

Este capítulo se estructura en tres partes. La primera parte ofrece una idea de lo que puede implicar el trabajo de la ayudantía de dirección en las artes de la calle y en espacios singulares; la segunda parte recoge pensamientos, definiciones y nociones teóricas acerca de las artes en la calle, y, por último, la tercera contiene una serie de testimonios de ayudantes de dirección en este ámbito. Sus experiencias nos sirven para reflexionar acerca de esta profesión y de lo que supone crear en un espacio público.

La introducción de este capítulo se debe a la fuerza e importancia que están adquiriendo los diferentes espectáculos al aire libre y los llamados *site-specific* para describir la utilización de un espacio diferente, inusual o específico (Ruiz, 2019). En ambos casos estos espectáculos se realizan en vivo, pueden ser la suma de varias artes y se suelen hacer (en mayor o menor medida) pensando en el espacio que se ocupa. Son espectáculos que se realizan en lugares que no suelen estar diseñados para un «uso» cultural, pero que así se transforman en lugares únicos. Eso requiere un conocimiento amplio y una voluntad de transformación para conseguir hechos culturales irrepetibles. Son bellos desafíos. Se pide a los creadores y técnicos una capacidad de adaptación, de flexibilidad y de conocimiento de las posibilidades, de las especificidades y de los condicionantes para cada proyecto.

A la ayudantía de dirección le es necesario conocer distintas cuestiones que pertenecen a este territorio del «aire libre y lugares diferentes o singulares». Su trabajo se va a multiplicar, ya que son espacios no cotidianos de teatro y que implican ciertas complejidades e incomodidades que iremos abordando.

Aquí valoramos sobre todo las cuestiones artísticas, aunque muchos otros temas, como atención sanitaria, baños, infraestructuras, cuidado del patrimonio, requisitos de seguridad, permisos, información inclusiva, taquilla, protocolo y medios de comunicación, también afectan a la ayudantía de dirección, pese a que pueden tener que ver más con dirección técnica, producción o prensa y comunicación. Además de los encuentros con los interlocutores institucionales del espacio público: políticos, protección civil o limpieza, hay que tener muy en cuenta al vecindario, la comunidad local y todas las personas que transiten por esos espacios. Se deben crear sinergias y diálogos constructivos y enriquecedores para llevar a cabo los proyectos y conseguir que todos los agentes implicados formen parte de él o al menos lo vivan como algo agradable. Al tiempo, conviene cuidar el impacto medioambiental que estos proyectos pueden causar, y la ayudantía de dirección aportará su grano de arena no contribuyendo a crear un espacio sucio, dañado o deteriorado. Se deben delimitar las áreas de uso, controlar los horarios permitidos, el nivel de ruido, la pirotecnia, la potencia y la dirección de ciertos efectos lumínicos y atender la basura que se pueda crear.

Tenemos que pensar que tanto en espacios al aire libre como en espacios específicos estamos utilizando mobiliario urbano o de una comunidad de vecinos o patrimonio artístico. Pueden ser unas ruinas de cualquier época, unos túneles, el patio de un colegio, cementerios o incluso unos ascensores o azoteas. La ayudantía de dirección debe ser muy consciente del lugar y conocer bien las posibilidades que ofrece y las que no están permitidas. Hacen falta mano izquierda y sentido común.

Muchas de las estrategias empleadas en el teatro de calle resultan igualmente valiosas para la ayudantía de dirección cuando se trabaja en espacios no convencionales. Numerosos festivales al aire libre incorporan deliberadamente el uso de localizaciones singulares, respondiendo a motivaciones artísticas, logísticas o conceptuales.

Un ejemplo paradigmático ocurrió en 1985, cuando el célebre director Peter Brook utilizó la cantera de Boulbon para presentar su monumental *Mahabharata* en el Festival de Aviñón[50]. Aquella elección transformó un espacio industrial abandonado en un escenario memorable que, desde entonces, se ha convertido en uno de los lugares emblemáticos de esta cita teatral estival.

Lo singular hace que cada proyecto se convierta en único, y aunque aquí no abordamos cada particularidad, sí damos buena cuenta del cuidado e imaginación que debemos desarrollar.

Teatro de calle y teatro en la calle

Es importante concebir la diferencia que hay entre teatro «en» la calle y teatro «de» calle. La primera variante consiste en llevar a la calle aquello que puede haber sido creado o que podría ser creado para un espacio cerrado; es un espectáculo que antes o después irá a escenarios cerrados. En eso consisten muchos de los festivales de teatro, de música, de danza e incluso de circo. En esos casos, el tiempo es muy limitado y la ayudantía debe tener claro cómo usarlo recurriendo al orden y la organización. El espectáculo concebido para un lugar cerrado siempre acusará las interferencias tanto acústicas como lumínicas, sin contar con aspectos meteorológicos perturbadores o con interrupciones provocadas por ciertos animales que habitan la calle...

---

[50] La cantera está a unos quince kilómetros de la ciudad de Aviñón. El festival pone un transporte para poder acudir.

Si el espectáculo que se crea es «de» calle, entonces se asumen todas estas cuestiones y se trabaja a favor de ellas. El espacio que habitualmente sirve para una serie de cosas es transformado para convertirlo en uno donde sucederá la magia. Se transforma el espacio cotidiano, se trabaja para favorecer esa transformación y se aceptan las normas y las obligaciones que los espacios al aire libre y los espacios singulares exigen.

Aportamos algunas reflexiones que encontramos en la revista española *Fiestacultura,* una publicación con más de veinticinco años de andadura hablando del arte de calle:

> Existe una gran cantidad de representaciones escénicas repartidas por todo el mundo que son escasamente conocidas. Muchas de ellas provienen de tiempos muy lejanos que son incluso difíciles de datar. Al ser manifestaciones que se han transmitido oralmente en la mayor parte de los casos, han sido escasamente estudiadas. Los etnólogos son las fuentes que nos han aportado una gran cantidad de información sobre esos eventos escénicos, de carácter popular o ritual. *Fiestacultura* ha venido publicando diversos dosieres que nos hablan de las puestas en escena de ritos funerarios, de fin de año, de Navidad, las procesiones de Semana Santa, las peregrinaciones, las procesiones del Corpus, los carnavales, los ritos rurales de invierno, la fiesta... En todos ellos hay puesta en escena, actantes (actores *amateurs),* vestuario, escenografías, utilería, imaginería, bestiario, música, danza, fuegos, creencias... (Vilanova, *Fiestacultura).*

> Hay una infinidad de pequeños detalles que diferencian un espectáculo callejero de un espectáculo dentro de un teatro o incluso de un espectáculo de calle contratado. Pero, sobre todo, hay dos grandes diferencias: la convocatoria y la gorra. Igualmente hay una gran diferencia entre un artista callejero y un artista de compañía o de carpa o como lo queramos llamar: la libertad (Julián, *Fiestacultura).*

En definitiva, el arte de calle no es un «género menor», sino un territorio vivo donde confluyen memoria y presente: ritos y celebraciones transmitidos durante siglos, apenas documentados, pero llenos de teatralidad, símbolos y comunidad.

Disposición del público

Centrándonos en el aspecto artístico, hay que pensar en cómo disponer al público, si va a interactuar o no. Es primordial tener presente este asunto con cada paso creativo que se dé. Conviene tener en cuenta que el público en la calle o en espacios específicos suele reaccionar a lo que se pretende, aunque no siempre. El público es libre de participar. En contadas ocasiones el público puede verse afectado de un modo diferente a como esperamos, y ello debido a cuestiones que tienen que ver con cómo el espectador vive lo que ve o recibe lo que siente. Hay posibles factores que pueden determinar que su respuesta se altere: la meteorología, la contaminación acústica, el formato del evento o su presentación, la simbología del espacio, el encuentro con ciertos artistas famosos, la posible coincidencia con otros eventos en el espacio público, los tropiezos con el mobiliario urbano, el exceso de público, etc. También debemos tener en cuenta a qué espectadores se dirige la obra, si es para un público familiar, juvenil o mayor; son públicos diferentes que requieren atenciones particulares.

Espectáculos de diferentes tamaños y formatos

Para espectáculos de gran formato o grandes eventos, se creó hace tiempo la figura o el profesional que sabe manipular a las masas. Durante los Juegos Olímpicos de 1992 de Barcelona se tuvo en cuenta esta figura y ayudó mucho a que la gente no se desbordara y las manifestaciones por parte de algún espectador o espectadora se suavizaran consiguiendo una armonía en el desarrollo de los espectáculos y eventos. Recordemos que en este caso, y por lo que respecta al tamaño, existen los tres formatos de espectáculos y eventos que rigen en los espacios cerrados: pequeño, mediano y grande. No obstante, por lo que respecta a los espectáculos grandes, puede haber a su vez distintos tamaños; no siempre tiene que ser una plaza mayor o un estadio, y de hecho en ocasiones se puede ocupar el casco antiguo de una ciudad, una ciudad entera, unos tejados, el río o la suma de parques. Un ejemplo de esta manera de abordar espectáculos de gran formato lo constituye la compañía francesa Royal de Luxe.

La suerte de poder hacer espectáculos de pequeño o mediano formato permite llevarlos a lugares recónditos, incluso a algunos de difícil acceso, como hizo la famosa Barraca de García Lorca. Existen espectáculos tanto en espacios específicos como en la calle para un solo espectador o muy pocos espectadores y que se representan varias veces a lo largo del día o la noche, lo que llamamos hacer varios pases o sesiones.

Si tenemos en cuenta la disposición y movimientos de los espectáculos, sean del tamaño que sean, y analizamos también los distintos formatos que existen, podemos encontrar varios tipos que aparecen recogidos en la *Guía orientativa a las artes de calle,* cuya creación es resultado de unas jornadas realizadas en Rentería en 2021. Estos tipos serían los siguientes:

> Teniendo en cuenta la disposición y el movimiento, o no, de la escenografía y personas que representan el espectáculo. Al no estar sujetos a la caja escénica, en calle tenemos más formatos que en sala:
>
> Estable: el espectáculo se representa dentro de un espacio escénico marcado. Y la escenografía se puede mover o no, en caso de haber escenografía.
>
> Fijo: el espectáculo se representa dentro de un espacio escénico marcado. Donde la escenografía no se mueve, en caso de haber escenografía.
>
> Itinerante: la escenografía se mueve, junto a los actores y actrices, por un recorrido normalmente marcado.
>
> Espectáculos ambulantes, dinámicos y activos, que deben moverse para llegar a una mayor visibilidad del público. *Site-*

specific: espectáculo diseñado para una localización, un espacio en particular, de lo que se desprende una interrelación única con el espacio. También existe la posibilidad de hacer un mixto con varios o todos los formatos, incluso utilizar el espacio directo sin ornamentos […].

En calle se pueden plantear, con más facilidad que en sala, diferentes espacios escénicos según la disposición del público:

360º: el público rodea completamente el espacio escénico. El espectáculo transcurre teniendo en cuenta al espectador en todas las direcciones.

180º: el público no está frontal del todo. Se incluyen las diagonales laterales, donde también hay espectadores y espectadoras.

Disposición del público en semicírculo.

Disposición no frontal: el público no está sentado de frente al espectáculo, sino a los lados.

Disposición no ordenada del público: el público está disperso por el espacio y el espectáculo transcurre entre el público no ordenado, pero sí dispuesto en un espacio concreto.

Casi en círculo: dejando un poco de fondo para las personas que representan. Hay un espacio de ese círculo que es utilizado para escenografías, entradas y salidas de actores y actrices. Al igual que se utiliza en los circos clásicos.

A cuatro lados: disposición circular del público dentro de un espacio cuadrado.

A la italiana: la escena surge en un espacio elevado o no respecto al espacio donde estará el público. El espacio está cerrado por los lados y por detrás, de forma que el público solo tiene un plano de visión (Artekale, 2002: 7-8).

Cuando se habla de «al aire libre», debemos concretar un poco mejor este término, ya que es amplio y ofrece múltiples posibilidades. Aquí señalamos unas cuantas:

Espacio abierto acotado como es un club de hípica o de cualquier otra manifestación deportiva como es un campo de fútbol. Además de otros espacios donde se realizan manifestaciones de artes en vivo con sus conciertos, con espectáculos de circo y teatro como es en una plaza de toros o en una playa o en el jardín de una ciudad.

Espacio abierto menos acotado como la calle, la plaza, los recovecos que puede haber en los distintos espacios de una ciudad. Las fachadas de distintos edificios, etc.

Espacios diferentes como pueden ser: las catacumbas, el recorrido por los túneles del metro, etc. (Artekale, 2022: 2-4, 7).

En suma, la pluralidad de formatos, escalas y configuraciones espaciales consolida a las artes de calle como un campo dinámico y adaptable capaz de articular propuestas escénicas que dialogan críticamente con el entorno y con las diversas formas de participación del público.

Iluminación, maquillaje, vestuario, sonido, objetos…

Tanto para los espectáculos «de» calle como «en» la calle debemos atender si se ejecutan de día o de noche, porque hay que satisfacer el despliegue lumínico si son nocturnos. En festivales que suceden de noche, se suele contar con un material base de iluminación que se irá complementando en función de las distintas necesidades que vayan requiriendo las compañías. Cuando es itinerante, se suelen multiplicar las necesidades lumínicas del espectáculo a no ser que disponga de material lumínico que vaya junto con los intérpretes o tenga un escenario móvil iluminado. Lo mismo sucede con el sonido, la videoescena o el *videomapping,* si hay música en directo o grabada, si hay microfonía individual o ambiental, etc. Si el espectáculo es nocturno e itinerante, proliferan las necesidades logísticas. Suele ser fundamental atender el maquillaje, la caracterización y el vestuario de los artistas, que exigen un alto grado de planificación por parte de la ayudantía en colaboración con los equipos creativo y técnico (por si hiciera falta microfonar o cualquier otra necesidad) y con los artistas. Hay que planificar «casi» todo para que la intervención no se desborde. Y decimos «casi» porque, aunque no se quiera, suelen surgir imprevistos. La ayudantía de dirección debe ser flexible, escuchar y ofrecer posibilidades o ideas.

Por otra parte, si se trabaja con materiales y objetos, se deben usar solo aquellos permitidos, que no ofrezcan peligro alguno. Igual pasa con el fuego, el agua o el humo: se deben tomar las precauciones estipuladas y revisar los permisos y las obligaciones porque a menudo cambian. Merece la pena atender ciertas cuestiones que trata el artículo inédito de Manuel Vilanova «Ágora ultrajada»:

> La fiesta mediterránea se desarrolla principalmente en espacios públicos: plazas, calles, playas, parques… Históricamente la plaza ha sido el lugar de encuentro de los ciudadanos para reunirse, por motivos comerciales (mercados), por motivos festivos, religiosos, deportivos, políticos… […]. Sin embargo ese concepto espacial ha pasado a mejor vida. Los arquitectos y los políticos actuales se empeñan en llenar las plazas de nuestras ciudades de impedimentos para el uso colectivo de las mismas. Nos las llenan de mobiliario urbano fijo, colocan árboles a troche y moche, las inundan con pequeñas farolas de diseño, colocan enormes tablones para anuncios municipales que nunca han de anunciar nada; en una esquina colocan los pequeños juegos infantiles y en otra una fuentecita de la que nunca mana el agua […]. En cierta manera se privatiza el uso social de las plazas en defensa exclusiva de un uso vecinal, a pequeña escala. Se llega incluso a realizar aparcamientos privados en su subsuelo que únicamente podrán adquirir los residentes en dicha zona. La privatización del espacio público es absoluta.
>
> […] Esta erradicación de las fiestas de determinadas plazas ha provocado la trashumancia festiva […]. La fiesta es utilizada como reclamo de gente para darles a conocer nuevas zonas a urbanizar, acostumbrarles a acudir a nuevas zonas residenciales, mostrarles el avance urbanístico de la zona […].
>
> Estamos perdiendo nuestro concepto de ágora y estamos perdiendo el derecho a reunirnos masivamente en nuestras propias plazas. Sin plazas el concepto de fiesta popular, participati-

va, abierta e integradora pasará a mejor vida [...]. El ágora agoniza, de nuevo, el *business* prevalece (2003)[51].

Concluimos esta parte con la idea de que la labor de la ayudantía de dirección se multiplica, pero tal vez sea producto de la situación precaria, de la vulnerabilidad y de un cierto desconocimiento lo que hace que su trabajo se mezcle con el de otros oficios como la producción o la reguría. Pero las artes de calle están en plena expansión, y se debería mejorar el conocimiento y la calidad de las funciones que desarrolla una profesión como la ayudantía de dirección, que también está creciendo.

Teatro en espacios diferentes o singulares

Es una aventura compleja y sorprendente para la ayudantía de dirección verse inmersa en un proyecto teatral que se realice en algún espacio diferente de un recinto teatral. El teatro se convierte en un territorio por descubrir. La precisión, las medidas, las oportunidades que ofrece ese espacio deben ser analizadas junto con el equipo creativo, y la ayudantía, en este caso en colaboración con el equipo de producción, debe valorar todas las posibilidades que el entorno permite.

Esta práctica no solo amplía la percepción del espectador, quien deja de ser un mero observador pasivo, sino que carga el espacio de significado simbólico. Esa alquimia teatral se construye mediante el trabajo del equipo, donde la ayudantía de dirección desempeña un papel fundamental. Su labor abarca la coordinación del público, los artistas y el equipo técnico, tejiendo una red de atención que sostiene la representación.

En estos montajes, la ayudantía de dirección se enfrenta a un entorno especialmente dinámico donde lo imprevisto es la norma.

---

[51] Agradecemos la entrega de su inédito a Vilanova, director de Xarxa Teatre, grupo internacional de teatro de calle.

216

Contingencias meteorológicas, cambios en la acústica natural, desplazamientos del público o imprevistos técnicos exigen una respuesta inmediata. Aquí resultan esenciales tres cualidades: agilidad para adaptarse, sentido común para priorizar soluciones y buen humor para mantener la calma del equipo ante la adversidad.

Definiciones y nociones teóricas
sobre las artes de la calle

Nos parece necesario aportar esta segunda parte al capítulo, puesto que son variadas las definiciones y nociones que, a lo largo de la historia, han ido surgiendo en función de la capacidad artística, social, política, económica, etc. Por un lado, se advierte que este fenómeno de «la calle» está en expansión, pero por otro se puede ver cómo, dependiendo de las motivaciones, estas artes de calle están mejor o peor tratadas, valoradas o incluso manipuladas. Se han creado asociaciones dentro y fuera del país, también a nivel europeo, para intentar sistematizar códigos de buenas prácticas que no siempre se conocen ni se respetan. Nos gustaría destacar algunas cuestiones a las que alude la *Guía orientativa a las artes de calle:*

> La calle contribuye a la creación de nuevos públicos, llega a personas que no se habían planteado ver un espectáculo y se lo encuentran por sorpresa [...]. La calle como espacio de expresión posibilita llevar el arte y la cultura a posibilidades que nos da la calle, pueblos pequeños que no disponen de teatros, casas de cultura o espacios cerrados para la exhibición. La calle da frescura y nos permite crear más libremente, debido a la multitud de posibilidades que nos da la diversidad de espacios que encontramos en ella. Nos permite su redescubrimiento, su reapropiación, su reciclaje. La calle nos ofrece una relación más directa con el público, un lugar donde la espontaneidad, la improvisación, el *feedback* inmediato, la sorpresa... (Artekale, 2022: 8).

Agradecemos a Jordi Duran la generosidad y entrega que tuvo cuando le comentamos que íbamos a plantear esta parte del capítulo. Él señaló que existían muchas maneras de definir las artes escénicas que suceden en la calle o de calle.

La carencia de estudios específicos, así como la poca presencia en las enseñanzas superiores escénicas en nuestro país, hace que la misma definición de lo que se supone que son o tienen que ser las «artes de calle» sea conflictiva. A menudo entendemos «teatro de calle» como una categoría metonímica, un concepto que hace referencia a toda aquella actividad performativa, sea teatral o no, que acontece en el espacio público. Por otro lado, denominamos «teatro en la calle» a todos aquellos materiales que se exhiben fuera de la caja escénica, más allá de la necesidad que puedan tener, o no, de diálogo con el espacio público [...]. Dicho esto, entendemos las artes de calle que se producen en la actualidad como un género artístico inclusivo [...]. Toda aquella producción artística pensada para ser representada en el espacio público tiene que ser considerada como una forma de arte de calle [...]. Para empezar, las posibilidades de formato que ofrece la creación al aire libre permiten acceder a una cantidad impensable de espectadores. Un ejemplo claro es la compañía francesa Royal de Luxe, historias concebidas para ser contadas en una ciudad entera. Una segunda característica importante es la vocación intercultural de las artes de la calle. Los creadores buscan ser capaces de llegar a una masa de espectadores muy diversa. Sea público convocado o transeúntes, se dirigen a la sociedad en toda su máxima exuberancia, y con todas sus diferencias (Duran i Roldós, 2014: 5-7)[52].

---

[52] «Rue Libre»: las artes de la calle abarcan espectáculos realizados fuera de espacios escénicos tradicionales, adaptándose al entorno urbano con sus posibilidades y restricciones y dirigiéndose tanto a públicos intencionados como a transeúntes. Surgidas del deseo de llegar a nuevos espectadores y de una vocación sociopolítica, estas prácticas evolucionaron desde formas más *agit-prop* hacia propuestas estéticas desde los años setenta. Aunque hoy se institucionalizan en festivales y dispositivos urbanos, mantienen su vocación de transformar y subvertir lo cotidiano.

Las siguientes opiniones forman parte del manual de buenas prácticas promovido por la plataforma interdisciplinar Outdoor Arts Portugal:

> Artes de calle, teatro de calle, creación artística en espacios públicos. Diferentes nombres para un contexto artístico multidisciplinar, plural y participativo que ha ido evolucionando con el tiempo y con la transformación de las comunidades. Hoy en día, es importante considerar el arte, y el arte callejero en particular, como una herramienta para el desarrollo territorial, que acerca a las comunidades a la participación activa, fortaleciendo las experiencias sociales y las competencias democráticas (2015: 16-19).

Seguimos ahondando en la evolución de las artes en la calle y de calle, sus significados y lo que han representado y provocado en las políticas culturales y en cada persona que haya asistido a cualquier actividad cultural.

> Dicho esto, también es importante recordar que existe una enorme diversidad en los tiempos de creación vinculados al espacio público (de unos meses a unos años), en la lógica económica (del sombrero a la autofinanciación, la subvención pública, pasando por el patrocinio y las asociaciones público-privadas) y en la naturaleza de los actores que intervienen en el proceso [...]. Al final, ¿cuáles son los puntos clave que hay que extraer de estas diferentes experiencias en todo el mundo? En primer lugar, el poder transformador de las artes en el espacio público y su capacidad para crear vínculos en cualquier tipo de territorio, conectar distintas comunidades dentro de una misma sociedad, abrazar la complejidad y proporcionar herramientas críticas para un mejor entendimiento (2015: 20-21).

La búsqueda de un nombre adecuado para las artes escénicas creadas en y para la calle continúa. Es evidente que este arte está en constante expansión y movimiento. Dignificarlo implica, ante todo, encontrar la manera precisa de denominar lo artístico que sucede en el espacio público.

Artes de calle es actualmente el término más completo y consensuado en el ámbito de la creación artística para el espacio público en toda Europa, en detrimento de la designación clásica de teatro de calle. Sin embargo, cada vez se utilizan más otras denominaciones, con vistas a la cualificación dramatúrgica y a la innovación estética: el término artes al aire libre se utilizó inicialmente en el Reino Unido [...]. Así, los términos artes al aire libre y creación artística en el espacio público han adquirido una posición dominante en el contexto de la creación contemporánea durante la última década (2015: 30-33).

Algunas personas prefieren hablar del espacio público para referirse a lo que sucede en la calle, ya que es un concepto político-social más amplio que apela a otras cuestiones ligadas a lo artístico aunque no sean propiamente artísticas.

Como concepto político, espacio público quiere decir esfera de coexistencia pacífica y armoniosa de lo heterogéneo de la sociedad, marco en que se supone que se conforma y se confirma la posibilidad de estar juntos sin que, como escribiera Hannah Arendt, caigamos «unos sobre otros» (Arendt, 1998 [1958]: 62).

Varios pensadores trabajaron sobre estas ideas (los situacionistas, Michael de Certeau...), replanteándose la significación del espacio público y cotidiano. De esta manera, a mediados de la década de los cincuenta, los situacionistas, encabezados por Guy Debord, deseosos de incentivar la participación en la vida cotidiana de los ciudadanos en una sociedad cada vez más consumista y alienante, sugirieron una aproximación entre arte y vida para estimular las experiencias vitales compartidas. También cabe destacar al filósofo Jürgen Habermas, quien teorizó sobre el espacio público, al que consideró como la esfera en la cual tienen lugar los intercambios críticos y el cuestionamiento del poder autoritario desde el siglo xviii en Occidente [...].

De esta manera, el espacio público de la ciudad contemporánea se convierte en camino o escenario polivalente. El teatro de calle juega desde entonces un papel importante en nuestras ciudades como oportunidad de vivencia lúdica compartida, como índice de salud democrática y de libertad [...].

[...] desde la eclosión de los años 60, se han creado nuevas estéticas y nuevas fórmulas dramatúrgicas en el teatro de calle, como el *site-specific,* y un uso contemporáneo de los géneros escénicos históricos al aire libre tales como la procesión, las *parades* u homenajes, o bien proposiciones de nuevo cuño como los paseos o caminatas colectivas propuestas para crear otras cartografías urbanas (2012: 3-9).

Concluimos esta segunda parte con un bello texto del director de Els Comediants Joan Font, que nos permite abordar el último bloque del capítulo con cierta ironía y poesía:

> Propongo un espectáculo de calle: una mañana nos despertamos y al salir a la calle observamos que en nuestra ciudad han aparecido unos recipientes delicados, frágiles y herméticos donde en su interior está vivo y protegido todo aquello que resulta imprescindible para seguir viviendo, todo aquello que no tiene valor material pero que es parte fundamental de la vida: la ternura, el juego, la ilusión, el arco iris, los sueños, la sonrisa, la fiesta, el beso, la música, un libro... Esparcidos, por la misma ciudad sin nombre han aparecido unas jaulas encerrando todo aquello que nos puede contaminar y dañar: la mentira, el abuso de poder, las coronas reales, la hipocresía, la soberbia, en nombre de Dios, la ignorancia, la corrupción sin escrúpulos, la adulación... Todo en jaulas muy firmes para asegurar que no nos dañen a los ciudadanos de a pie. Podría ser un bonito y pedagógico espectáculo gratuito y abierto las 24 horas del día[53].

En definitiva, la complejidad conceptual, la diversidad de prácticas y la continua transformación de las artes de calle evidencian un campo en expansión que exige marcos teóricos más precisos y políticas culturales más sensibles a fin de reconocer plenamente su

---

[53] Joan Font, *Fragilidad. Primer Acto: Cuadernos de Investigación Teatral,* 343: 98-99, 2012.

capacidad estética, social y democrática en el espacio público contemporáneo. A continuación recogemos una serie de testimonios de ayudantes de dirección que han trabajado en este ambiente.

Testimonios de ayudantes de dirección que han trabajado en y para la calle, así como en espacios diferentes

Para concluir, nos parece importante escuchar a algunas personas que han trabajado en la ayudantía de dirección en espectáculos o eventos «en» y «de» la calle o en espacios singulares. Hemos recogido un muestreo de diferentes comunidades autónomas por si eso sumaba información, como de hecho ha sucedido. Saquen sus propias conclusiones.

Cristina Maciá y Marina González

Cristina Maciá, directora de la compañía gallega Maracaibo Teatro, y su hija Marina González nos comparten que su experiencia abarca desde espacios no convencionales hasta escenarios al aire libre, trabajando en producciones de formato mediano y pequeño. Reflexiona sobre cómo las compañías teatrales deben rebajar constantemente sus aspiraciones ideales para adaptarse a las posibilidades reales. Para sus proyectos, cuenta habitualmente con su hija, Marina González, como ayudante de dirección. Cristina destaca que Marina es la colaboradora ideal: conoce profundamente el método de trabajo de la compañía y se integra con fluidez en cada proceso creativo. Además de la asistencia de dirección, Marina colabora también en las áreas de producción y regiduría. Marina se encarga de preparar cada ensayo, gestionando tanto los materiales como cualquier necesidad que surja. Organiza al reparto y documenta meticulosamente todo lo que acontece durante el proceso. En los espectáculos de fusión que caracterizan el trabajo de la compañía —donde confluyen múltiples disciplinas creativas—, la labor de un ayudante de dirección se vuelve especialmente compleja. Marina actúa como mediadora entre todas estas parcelas artísticas y se convierte en la memoria viva del montaje. Mantiene actualizadas todas las pautas y correcciones en el libreto, construyendo así una dramaturgia que abarca tanto la etapa previa de creación como el desarrollo de los ensayos.

Cristina reflexiona sobre cómo el trabajo al aire libre va transformando el rol del ayudante de dirección conforme se aproxima el estreno: el enfoque se desplaza desde lo artístico hacia lo técnico, pasando de la creación junto a los intérpretes a la materialización práctica del montaje. La complejidad de esta transición depende en gran medida del formato elegido. Existen los formatos estáticos, donde el público permanece de pie y puede moverse ligeramente, pero sin desplazamientos significativos ni itinerancia de los intérpretes; en estos casos, tanto el proceso creativo como la ejecución se asemejan bastante a los de un teatro convencional de sala cerrada. En el otro extremo se encuentran los formatos itinerantes: desfiles, pasacalles, que prescinden del trabajo dramatúrgico propio de un espacio teatral tradicional y plantean desafíos completamente distintos.

En estos formatos itinerantes se trabaja más con un esquema dramatúrgico que con un desarrollo textual exhaustivo, ya que la creación del espectáculo privilegia lo visual y la improvisación estructurada de los intérpretes, quienes parten de una serie de puntos clave sin una secuencia rígida. La interacción con el público modifica constantemente el desarrollo de ese esquema inicial. Es en este momento cuando la ayudante de dirección transita hacia otras funciones: regiduría, apoyo técnico o producción, según las necesidades del equipo. El hecho de formar parte de la familia ha permitido a Marina explorar múltiples facetas del oficio teatral. Con el tiempo, se ha evidenciado que, más allá de la asistencia de dirección, sentía un impulso creativo propio. Actualmente es cocreadora de la compañía Maracaibo Teatro[54].

---

[54] Maracaibo Teatro trabaja desde 1996 en la producción y exhibición de espectáculos de teatro de sala y de calle y en proyectos culturales relacionados con las artes escénicas.

Javier Patiño

Javier Patiño (Madrid) lleva trabajando una treintena de años como ayudante de dirección. En sus propias palabras: «Este trabajo es muy subjetivo, depende muchísimo del director, puesto que no hay una técnica que se estudie, ni acuerdos ni pautas en la profesión que dejen claro el trabajo a realizar. Entonces depende de las necesidades del director y de la generosidad del director». Él hizo teatro en la calle en dos proyectos como ayudante de dirección; uno fue itinerante: *La lámpara maravillosa*, en 2020, estrenada en el Festival de Otoño de la Comunidad de Madrid y que ocurría en distintas localidades de Madrid durante seis horas; el otro, de 2019 y llamado *Tiestes*, se desarrolló en las bóvedas de Conde Duque de Madrid. En esta producción, su principal preocupación era el posicionamiento del público: dónde ubicarlo para poder gestionar su experiencia de manera efectiva. Le inquietaba no lograr dirigir sus desplazamientos, no comunicarles las indicaciones necesarias o no diseñar adecuadamente su participación en el espectáculo. Observa que, en este tipo de montajes, el ayudante de dirección se transforma en primer regidor, asumiendo la mayor carga del trabajo técnico y perdiendo protagonismo en el ámbito artístico. «Si has estado en "la trinchera", debes saber hacer muchas cosas que tienen que ver con la reguría y con la técnica». En el caso de teatro en la calle, se ocupó de organizar la logística. Con el espectáculo itinerante realizó en parte funciones como ayudante de producción. Además, llevaba la escaleta del espectáculo, que se convierte en un libreto técnico, puesto que fue una creación casi colectiva. Así que también organizó la creación que se fue implantando. Como afirma: «En el arranque no se tiene muy claro el cómo va a ser, se va haciendo y se complementa con el comportamiento de los actores. Cuando los actores no están acostumbrados a realizar teatro en la calle, la ayudantía se complejiza porque tienden a dispersarse. Hay que estar con esa alarma o muy atento».

Durante los ensayos, Javier intentaba detectar cómo sería la mirada de los futuros o posibles espectadores para saber si eso podía funcionar. Y luego, durante el estreno, ayudaba a solventar los desajustes que tenían los actores con el público o con los elementos que manipulaban. Cuando hicieron el pasacalle y estuvo de ayudante, tuvo más miedo, aunque, según él: «Al final es más fácil porque los niños son una maravilla. Alguno toca lo que no puede tocar, pero que la gran mayoría de ellos se saben comportar muy bien. A veces, hay ciertos espectadores que se creen lo que sucede y por lo tanto su respuesta es muy sorprendente, inesperada. Hay que saber reconducirlos. Siento que el público infantil es más atrevido y espontáneo, que festeja mucho más. El público de adultos es más apocado, menos libre». En estas dos ocasiones trabajó con la compañía Grumelot y el director de escena Pablo Messiez. Tiempo después de nuestra conversación, Javier recordó que había colaborado en otras dos producciones de espectáculos itinerantes y *site-specific* ambientadas en hoteles: *Inside* (2013), de Popup Theatrics, que se desarrollaba en distintos espacios del hotel Intercontinental de Madrid, y *Lógicas Oníricas* (2015), de Metatarso, que transcurría en diferentes estancias del Gran Hotel Conde Duque durante la Noche de los Teatros.

«La ayudantía te permite aprender otros oficios y profesiones como la iluminación, la producción o el manejo de las mesas de sonido y luz». Él entiende la necesidad de que existan profesionales en todos los departamentos, pero insiste en que la formación del ayudante incluye saber de todo: «Debes saber de fotos, tirar música, del mismo modo que un actor debe saber cantar. Hay que hacerse imprescindible en algo, ser el primero en llegar y el último en irse. Saber un poco de todo o mucho de todo».

Mar Eguiluz

Mar Eguiluz ha trabajado tanto en Cataluña, Madrid, Andalucía, Comunidad Valenciana, etc., como en el ámbito internacional. Dice que el modelo doble de ayudante de dirección y regidora es lo que le ha funcionado. Se ha especializado en grandes eventos y espectáculos, y nunca le interesó la dirección escénica. Siente que su mente debe estar muy abierta para conocer en profundidad el tema que se va a tratar y el entorno donde se va a realizar. Como ejemplo: se encargó de la ceremonia de inauguración de los Mundiales Hípicos de Jerez, en 2002. Los regidores fueron contratados con muy poco margen de maniobra, lo que supuso que Mar, al ser ayudante de dirección y estar presente mucho tiempo antes del evento, asumió la logística entre la dirección y la reguiría.

Mar señala que siempre existe una tensión entre lo soñado y lo posible, y es precisamente ahí donde la ayudantía cobra sentido: dar forma a los sueños para traducirlos en realidad. Para lograrlo, la organización resulta primordial; el orden es capital en los espectáculos de calle. Por ello procura pactar con antelación los tiempos de transición de la ayudantía, de modo que los directores no experimenten una sensación de orfandad cuando la ayudante abandona su rol creativo para convertirse en regidora. Dos palabras claves a las que no se debe tener miedo: «amoldarse e instruirse, y si además se tiene buen ritmo en ambas, pues miel sobre hojuelas».

Ha trabajado durante años con la Fura dels Baus, así que con ellos también necesitaba conocer bien el entorno y las características por donde se iban a mover tanto los artistas como el público para poderles ofrecer todos los usos que pudieran hacer del espacio y su entorno. Por ejemplo, hicieron la inauguración del puerto mercantil de Barcelona. Ella tuvo que sopesar alternativas con respecto a los partes meteorológicos para retrasar o ajustar la hora de inicio, como también le ocurrió con Calixto Bieito cuando hicieron un espectáculo bastante complicado, con varios pases diarios, para Zaragoza en la Expo del Agua. En Zaragoza los cambios climáticos eran muy abruptos y entonces ella tenía que manejar la información, aportar y ofrecer cambios artísticos.

Una de las cuestiones primordiales es saber dónde están los espectadores, tener claro lo que es cerca y lo que es lejos para el público para concretar la visión que van a tener del espectáculo.

Se suman a las cuestiones primordiales algunas complicaciones como, por ejemplo, si van a venir los medios de comunicación, si las televisiones harán un directo, un grabado o un falso directo, si hay protocolo… Esa información sirve para cuadrar los tiempos con los artistas y creadores y para decidir la hora de inicio y de duración. Siempre que se trabaja con «grandes artistas» hay que darles toda la confianza, y eso se hace con información y cuidado. Cuidar los detalles es fundamental, es la única manera de diferenciarse del resto y conseguir un resultado brillante.

Sergi Heredia

Sergi Heredia, de la compañía La FamTeatre (Cataluña; actúan por España y en otros países), tiene la calle por espacio de creación. La creación en la calle depende de los recursos y de las técnicas, por ejemplo, si se usa fuego o elementos de grandes dimensiones. Sergi se pregunta dónde se coloca al público y si por ejemplo el espectáculo se puede mover 360° o son los espectadores los que giran en torno a la creación. Existen técnicas de manipulación del público, y hay que conocerlas. Se necesitan días para ubicar lo que se quiere hacer porque no se puede exhibir una creación en cualquier lugar. Cada espacio requiere un tiempo para que se pueda llevar a cabo el espectáculo o para adaptar a él lo que se hizo en otro. Hay que conocer muy bien las posibilidades que ofrece la vía pública y las que no.

Sergi piensa que en su compañía los roles no son tan jerárquicos, que se trabaja como un equipo, que él trabaja realmente como si tuviera una visión externa, no tanto como una ayudantía, o tal vez como una ayudantía para unos pocos días. De nuevo la precariedad económica y, tal vez, la falta de conocimiento de las funciones que la ayudantía puede desempeñar… La FAM contrata en muchas ocasiones a directores externos. Entonces Sergi también se ocupa del seguimiento, pasa notas a los artistas en el momento en que se estrena el espectáculo, ya que las figuras creativas y el equipo creativo se diluyen, no queda nadie, y se dedica a cuidar el día a día del espectáculo.

Marcos «PTT» Carballido

Marcos «PTT» trabaja sobre todo en Galicia. Para él la ayudantía de dirección es un cajón de sastre. Siente que es así en Galicia porque es algo muy, muy precarizado, que se desdibuja. Pone como ejemplo que la ayudantía, debido a la precariedad económica, también ofrece apoyo terapéutico a los creadores, una labor de tipo asistencial y que implica una visión externa, y asegura que la mayor parte de las veces acaba transformándose en una cocreación. Él ha trabajado mucho en teatro en la calle, pero formato gorra: «Aquí es algo que ha calado mucho, en Galicia».

Violeta Segura

Violeta Segura trabajó en toda España y en el extranjero y escribió el primer libro de reguiría en España (Segura Celma, 2004). Estudió un año dirección en el Institut del Teatre de Barcelona. Dice que los límites de la ayudantía de dirección y de la reguiría en el teatro de calle se tocan. También trabajó con la Fura dels Baus en Valencia en una nave y en Roma en la calle. En el caso romano, hubo un ayudante de dirección que se ocupaba más de la cuestión artística mientras que ella asumía la parte técnica. Una de las actrices se puso enferma y lo que hizo ella fue repartir los textos y luego ensayó con la actriz principal hasta conseguir la sustitución. Cuenta otra experiencia en Port Aventura que le llevó a asumir las decisiones de las sustituciones.

En los espacios al aire libre, lo fundamental es el público: conocer su ubicación y prever sus desplazamientos. Durante los pasacalles que realizaban con diversos elementos escénicos y actores, Violeta debía gestionar los movimientos del público. Por ejemplo, en los Carnavales de Barcelona, el público formaba parte integral del espectáculo, lo que requería que los artistas trabajaran la interpretación para propiciar un auténtico intercambio con los asistentes. Posteriormente, en las Olimpiadas, Violeta se encargó de los escenarios del Fórum de las Culturas y dirigió espectáculos breves al aire libre en espacios urbanos.

Laia Torrens Carulla

Laia Torrens Carulla, de la compañía catalana Cabo San Roque (junto a Roger Aixut Sampietro), tiene un recorrido nacional e internacional. No han contado con la figura de la ayudantía de dirección externa, tarea que realizan entre ellos. Suele consistir más en «ordenar, organizar y también como frontón de ideas y ver cómo rebotan», y ambos se van turnando. Han participado en espectáculos donde han observado diferentes modalidades de asistencia o codirección. Laia considera que el alcance de la ayudantía depende en gran medida de lo que el director esté dispuesto a delegar. Si el director es generoso y confía en su equipo, la ayudantía puede desarrollarse plenamente; si, por el contrario, le puede el desconocimiento o el temor a que le arrebaten la autoría, limitará el margen de maniobra del ayudante.

Malala Ricoy

Malala Ricoy, artista de circo gallega, señala que las compañías circenses en Galicia suelen ser promotoras de sus propios espectáculos y contratan a diferentes directores, pero la coordinación —término con el que ella denomina la ayudantía de dirección— la asume habitualmente algún miembro del equipo. En la actualidad, considera que abundan más las miradas externas que los ayudantes de dirección propiamente dichos. Prefiere que alguien ajeno a la compañía aporte un punto de vista al director, aunque reconoce que, desde siempre y hasta hoy, el miembro más hábil del equipo se encarga de esta coordinación.

Ella misma trabajó como coordinadora de dirección en una compañía de animación, labor que solía compaginar con la producción. Sin embargo, observa que las funciones características de la ayudantía de dirección suelen fragmentarse y distribuirse entre varios integrantes de la compañía. En el festival Maricómicos, surgido de una asociación creada en A Coruña en 2004 para difundir la comedia, el ayudante de dirección trabaja durante una semana en el proceso creativo y luego transita a la reguiría durante la celebración del evento.

Montse Lisicic

Montse Lisicic ha realizado un recorrido nacional e internacional. Se describe como regidora aunque declara que ha trabajado como ayudante de dirección. En sus propias palabras: «Es muy variable; según qué compañía y qué proyectos, la figura de la ayudante de dirección puede estar más o menos presente. Para estar en la calle, el grado de conocimiento técnico es fundamental para tener más trabajo, es fundamental». Un tema importante para ella es el de la luz, si el espectáculo se hace de día o de noche. También le preocupa el sonido, si llevar micrófonos o no o recurrir a la microfonía ambiente, porque eso condiciona el vestuario, el maquillaje y la peluquería, además de los movimientos y la gestualidad.

Trabajó con La Cubana, Dagoll Dagom y la Fura dels Baus, es decir, con algunas de las compañías más representativas de Cataluña en formato grande. Señala que normalmente eran actores los que asumían las competencias de la ayudantía de dirección en esas compañías. Estuvo trabajando como ayudante de dirección y regidora en festivales como Las Vacas Locas.

230

Tero Rodríguez

Tero Rodríguez, licenciada en Filología Hispánica y Gallega, integra desde 2009 la compañía gallega Los Quinquillanos (Os Quinquilláns), con más de veinte años de recorrido.

En 2007 estuvo en la Escuela Municipal del teatro de Catoira, en la ría de Arosa, donde se celebra una romería vikinga el primer domingo de agosto. Se crea una *performance* que muestra la entrada de tres barcos vikingos, llenos de vikingos y vikingas, y la semana anterior se hace una representación sobre este pueblo. Trabajó como ayudante de dirección de Lucho Penabade (fundador de la compañía Los Quinquillanos) y con 170 personas vecinas de Catoira, y ella tenía que supervisarlo todo. Cuando se trabaja con elencos *amateurs,* la experiencia puede resultar más estimulante porque los participantes acuden por vocación, aunque también es cierto que carecen de las claves interpretativas y técnicas, así como del rigor y la disciplina que exigen los montajes profesionales. Para Tero, aquella experiencia fue un aprendizaje a la vez divertido y estresante. La ayudantía se convirtió en una sucesión de situaciones imprevistas que debía resolver sobre la marcha, para lo cual se valió de su experiencia, sus reflejos y su capacidad de mediación.

En otra ocasión, en 2009, fue contratada como codirectora junto a Os Quinquilláns y participó en la creación al servicio de otro director. Sin embargo, sintió que su labor era más cercana a la de una ayudante de dirección. Se pregunta por qué, en ocasiones, se denomina codirección a lo que en realidad constituye una ayudantía de dirección.

Clara Gayo

Clara Gayo es gallega y trabaja sobre todo en Galicia. «Para aclarar, la ayudantía de dirección es todo "marrones" (coloquialismo de "problemas") y poco dinero. Depende del director, pues así va la ayudantía, con más o menos aprietos». Recuerda uno de sus trabajos, junto al director gallego Antón Coucheiro (actor, *clown*, gestor), en una compañía de circo itinerante cuyo nombre no recuerda, aunque sí se acuerda de que ejerció tanto de ayudante como de «mirada externa», «y eso fue porque el director no estuvo durante la continuidad del espectáculo». Entonces se encargó del seguimiento y de las sustituciones que fueron surgiendo. Dice que trabajar en la calle es muy cansado, que hay una parte muy servil en la ayudantía de dirección en la calle, y eso le incomoda.

Alberto Huici

Alberto Huici (colabora con Iñaki Ricarte, País Vasco) nos dice que para él la figura del ayudante de dirección es «como el patito feo, es ese puente o una navaja suiza y también es un poco "tierra de nadie". A menos que se trate de una persona polifacética, capaz de aprovechar al máximo un rol que actúa como catalizador entre profesiones y personalidades muy diversas». Alberto sostiene que, en ocasiones, la ayudantía logra amalgamar elementos tan difíciles de conciliar como el aceite y el agua.

En los espectáculos de calle se añade una dificultad extra. Recuerda su experiencia como ayudante junto a los directores Fernando Bernúes e Iñaki Ricarte en el montaje itinerante de *El sueño de una noche de verano* en San Sebastián. Debieron estructurar diferentes espacios escénicos, y él se encargó de coordinar toda la logística de esa itinerancia. Al tratarse de espacios vivos y cambiantes, la complejidad del trabajo se multiplica.

En una sala cerrada hay una serie de necesidades logísticas sencillas de solucionar, pero en la calle la logística te obliga a preguntarte constantemente, por ejemplo: ¿cómo trasladas a los actores cien metros más allá de la otra escena? ¿Cómo llevas un elemento de un lugar a otro? (los elementos en la calle son un tesoro que hay que proteger). ¿Qué va a pasar con el público? ¿Protegemos los elementos, los escondemos? Porque el público también es itineran-

232

te y puede coger esos elementos. Es necesario prever protecciones adicionales tanto para los objetos escénicos como para el cuidado de los intérpretes e idear soluciones creativas: una furgoneta eléctrica, un espacio paralelo a la vista del público… Si se logra hacer al público cómplice, el espectáculo funciona. Se requiere aportar constantemente soluciones imaginativas.

Alberto buscaba ese «¡y sí!» mágico, aunque ello dependía siempre de las posibilidades de producción. Aquel proyecto le reveló la necesidad de imaginar más allá de lo que permite una sala de ensayos cerrada, donde la imaginación tiende a constreñirse. En la calle hay que dar un paso más allá. Esta versión de Shakespeare se realizó en el marco de Donosti Capital Europea de la Cultura 2016.

Cristina Ramos

Cristina Ramos (Comunidad de Madrid) nos habla de su experiencia en la cabalgata de los Reyes Magos de Madrid. Trabaja junto a Delia Piccirilli, directora artística; ambas son las fundadoras de la productora Ciudadano Kien. Cristina es coordinadora artística, es decir, que se dedica tanto a la ayudantía de dirección como a la de producción, de modo que es la encargada de coordinar a todos los demás creadores, técnicos, voluntarios, profesionales, artistas invitados, etc. Crean desde hace quince años la Cabalgata de los Reyes Magos en Madrid. Desde el minuto uno en que empieza a preparar y conceptualizar con Delia Piccirilli, reflexionan juntas, proponen ideas, buscan las compañías para cada cabalgata. Cristina es la que llama a las compañías de circo, que o bien ofrecen ideas o bien escuchan las que Cristina propone y crean números nuevos. En ambos casos Cristina debe saber qué elementos van a utilizarse.

En cada cabalgata cambian la dramaturgia, los personajes, los musicales, y ella es la intermediaria, encargada de trasladar a las compañías los nuevos retos o ideas y de gestionar la relación artística y la adaptación del espectáculo creado cada año dentro de la propia cabalgata. Se ocupa de la producción propia de ese espectáculo, de la escenografía, del vestuario, de la construcción y de todo un equipo creativo, también de ver imágenes con los de audiovisuales y con todos los demás creadores. Hay un momento en que hay ensayos de dirección de actores con los emisarios y con los Reyes Magos. Me ocupo de seleccionar actores. Marco las pautas de cómo debe ser la recogida de las cartas de los niños, de cómo se tienen que comportar y cómo deben interpretar. Estos actores son profesionales y *amateurs,* ya que los pajes son voluntarios en Madrid.

Preparan a los participantes mediante charlas previas donde establecen las directrices del espectáculo. En este caso, el público no interfiere en el desarrollo de la acción. Tras concluir su labor como ayudante de dirección, Cristina asume el rol de regidora durante la cabalgata. Según afirma: «Puede pasar de todo en una cabalgata, desde los animales, los miedos, los sustos… el tema de la seguridad… que no se rompa nada, las condiciones climáticas». Está acostumbrada a que siempre se genere una inquietud, y también muy constreñida por los tiempos porque «es un espectáculo que se retransmite por televisión en muchas cadenas, tiene que tener un horario cerrado y no siempre es fácil de mantener». A ella le fascina, y cada año es más consciente de que la ayudantía y la producción se entrecruzan.

Capítulo 8

La ayudantía de dirección en la escena global

*Natalia Menéndez, Cristina Hermida
y Valle del Saz*

Como hemos mencionado a lo largo de varios capítulos, la ayudantía de dirección es una profesión fundamental dentro del ámbito de las artes escénicas que requiere conocimientos artísticos y técnicos esenciales para el buen desempeño de las labores que le corresponden y, por consiguiente, el buen desarrollo de la producción. Pero la realidad de este oficio es que tanto la formación como el acceso a la oferta laboral o el estudio y sistematización del trabajo están todavía por hacer tanto en nuestro país como fuera de él. A pesar de ser una labor pareja a la de dirección, parece que ha sido una de las grandes olvidadas y que en muchas ocasiones es desempeñada por personas carentes de la formación y los conocimientos requeridos. Como decíamos, es fácil el acceso a la formación en dirección de escena, pero no a la de ayudante.

El aspecto positivo que puede extraerse de esta carencia es que todo está por hacer y podemos construir aprendiendo de otras disciplinas parejas a la nuestra. Gran parte de los profesionales que llevan años trabajando en nuestro país y fuera de él provienen de carreras dentro de las artes escénicas y fuera de ellas que los convierten en especialistas muy completos. Como señalamos, al no existir una formación propiamente dicha en ayudantía de dirección, los orígenes de los ayudantes son variopintos y diversos, lo que ha enriquecido enormemente nuestra profesión. Lo mismo sucede con los estudios sobre nuestro trabajo o los portales que dan acceso a ofertas laborales o becas que ayuden a formarnos. En cualquier caso, existe una necesidad, pero está empezando a ser suplida gracias a estudiosos y expertos que no paran de trabajar en ello. En España y en otros países comienzan a aparecer cursos monográficos sobre ayudantía, becas con formación práctica, residencias y otras posibilidades de inserción y enseñanza, lo que significa que estamos en un momento de pleno crecimiento fundamental para nuestra profesión.

En este capítulo realizaremos un breve repaso por las opciones de formación, las ayudas y las posibilidades laborales tanto en nuestro país como fuera de sus fronteras. Nuestra visión es limitada, ya que estamos ante una profesión en desarrollo y constante evolución, de modo que esta breve muestra debe tomarse como punto de partida de todo el trabajo que está por hacer.

La ayudantía de dirección en España: formación, estudios y oportunidades laborales

La profesionalización de cualquier oficio pasa por la sistematización, el estudio y la creación de enseñanzas oficiales relativas a él. En nuestro país, como ya señalamos, no existe una formación regular como tal en ayudantía de dirección. En las escuelas de arte dramático públicas y privadas los estudiantes tienen acceso a estudios de interpretación, dirección, dramaturgia o escenografía; lo mismo sucede con las profesiones más técnicas: iluminación, sonido y un largo etcétera que pueden estudiarse en diversos centros educativos.

No obstante, la evidencia de esta necesidad relativa a la ayudantía de dirección está empezando a subsanarse gracias a grandes profesionales de nuestra escena. Una de ellas, y gran impulsora de la pedagogía en ayudantía, es Pilar Valenciano, que ha impartido su método de trabajo en escuelas públicas (ESAD de Valladolid), privadas (Centro de Directores de Escena, entre otros) y dentro del programa de Residencias Artísticas del Teatro Español del que hablaremos más adelante. Pero no es la única; en España es posible el acceso a formación de mano de otras profesionales como Raquel Alarcón, que regularmente comparte su experiencia en escuelas privadas, Anna Serrano o Laura Ortega. Estos cursos monográficos suelen tener una duración variable, dependiendo de la escuela y el marco en el que se insertan, pero constituyen un gran impulso para comenzar a sentar las bases de una formación sólida. Todas ellas, grandes profesionales, cuentan con años de experiencia en la ayudantía de dirección, tanto en el ámbito público como en el privado, además de una sobrada preparación.

Esta inclusión en la enseñanza de la teoría sobre la ayudantía de dirección está siendo un aliciente para que estudiantes de dirección de escena de escuelas enfoquen su trabajo final de grado hacia esta profesión. Una muestra de ello es el trabajo de Ares Fernández Blasco, egresada de dirección de escena de la RESAD de Madrid. De igual modo están surgiendo artículos en revistas de divulgación de centros públicos que también abordan este oficio dando voz a jóvenes ayudantes de dirección, como hemos señalado.

Muy importante en nuestra escena ha sido el ya mencionado Programa de Residencias de Ayudantía de Dirección del Teatro Español de Madrid, creado en 2020 durante la dirección de Natalia Menéndez y con la coordinación de Pilar Valenciano. Actualmente el programa sigue activo bajo la dirección de Eduardo Vasco. Este tipo de residencia aúna formación y prácticas de una manera única.

En cualquier caso, como podemos observar, en nuestro país se están dando los pasos adecuados hacia una profesionalización de la ayudantía de dirección. No obstante, todavía queda mucho trabajo por hacer. Hay una necesidad de sistematizar una profesión que requiere conocimientos específicos para cada tipo de espectáculo (teatro de texto, teatro musical, danza, ópera, circo, etc.). Las labores principales del ayudante son bastante similares independientemente de la disciplina, pero es cierto que cada una de estas tiene unas particularidades. Una instrucción completa en ayudantía tendría en cuenta dichas características específicas, de manera que cualquier persona formada pudiera ser ayudante con independencia de la disciplina teatral.

En España no existe un portal de acceso a ofertas laborales en ayudantía de dirección de escena. Es cierto que la implicación en montajes de escuelas de arte dramático, las prácticas en instituciones públicas, la participación en cursos con diversos profesionales o el contacto con otros ayudantes y directores suelen convertirse en puerta de acceso a la profesión. No obstante, al igual que con otras profesiones de nuestro teatro, las instituciones públicas deberían ofertar de forma abierta estos puestos de trabajo de manera que las oportunidades para nuevos profesionales fueran más sencillas e igualitarias. En cualquier caso, sigue siendo parte del trabajo que nos queda por hacer como muestra de un oficio que está en pleno desarrollo y profesionalización.

Tampoco hay un estatuto o un convenio que recoja las condiciones laborales de los ayudantes de dirección de escena en nuestro país. Es otro de los grandes vacíos que se deben subsanar. Generalmente los ayudantes están obligados a darse de alta como autónomos, aunque ocasionalmente sean contratados por teatros públicos o productoras privadas. Como profesionales, deberíamos movilizarnos por unas condiciones laborales dignas y que contemplen la intermitencia de nuestro trabajo o la compaginación con otro tipo de empleos tanto dentro como fuera de las artes escénicas. Necesitamos sentar unas bases que ayuden a dignificar nuestro trabajo y lo pongan en valor, tomando el ejemplo de los equipos técnicos o los actores y de asociaciones como la Asociación de Directoras y Directores de Escena (ADE), la Unión de Actores y Actrices, la Asociación de Artistas Plásticos de España (AAPE) o la Asociación de Regiduría de Espectáculos (ARE), entre otras. Es nuestro deber movilizarnos por nuestros derechos y luchar por unas condiciones laborales que se ajusten a la realidad de nuestro puesto de trabajo.

La ayudantía de dirección en el teatro internacional

El perfil del ayudante de dirección es bastante similar independientemente del país en el que desarrolle sus funciones, pues no deja de ser un mediador entre la dirección, el equipo artístico y el equipo técnico. Lo cierto es que algunas labores concretas que en España podemos realizar los ayudantes en otros países recaen en perfiles de corte más técnico similares a lo que podría ser aquí un regidor. En cualquier caso, las diferencias son mínimas, y en muchas ocasiones tienen que ver con quién realiza según qué labores o protocolos a seguir durante ensayos o representaciones.

Lo que no varía excesivamente entre España y otros países es la formación y las ofertas laborales, pues, como bien decíamos en la introducción de este capítulo, la ayudantía de dirección es un oficio en pleno desarrollo que requiere una profesionalización. Eso incluye tanto una base formativa amplia de corte teórico y práctico como estudios y documentación al respecto y un camino laboral amplio.

En lo que a formación se refiere, The European Theater Convention (ETC) ofrece el programa Artistas en Residencia, que dota de diversas oportunidades formativas a directores de escena, ayudantes y dramaturgos para conocer la escena teatral europea, fomentando así la cooperación internacional. En el año 2024, por ejemplo, se ofrecieron seis becas para que los participantes seleccionados pudieran unirse al equipo creativo de una producción teatral europea como ayudantes de dirección o dramaturgos. Los países que participaron en esta iniciativa y cuyos equipos acogieron a estos residentes fueron: Portugal, Alemania, Eslovaquia, Eslovenia, Suecia y Kosovo. En 2025 el programa consiste en una estancia de dos meses en el Teatro Nacional de Grecia, y está destinado a escritores, dramaturgos y directores, por lo que no siempre la ayudantía de dirección está contemplada.

Con relación a lo anterior, recomendamos también tener en cuenta la propia página web de The European Theater Convention, dado que en ella aparecen de manera recurrente actualizaciones tanto de oportunidades laborales como de posible formación en diferentes teatros europeos. Suelen buscar perfiles técnicos, pero en ocasiones también hay ofertas para ayudantes de dirección. Asimismo, en las páginas oficiales de determinados teatros, como por ejemplo la Royal Shakespeare Company, se pueden encontrar ofertas de trabajo específicas para cubrir vacantes o puestos por proyecto. De hecho, en la propia web de la Royal Academy, dentro del blog *Whispers from the wings,* la directora Anna Girvan escribe un artículo titulado «So what does an assistant director actually do?» en el que habla de su propia experiencia como ayudante y de cómo en función de cada montaje y cada director va adaptando su rol e implicaciones. En ocasiones, dice, puede que realice investigaciones previas sobre el contexto de la obra, el dramaturgo o un concepto específico que el director quiera explorar. También puede involucrarse en la edición y creación del texto o en la búsqueda de profesionales específicos que acudan a la sala de ensayos y den charlas a los actores. En otras ocasiones, añade, se ha encargado de dirigir parte del ensayo como ayudante, y varias veces, los calentamientos iniciales. Invitamos a leer el blog, ya que, aunque el contenido de cada entrada varía según el autor y la mayoría de ellos están basados en la experiencia personal de cada uno, no deja de ser útil para conocer las diferentes funciones, informarse de curiosidades sobre lo que no se ve y acceder a entrevistas con profesionales de prestigio.

Así pues, salvo la ya comentada web de The European Theater Convention o jobs.thestage.co.uk, journalofmusic.com y getintotheatre.org en Inglaterra, son pocos los portales de búsqueda de empleo específico para ayudantes de dirección u otros oficios artísticos vinculados al teatro. Es cuestión, también, de rastrear las páginas web y redes sociales de los principales teatros europeos y leer los anuncios y noticias que van publicando, así como de ponerse en contacto mediante correo electrónico para hablar de nuestra experiencia e intereses a aquellos que nos llamen la atención.

Junto con Anna Girvan en Inglaterra, existen otros profesionales, también directores de escena como ella, que han publicado estudios y artículos sobre el trabajo de ayudantía de dirección y los diferentes roles que desempeñan a lo largo de un montaje un *stage manager* u otros perfiles más técnicos[55].

Otra profesional destacada que ha publicado numerosos estudios y artículos ilustrando la práctica del ayudante de dirección en el proceso creativo es la directora francesa Sophie Proust. Gran parte de su trabajo puede consultarse *online*. En ellos, entre otras cosas, explora los derechos del director escénico y el rol del ayudante en Francia y detalla la utilidad de documentos como el libreto y el cuaderno de dirección. Algunos de estos trabajos han sido publicados en colaboración con Denis Marleau y Monique Martínez Thomas.

En este sentido, cabe mencionar la figura de otros profesionales como Jean-Claude Berutti (Francia), Marco Ghelardi (Italia/Inglaterra) y Clemens Risi (Alemania).

Siguiendo lo comentado en España, y en consonancia con lo que aquí sucede, en Europa y Estados Unidos no existen asociaciones vinculadas a los derechos de los ayudantes de dirección propiamente dichos. Sí que podemos encontrar tanto asociaciones como sindicatos que defienden los derechos y asesoran a profesionales centrándose principalmente en directores, coreógrafos u otros creativos. Tal es el caso de la Stage Directors and Choreographers Society (SDC) y la Stage Managers' Association en Estados Unidos y de la Stage Managers' Association UK en Reino Unido.

---

[55] Es el caso de Kevan Dunkelberg en su artículo «Much Ado About the Assistant Director» (2023) y de Lisa Porter y Narda Alcorn con su estudio aplicado *Stage Management Theory as a Guide to Practice: Cultivating a Creative Approach* (2019).

Síntesis y perspectivas del ayudante de dirección

Como hemos visto, tanto en nuestro país como fuera de sus fronteras nos queda mucho trabajo por hacer en materia de formación, estudios y derechos laborales. Estamos ante una oportunidad de oro para aprender de los avances que otros profesionales de las artes escénicas han realizado, al igual que de sus errores. Nuestra profesión está a caballo entre lo artístico y lo técnico, con lo mejor y lo peor que rodea a cada uno de estos ámbitos de las artes escénicas.

Algunos de los principales objetivos que sería deseable alcanzar en la escena global en lo que se refiere a ayudantía de dirección serían: lograr sistematizar estudios oficiales que cubran la necesidad de formación y el acceso de cualquier persona a dicha formación; promover el estudio y la escritura de teorías y pedagogía acerca del ayudante de dirección y fomentar su divulgación; crear un sindicato o asociación que regularice las condiciones laborales de los ayudantes, y facilitar el acceso a las oportunidades laborales creando portales en los teatros públicos que oferten determinadas plazas en sus producciones, algo mucho más común en países como Inglaterra, como hemos visto.

En cualquier caso, queremos destacar la labor de todas las profesionales que están promoviendo el progreso en nuestro ámbito de trabajo tanto en lo referido a la formación como en materia de derechos. Son muchas las que están trabajando tanto en España como en países como Inglaterra o Francia. Son pioneras y están abriendo un camino que, aunque está por recorrer, es tremendamente prometedor.

Capítulo 9

Decálogo del buen ayudante

Cristina Hermida y Valle del Saz

Si has llegado hasta aquí, te habrás dado cuenta de que nuestro trabajo no es nada fácil. Somos la piedra angular de un gran equipo, pero tenemos que pasar desapercibidos. Nuestra labor es, en ocasiones, ingente, pero todo puede resumirse en diez *sencillos* puntos. Porque con amor y humor todo se resuelve.

1. A buen entendedor, pocas palabras bastan

Y es que, como ayudantes, uno de los puntos fundamentales en nuestro trabajo es saber comunicar la información a todos los miembros del equipo artístico y técnico. Más te vale revisar tus habilidades como comunicador, porque tendrás que mediar entre muchas personas: actores, director, representantes, escenógrafo, iluminador y un larguísimo etcétera. Paciencia y escucha: todos van a necesitarte en algún momento, y tú a ellos.

2. Pimpampum, bocadillo de atún

Sí, sabemos que esto no es un refrán, pero ¿a que suena bien? No eres producción, que es el «resolvedor» oficial de problemas, pero eres algo así como su primo hermano, y como familia que sois, deberíais llevaros muy bien. La capacidad y la rapidez para resolver problemas son dos de las características fundamentales de un buen ayudante.

3. A NADIE LE AMARGA UN DULCE

Quien dice dulce dice café, infusiones, chicles, chocolate 85%, caramelos de jengibre o unas mandarinas. Un detalle en la sala de trabajo es una manera de compartir, crear equipo y reponer azúcar, porque un proceso de ensayos a veces es como correr un maratón o subir el Tourmalet.

Es posible que el primer día de ensayos sea producción quien tenga un detalle con el equipo, si bien a partir de ahí no tiene por qué ser así ni habrá una pauta exacta. Confía en que, como sucede fuera del espacio de trabajo, un día puedes invitar tú al café y otro te invitará a las cañas o viceversa. Fluye: son gestos que nacen libremente.

4. EL TIEMPO VUELA

Cuarenta y cinco días de ensayos (en el mejor de los casos) no son suficientes para llevar a cabo un proceso de investigación que permita probar, fallar, volver atrás, cambiar, contemplar otras posibilidades, fijar, recomenzar, hacer una pausa, avanzar, probar de nuevo… y no mirar el calendario. Sin embargo, es lo que hay, así que gran parte de tu trabajo será controlar el tiempo durante toda la producción. No solo el tiempo, los tiempos: el de la realización de la escenografía y vestuario, el tiempo durante los ensayos, el necesario para producir un vídeo de promoción o el que tarda en llegar el tabaco de atrezo de Andorra. Ahora eres como el conejo de *Alicia en el país de las maravillas,* siempre con un reloj cerca, dispuesto a desafiar al tiempo.

244

En funciones, aunque estará regiduría controlando tiempos, tu labor también es fundamental: asegúrate de que se cumpla la citación, de que los actores lleguen en hora, pasen por microfonía y prueben sonido si se requiere, de que vayan a peluquería y maquillaje si está estipulado... Parece que siempre hay tiempo de sobra, pero en los pasillos de camerinos los nervios están disparados y los segundos y minutos desaparecen en un parpadeo. Por eso tu labor, junto con la del regidor, es estar atento y evitar que se desajusten los tiempos.

5. A quien madruga Dios le ayuda

Llega pronto a la sala de ensayos y cerciórate de que todo está correcto antes de que venga el personal: el espacio, limpio y ordenado; el vestuario de los actores, controlado; la utilería para las escenas que van a verse, dispuesta; la pasada, colocada... Anticípate a los problemas: ahora eres como Rex, «un policía diferente». Serán tu olfato y la experiencia los que te ayuden a detectar y neutralizar los posibles futuros problemas antes de que verdaderamente lo sean.

6. Mejor que sobre que no que falte

Si todo va bien, nadie se acordará de ti. Si algo va mal, notarás que cien mil ojos se giran hacia ti buscándote. Así que anótalo todo, y cuando decimos todo, decimos TODO. No eres Dios, pero tu libreto ahora es algo así como la Biblia o el cuaderno de a bordo de un barco. Anota movimientos, pies de luz y sonido, movimientos de utilería, cambios de vestuario, entradas y salidas de actores...; en fin, todo lo que consideres que será necesario consultar cuando vuelva a trabajarse esa escena. Puedes utilizar colores, símbolos o el código con el que mejor te organices. Es importante que sea una anotación clara y limpia, que te permita identificar rápidamente las decisiones tomadas y resolver las dudas. Un consejo: estas anotaciones van a cambiar, van a cambiar mucho, y las borrarás varias veces. Paciencia. No desesperes. Acabarás disponiendo de un libreto limpio con los movimientos y pies definitivos, pero, mientras tanto, organízate bien y disfruta del caos.

Si te baila algún pie, pregunta a los creativos, porque es posible que algo haya cambiado y no te hayas dado cuenta; así que pregunta, pregunta mucho. Acabarás aprendiéndote la función de memoria, pero por si acaso algo fallara, surgieran dudas durante el seguimiento o la gira o hubiera que sustituir a algún actor, volver al texto y tus notas será de gran ayuda.

7. Cada mochuelo a su olivo

Ya te lo hemos dicho: no eres Dios ni tienes que saber hacerlo todo, aunque sí saber quién debería saber hacer cada cosa. Es fundamental que tengas claras las competencias y tareas de cada miembro del equipo para saber a quién pedir lo que necesitas en cada momento. En cuanto a tus tareas, sabemos que a veces da miedo, pero delega y pon límites. Nuestro trabajo es muy importante, nos va la vida en lo que hacemos y queremos que el resultado de la producción sea el mejor, pero, seamos sinceros: no estamos operando a corazón abierto. Cada cosa tiene su momento, y también es sano establecer tus horarios de trabajo, conocer tus competencias y decidir si las excedes por el bien del montaje o no. Y, en ese sentido, cuida y respeta los horarios de los demás. Sopesa muy bien si ese mensaje o ese correo electrónico es tan importante como para enviarlo a las doce de la noche o puede esperar a la mañana siguiente.

Si excedes tus competencias, déjalo claro. Estás haciendo un trabajo que no te corresponde, y es importante que quienes te rodean sean conscientes de que lo sabes y de que lo haces porque quieres, no porque sea tu obligación. A veces puede parecer que la ayudantía de dirección es el cajón de sastre, y no debe ser así en absoluto. Nuestras competencias están delimitadas y deben respetarse como las del resto de miembros del equipo.

8. COMPARTIR ES VIVIR

Llegado el momento, entrarás en la sala de montaje y esa semana sucederá: traspasarás los poderes a reguiría. Si tienes suerte, el regidor podrá haberse incorporado a ensayos la semana antes de entrar en sala y habrá sido tu sombra: apuntará, tomará notas, preguntará... Déjate ayudar y comparte la información. Una vez entréis en sala, trabajaréis codo con codo hasta que, finalmente, la función pase a su control. ¡Disfruta!

9. DONDE HAY MAL HAY REMEDIO

Piensa en grande: un estuche con bolis de colores está muy bien, pero siempre puede ser mejor: en este caso, más es más. Nunca sabes lo que puedes acabar necesitando en una sala de ensayos: medicamentos, tijeras, hilo y aguja, imperdibles, pósits, marcapáginas... No te preocupes, empezarás con tres o cuatro elementos y las dimensiones del estuche se irán ampliando hasta llegar a la sala de ensayos como Dora la Exploradora, Mary Poppins o Doraemon. El espacio se hará infinito.

10. A BUEN AMIGO, BUEN ABRIGO

Si algo nos ha enseñado esta profesión, es que no estamos solas. Somos muchas las que nos dedicamos a esto, y hablar, compartir y sentirnos escuchadas es fundamental para seguir. Al final, los conflictos aparecen en las relaciones, en lo humano, y ahí todas nos encontramos, trabajemos dentro o fuera de los escenarios. Cuida tu red de amigas. Esa que no siempre se ve pero que sostiene. Llama, pregunta, abraza. Y, sobre todo, déjate cuidar por ella. Tú también mereces descanso, palabra, refugio. Cuidarnos es un acto de resistencia y, quizá, la única forma de seguir adelante.

BONUS: Esta casa es una ruina

No olvides mirar hacia delante, pensar a largo plazo. Recuerda que la profesión de ayudante debe ser sostenible y reconocida no solo dentro de la sala de ensayos sino también fuera, en las instituciones, en los despachos, en las productoras, en los contratos… Es importante que nos asociemos y reivindiquemos aquellas condiciones que dignifican y mejoran nuestro día a día para poder seguir colocando este oficio en la posición que se merece.

Estas son algunas de nuestras sugerencias:

1. Pelea por un sueldo digno.
2. Reclama lo que es tuyo.
3. Hazte valer y valora tu trabajo.
4. Camerino propio o espacio digno.
5. Asóciate.
6. Di tu nombre. Exige carteles con los nombres de los ayudantes.

Capítulo 10

Testimonios sobre la ayudantía a la dirección escénica

Ainhoa Amestoy

Los siguientes relatos provienen de conversaciones desarrolladas con varios profesionales de las artes escénicas en activo, conocedores, desde sus diferentes disciplinas, de lo que es la ayudantía y demás labores que tienen que ver con la asistencia a la dirección en un espectáculo.

Ana Zamora

Directora de escena criada en Segovia, es Premio Nacional de Teatro 2023 y fundadora de la compañía Nao d'amores. Es responsable además de la recuperación del teatro prebarroco en España. Trabajó como ayudante de dirección en centros dramáticos como el Teatro de La Abadía o la Compañía Nacional de Teatro Clásico.

Tuve una etapa previa a mi formación superior en el Taller Municipal de Teatro de Segovia. Empecé a hacer teatro allí con 16 años, siempre consciente de que no quería ser actriz y de que lo que me gustaba era analizar desde fuera. En ese espacio aprendí bien los oficios, y fue un primer contacto con algo parecido a la ayudantía de dirección.

Posteriormente, entré a estudiar Dirección de Escena en la Real Escuela Superior de Arte Dramático de Madrid. La primera ayudantía la hice en el tercer curso con Eduardo Vasco, que es con quien he hecho la mayoría de las ayudantías y quien me ha facilitado la profesionalización, dando la cara por mí en muchos casos. Se trató de un montaje que él preparó con los alumnos de fin de carrera de Teatro Gestual. Pablo Iglesias Simón, que también era alumno, fue el otro ayudante. Supuso una apertura a otras vías; incluso viajamos a Holanda con el espectáculo.

Terminamos la carrera y configuré mi compañía, Nao d'amores, como una filial de Noviembre Teatro (productora de Eduardo Vasco), por lo que mi relación con Vasco fue muy cercana también cuando terminé los estudios. En su empresa yo trabajaba priorita-

251

riamente como ayudante de producción (el ayudante de dirección era José Bornás). Sí hice una ayudantía en *Algún amor que no mate,* a partir de la novela de Dulce Chacón.

Paralelamente aterricé en La Abadía, donde trabajé como ayudante de la casa, lo que me permitió no solo participar en un proceso artístico concreto sino también estar en una estructura artística aprendiendo a gestionarla (Luis d'Ors y Fefa Noia también tuvieron este puesto, entre otros). Entré en La Abadía como asistente de dirección por indicación de Carlos Aladro, que había sido compañero de promoción en la RESAD y en aquel momento trabajaba como ayudante principal en la casa. Al poco tiempo de entrar yo, él fue ascendido a director adjunto y yo ocupé su cargo como ayudante en el organigrama de gestión del teatro.

Con el *Ubú Rey* de Rigola hice mi primera ayudantía con alguien con quien no me hubiese formado. No me hizo ninguna prueba, simplemente se fio de lo que La Abadía consideró oportuno; fue bonito porque me habían dado el Premio José Luis Alonso y era, por tanto, la joven promesa del teatro prebarroco trabajando con la joven promesa del teatro contemporáneo, que estrenaba por primera vez un espectáculo en Madrid.

Ubú Rey es un buen ejemplo de cómo el ayudante puede y debe entrar en comunión con estéticas y maneras de contar que no tienen nada que ver con su propia forma de entender el teatro. Yo me entregué con gozo a su propuesta artística, que para mí era de otro planeta, y conseguimos que todo aquello tuviese un sentido propio, actual, rompedor, importante en lo que el Teatro de La Abadía aspiraba a ser en el arranque de este siglo. Aunque nuestras carreras han discurrido por caminos muy distantes, de aquel espectáculo me queda una amistad duradera y verdadera con Àlex Rigola. De él aprendí muchas cosas, pero sobre todo a entender que los grandes creadores trabajan desde una coherencia que no siempre coincide con la idea preconcebida que uno tiene del arte escénico.

Los ayudantes de La Abadía tenían la responsabilidad de transmitir también la identidad artística del lugar. ¡Incluso teníamos nuestro propio despacho! Se hacía un trabajo de fusión artística muy interesante y compartíamos mucha vida en comunidad. Coincidimos gente de edades parecidas (Elisa Sanz, Pedro Yagüe, Braulio Blanca, etc.) que teníamos la creencia de estar trabajando en el teatro de arte madrileño, buscando la excelencia. Entre otros espectáculos hice *El libertino,* dirigido por Joaquín Hinojosa (y que tuvo bastante gira), y *Sobre Horacios y Curiacios,* pero nunca abordé una ayudantía para un espectáculo de José Luis Gómez.

Sobre Horacios y Curiacios fue un exitazo de crítica y público, pero el proceso creativo no fue fácil. José Luis Gómez quería un Brecht puesto en escena a través de los códigos del *clown,* e invitó a Hernán Gené, profesor en La Abadía, a hacer un espectáculo bajo esos mismos parámetros de género. Mi trabajo como ayudante en esa ocasión no fue agradable, puesto que, más allá de ayudar al director, tenía que velar por el cumplimiento de las características que fundamentaban una manera de hacer, de entender el teatro en La Abadía. Yo era mediadora entre lo que el director de escena quería hacer y las expectativas de la institución a la hora de materializar ese encargo. Aquí podríamos entrar a hablar de la legitimidad del intervencionismo en el proceso artístico, pero la realidad es que al final el espectáculo fue un bombazo.

En un momento dado nombraron director de la Compañía Nacional de Teatro Clásico a Vasco, y me fui con él. Trabajé para espectáculos específicos, pero también asumiendo el funcionamiento institucional. Allí creo recordar que mi contrato estaba vinculado a espectáculos concretos, como *El castigo sin venganza.* Trabajé en todo el cotejo de ediciones, ensayos, estrenos y seguimiento de funciones en gira.

Hice *Viaje del Parnaso,* con una ayudantía muy activa y un equipo estéticamente muy cercano a mí. Fue un espectáculo extraordinario, yo creo que de esos que debían haber quedado en el repertorio de la CNTC para siempre, quizá como espacio de formación de actores en diversas disciplinas. En este oficio hay muy «mala leche», y se dijo que realmente lo había dirigido yo en vez de Eduardo Vasco. No fue así, ni mucho menos. Yo me puse a su servicio con una manera de hacer, un sello y un equipo que yo ya había forjado con Nao d'amores, y él lo utilizó con una mirada propia para crear un espectáculo que estaba hermanado con nosotros. Hace falta más generosidad en este oficio. Estamos llenos de ego, y con pánico de que alguien toque aquello que hemos construido. *Viaje del Parnaso* es quizá un ejemplo de cómo bajo el rango del ayudante del director de escena se pueden alcanzar otros niveles de colaboración que multiplican las aportaciones artísticas a la obra final.

Mientras estuve en la CNTC, mi compañía dejó de funcionar.

Vasco me encargó un estreno como directora *(La tragicomedia de don Duardos)*, que también fue interesante porque, al haber estado como ayudante, sabía bien cómo funcionaba la institución.

Llegó un punto en el que quise dedicarme a mi compañía y mis propias direcciones; me di cuenta de que las ayudantías habían sido provechosas (hice las que tenía que hacer), y me habían permitido comer (me sentía bien pagada a través del sueldo y las dietas… ¡incluso levanté mi empresa con lo que había ganado como ayudante!), entender el oficio, la estructura, y tener una visión artística de lo que se hace en la ciudad y de cómo funcionan las instituciones. Interpreto como un acto de madurez saber cerrar las etapas antes de que se agoten. Una de las cosas que aprendí en aquellos años es que no siempre los teatros institucionales son el mejor espacio para una investigación artística activa y sincera. Son importantes para nuestra carrera porque nos dan unos medios de producción impensables en la dinámica de una pequeña compañía que está arrancando su labor artística y nos sitúan de golpe en la primera división del panorama escénico del país, pero se trabaja con una presión y una responsabilidad que pueden ser también limitadoras. Yo tenía claro, además, que mi etapa como ayudante iba llegando a su fin. Tenía totalmente asumida mi vocación de directora de escena, y para eso me había formado. Hay que obligarse a ser valiente y arriesgar. El funcionariado no es compatible con lo artístico.

Como directora he tenido pocos ayudantes canónicos. Hace poco ha sido estupendo trabajar en *El castillo de Lindabridis* con Álvaro Nogales, al que conocía de niño; es un profesional formado,

254

con mucha experiencia y criado en el Festival de Alcalá, ya que su padre trabajaba para la Comunidad de Madrid (le gustaba especialmente mi compañía de siempre y ha sido un cierre muy bonito).

Me interesan los equipos estables; trabajo en estructura de encierro y convivencia en Segovia, con lo cual el ayudante es «otro monje más del priorato». Tiene que ser alguien que me entienda muy bien. Colaborar conmigo supone hacer de todo veinticuatro horas al día. Yo emprendo un proyecto y a la una de la madrugada puedo encontrar algo que me entusiasme y llamar a mi ayudante para compartirlo. Si yo soy la primera que coge la aspiradora para cuando llegue el resto, necesito que el ayudante también sea así. Somos una familia en la que las responsabilidades están muy compartidas, más allá de nuestras figuras profesionales. Tienen que querer adaptarse con gozo y placer a las situaciones extremas; entramos a ensayar a las siete de la mañana, con la nave helada, y hay que coger notas con los guantes puestos. Son unas condiciones bastante estoicas porque toda la compañía funciona así: el ayudante, como casi todos los intérpretes, suele venir de fuera a una ciudad que no es la suya, y vive casi dos meses con los intérpretes dedicándose a los ensayos y talleres, apartado de todo. Me gusta que el ayudante esté muy involucrado en todo. El tipo de trabajo que hago requiere independencia y disponibilidad absoluta, de modo que suelo tener gente joven, sin familia ni responsabilidades personales.

He tenido ayudantes actores, como Elena Rayos o Verónica Morejón. En el Clásico tuve a Pilar Valenciano; ella también fue coayudante conmigo en *El viaje del Parnaso,* donde necesitaron dos personas probablemente por la complejidad del montaje (las ayudantías compartidas funcionan bien si no hay conflicto ni competitividad, y si forjan un equipo potente con el director). También he trabajado mucho sin ayudante (con coproducciones siempre he tenido alguien conmigo, pero si son espectáculos pequeños sin colaboración externa, a veces no ha sido posible). Y cuando se tiene ayudante, lo usamos también para que se encargue de aspectos de producción. Lo ideal sería tener un ayudante con formación, que entienda nuestro proyecto y que pueda permanecer con nosotros en diversos espectáculos, pero es complicado porque la gente que me interesa (con buen gusto, criterio, ideas y capacidad de entrega) vuela porque quiere trabajar para sí misma.

En el extranjero he trabajado en el Teatro de la Cornucopia en Portugal con un ayudante de la casa, que funcionaba como enlace con la estructura, pero era más ayudante de gestión que otra cosa. En el Teatro de Almada me pusieron también un ayudante de la propia institución, actor, que facilitó el proceso en el espacio.

El ayudante es un compañero de viaje para el director, una persona de máxima confianza, que rema a muerte a favor del montaje. Las tareas del ayudante desde mi punto de vista son: ser mi sombra, anticipar lo que voy a hacer al día siguiente con los intérpretes, pasar el texto u otras necesidades que el equipo actoral tenga, preparar la sala, dar la letra, apuntar marcajes de manera meticulosa (desplazamientos, gestos, palabra, entradas en compases, etc.), coordinar el trabajo con los colaboradores durante los ensayos, recoger los materiales que se generan en los ensayos (grabaciones de coreografías, actualización de partituras, etc.), estar pendiente de la convivencia, elaborar conmigo la dramaturgia (dedico dos horas al día a eso, por ejemplo para ver si se está respetando la métrica cuando se hacen cambios en el texto), poner todo por escrito, realizar las labores de investigación, mantener al día la versión (ahora es más fácil con archivos compartidos en la nube), organizar el cuaderno de dirección (con miles de marcas y detalles), buscar mi libreto (¡siempre lo pierdo!), ayudar a la hora de hacer sustituciones (aunque suelen estar ocupados y al final siempre las hago yo) y tener toda la información en mente de adónde se quiere llegar. Lo que no le pido al ayudante es que haga el seguimiento en gira, ya que lo suelo asumir yo, ni que dirija una escena, que creo que no es su deber, y es delicado porque uno dirige desde su cabeza y no desde lo que se piensa que alguien quiere (otra cosa es tener colaboradores artísticos específicos que se encarguen de algo concreto, como puede ser el manejo de títeres).

Una de las primeras cosas que aprendí como ayudante, viendo los tiempos de los otros directores, es que hay que tener todo bajo control lo antes posible y conocer el arco de la función. Yo soy muy metódica, necesito construir el engranaje, y sé que hasta que no tenga todo en pie, tiemblas porque puedes no llegar al estreno.

El paso del tiempo ha modificado algunas cosas. Los libretos, por ejemplo, han cambiado. Antes yo los hacía con planta, rotulador y regla, y ahora se trabaja en ordenador. A estas alturas tendríamos que usar ya incluso aplicaciones que facilitasen este trabajo. Lo que acostumbro a ver es que los ayudantes trabajan actualmente en sala con libreto y ordenador, pero el cuaderno de dirección ahora ya es digital total. Yo uso libreto, pero lo pierdo, como ya he dicho antes; apunto los datos en papeles sueltos, y no necesito disponer del texto en todo momento, ya que me lo sé de memoria.

Considero que el perfil ideal del ayudante puede ser el siguiente: ordenado (yo soy un caos y necesito que alguien me ordene; por ejemplo, monto una escena y necesito que alguien redacte lo que se ha dicho sobre ella) y discreto; capaz de mantener la estabilidad en un equipo, servir de enlace entre todos (transmite información sobre el estado en el que se encuentran los actores, por ejemplo) y anticipar problemas. A veces el ayudante tiene que tomar las riendas y sacar adelante un espectáculo, e incluso puede suceder que tenga más formación que el director o directora.

Para asumir direcciones está claro que hay que tener aguante. Las ayudantías implican menos responsabilidad, ya que alguien toma siempre las decisiones finales. Como ayudante ejecutas los sueños de otro, y estar a la sombra es muy sano a veces. Trabajar como ayudante supone asumir enormes responsabilidades organizativas, comprender el devenir del proceso artístico y estar siempre despierto para que quede recogido cada hallazgo escénico por pequeño que sea…, pero al mismo tiempo es un trabajo liberador, puesto que el peso de las decisiones artísticas no le corresponde. El ayudante comparte esa vivencia y la adrenalina del momento, pero el que está al borde del precipicio es el director.

María Goiricelaya

La bilbaína María Goiricelaya es en la actualidad una de las directoras más reconocidas del país, además de dramaturga, docente y gestora cultural. Tiene su propia compañía (La Dramática Errante) y, desde 2022, es directora artística del Festival de Teatro de Olite.

He hecho dos ayudantías de dirección en mi vida: la primera, a Ramón Barea en el espectáculo *Buñuel,* de Pabellón 6; y la segunda, a Calixto Bieito con el espectáculo *Kingdom,* producción del Teatro Arriaga. Si lo pienso, se me hace delirante, la verdad. Dos únicas ayudantías y con dos tótems del teatro en nuestro país. Me habría gustado hacer muchas más y conocer el proceso de trabajo de otras directoras y directores, aunque me siento muy afortunada de haber tenido estas dos grandes experiencias de aprendizaje. Llegué a la ayudantía por casualidad; acababa de dirigir mis primeras piezas y Ramón me llamó para ser su ayudante. En aquel momento mi relación con Pabellón 6 era muy fluida; el pabellón estaba arrancando, había mucha actividad a su alrededor. Con Calixto fue distinto; yo ya estaba dirigiendo mucho y él ya había visto varios trabajos míos. Cuando me contó que iba a dirigir un espectáculo sobre los reyes de Shakespeare, no me lo pensé y me postulé como ayudante. Fue una experiencia única y aprendí mucho trabajando con él.

Con Calixto entramos dos personas a la ayudantía: mi socia, Ane Pikaza, y yo. Las dos queríamos aprender con él. Fue muy enriquecedor y no faltó trabajo. Era una producción grande y había muchas cosas que coordinar.

Creo que las tareas que desarrolla la ayudantía de dirección son cruciales para cualquier proceso de creación. Empecé sin formación alguna, desde la intuición, desde un conocimiento muy escaso sobre cuáles debían ser mis responsabilidades como ayudante. Supongo que a esa falta de experiencia se le sumaban otras cualidades. También creo que el hecho de ser mujer, más joven y además trabajando con dos grandes figuras agregó, sin duda, cierta prudencia a mis aportaciones. Resalto esto porque a mí me encanta que mis procesos sean horizontales. Permito aportaciones a todo el mundo: mi ayudante, los intérpretes, el iluminador, etc. Cualquier persona es libre para acercarse y proponer, aunque yo tenga la última palabra en el montaje. Pero entiendo que hay directoras que prefieren ayudantías que tomen notas, coordinen equipos y calendaricen. No es lo que yo quiero para mí, ni como ayudante ni como directora, pero lo respeto. También me hago muchas preguntas sobre el trato que han venido recibiendo las ayudantías femeninas, pero esta es mi cruzada personal hacia un modelo de dirección y ayudantía más igualitario.

Me resulta sintomático que a fecha de hoy ninguna escuela oficial haya sacado una especialidad, un máster, un posgrado siquiera en relación con este oficio. Sí sucede así en el cine, donde la ECAM, algunas universidades y algunos centros privados se han lanzado a ofrecer cursos de formación en ayudantía. El único intento que yo recuerdo en los últimos años en relación con el teatro es la convocatoria lanzada en el Teatro Español y las Naves del Matadero para acoger ayudantes de dirección en residencia. Me pareció una genialidad, y recuerdo ver la convocatoria y sentir ganas infinitas de presentarme.

Lo cierto es que me generaría dudas la idea de hacer una ayudantía en este momento de mi vida: por un lado, me encantaría volver a aprender con otras directoras y directores; por el otro, creo que ahora me costaría no ser yo quien tenga la última palabra sobre la dirección de la pieza. Pero creo que si se tratara de alguna de las grandes direcciones que admiro (como Rebecca Frecknall, Caroline Guiela Nguyen o Ivo Van Hove), lo haría, sí.

La asistencia a la dirección, en líneas generales, debe tener un perfil híbrido entre la gestión y lo artístico. Mi ayudante de dirección, Eider Zaballa (que ha trabajado conmigo en todos mis montajes salvo uno porque justo acababa de ser madre), tiene una formación completísima, aunque no ha recibido una instrucción específica como ayudante: conoce la profesión desde la interpretación, la gestión, la producción y la comunicación. Navega en lo artístico y en todo lo que tiene que ver con gestionar equipos, presupuestos o calendarios. Tiene un profundo conocimiento y bagaje en el sector desde ambos lugares: creación y producción. Yo diría que está incluso sobrecualificada para este trabajo; probablemente por eso lo desarrolla tan bien. En mi caso, es cierto que no es una ayudante puntual; no trabaja por proyecto, sino que es parte del equipo estable de la compañía, donde desarrolla otras labores y ejecuta otras funciones. Si pienso en mi ayudante, que es para mí el mejor referente en lo que a esta profesión se refiere, me doy cuenta de que ella es la piedra angular del proyecto; está en contacto constante conmigo, con los intérpretes, con el resto de los gremios artísticos. Digamos que ella canaliza toda la información para ir destilando lo importante e ir tomando decisiones. Creo que la comunicación es crucial a la hora de desarrollar este trabajo; la empatía y la asertividad. Empiezo a trabajar con mi ayudante cuando el proyecto se está fraguando porque, además de la ayudantía, se ocupa de parte de la ejecución y producción del proyecto. Está en reuniones previas de creación y de producción, y en reuniones técnicas, para dimensionar todo el trabajo. Su actividad empieza mucho antes de arrancar los ensayos y finaliza después de estos, una vez que el espectáculo ya ha comenzado a girar y no necesita más ajustes.

Particularmente necesito que mi ayudante lleve bien la multitarea. Cuando los ensayos arrancan, hay muchos frentes abiertos, muchas cosas que hacer más allá de lo que sucede en el escenario. Para mí es importante tener a mi lado a alguien como yo, que busque soluciones y aporte al proyecto desde una mirada global a sus distintas necesidades. Creo que lo óptimo es que la ayudantía complemente a la dirección sin importar si lo hace desde un discurso próximo o contrario. Lo interesante es buscar aquello que suma al montaje, bien sea porque está en su misma línea o porque nos lleva a un lugar inexplorado.

No es fácil encontrar ayudantes que cumplan todos los requisitos que puedas necesitar y con los que además te entiendas bien. Los procesos de creación siempre implican momentos de mucho estrés, de crisis. Para mí, mi ayudante no solo resuelve problemas que atañen meramente a las cuestiones prácticas; creo que es una figura crucial; alguien en quien el equipo confía, a quien puede hacer preguntas, confesar inseguridades, contar cuestiones que saltan al plano de los cuidados, a una forma de trabajo que mira por el bienestar de las personas y no solo por la cuestión laboral.

A mi parecer, estamos tratando de una profesión que no está lo suficientemente valorada a pesar del gran trabajo que desarrolla. Mi sensación es que en los grandes centros de producción sí tienen salarios dignos; otra cosa es lo que sucede en las compañías independientes, donde todo el mundo considera imprescindible esta figura pero es la última en contemplarse en el presupuesto global. Creo que es ahí donde tenemos que ser justos a la hora de ejecutar el diseño de producción y cuantificar esa partida tal y como se debe.

Considero que en las enseñanzas artísticas debería haber una especialidad que abordarse la ayudantía. Pienso que solo una asignatura sería escasa, y una licenciatura quizá demasiado, pero un posgrado, un máster, algo más específico sería fantástico para estabilizar y mejorar esta profesión.

No tengo claro que haya un sesgo de género en las ayudantías; por otro lado, creo que, en general, las personas que la ejercen suelen ser más jóvenes que el director o la directora. En mi caso siempre he trabajado con ayudantes de mi edad.

Confío, por último, en que la ayudantía se sitúe en nuestro panorama cultural en el lugar que le corresponde, con menos jerarquías y más complicidades, y se le dé la importancia que merece.

Ignacio García

Director de escena y diseñador de espacio sonoro, es uno de los profesionales más internacionales del país. Trabaja habitualmente dirigiendo teatro de texto y lírico. Además, ha figurado en el ámbito de la gestión en puestos de enorme relevancia como la dirección del Festival de Teatro Clásico de Almagro. Durante sus inicios en la profesión fue ayudante de dirección durante una década.

He trabajado de ayudante de dirección esencialmente en los teatros dramáticos y líricos en España, con Mario Gas, Gerardo Malla, Juan Carlos Pérez de la Fuente, Francisco Nieva o Éric Vigié. Realicé unas veinte ayudantías de dirección, desde la primera con Mario Gas. Conocí a Mario Gas a través de mi hermana, que había trabajado con él en cine; justo estaba preparando una obra de Hare, versión de un texto de Schnitzler; este último había sido el autor sobre el que yo había hecho mi trabajo final de carrera, y por eso quiso contratarme. A partir de ahí las productoras y personas que trabajaron conmigo me fueron llamando para otros proyectos. Mis experiencias en la ayudantía han sido muy diferentes: desde estar sentado sin hacer nada, solo anotando, a tener que encargarme de un porcentaje muy alto de ensayos.

Desemboqué en la ayudantía porque quería ser director y aprender con otros directores: quería ver cómo trabajaban, aparte evidentemente de que fuera un medio laboral de subsistencia mientras me formaba mejor. Dejé de hacerlo cuando ya no tenía tiempo porque estaba desarrollando otros proyectos como director o como músico, pero fueron casi diez años, cinco dedicado intensivamente y otros cinco haciendo algunas ayudantías puntuales y eligiendo aquellas que podían interesarme más. Fue una etapa de magnífico aprendizaje. A través de las ayudantías aprendí cómo gestionar el trabajo y cómo es de verdad un ensayo. Descubrí lo que quería ser como director (Gas me enseñó la libertad creativa, Pérez de la Fuente el ímpetu, y así cada director me aportó cosas distintas) y lo que prefería abordar de otra manera.

Cuando comencé a ejercer como ayudante, me sentía bien formado. Era licenciado en la RESAD, y tenía conocimientos teóricos, artísticos y técnicos importantes (dirección de actores, dirección plástica, escenografía, vestuario, luz, vídeo, sonido, etc.). Quizá una de las cosas que eché en falta fue haber visto ya ensayos profesionales. Como estudiante, solicité a varios teatros poder ir a ensayos y no se me permitió; actualmente las prácticas que se realizan en los grados y los másteres sí facilitan ese acercamiento.

Creo que los ayudantes en general están bien capacitados, y los mejores están cotizados; he tenido buenos ayudantes, de los que he aprendido cosas, muy competentes, solventes y autónomos. He trabajado con ayudantes de muchos lugares: Hungría, Ucrania, Portugal o España. Algunos ya son directores consagrados: Antonio Castro Guijosa, Javier Hernández-Simón, Amparo Pascual o Sara Illán.

Dependiendo del tipo de espectáculo, puedes necesitar un tipo de ayudante u otro. Yo intento guardar fidelidad a aquellos que han colaborado previamente conmigo; cuando has trabajado varias veces con un ayudante, puedes delegar con más facilidad.

Los teatros de repertorio en Europa tienen varios ayudantes en nómina y te asignan uno cuando vas a colaborar con ellos, lo que es un puente fundamental, ya que conoce el teatro, la lengua, el contexto, y te facilita el trabajo. En España también puedes encontrar ayudantes recurrentes en teatros nacionales o de ópera, con conocimiento adquirido acerca de la estructura. Si están en nómina, ayuda a no precarizar el trabajo, a lograr cierta continuidad y a no tener que buscar cinco o seis trabajos externos. El ayudante en nómina puede aportar a la estructura (y la estructura a él) garantías, estabilidad y un espacio donde desarrollar la carrera.

Como decía, en mi calendario laboral habitualmente puedo arrancar en un lugar y tener que irme a otro en mitad del proceso. En ese caso, dejo a un ayudante encargado de los ensayos, y creo que tienen capacitación para elaborar tanto el trabajo técnico como el artístico con las directrices que yo marco. Con el tiempo he aprendido a delegar.

Hay una mayoría de ayudantes jóvenes que luego serán directores, pero también he tenido ayudantes mayores que no desean asumir la responsabilidad poética y estética y no necesitan inventarse sus historias, aunque hacen que las historias que se inventan otros sean mucho mejores. Más que la edad, afecta la experiencia: los ayudantes que han hecho más trabajos son más serenos en general, más sobrios, más inteligentes a la hora de tomar decisiones. Creo que a lo largo de mi carrera he tenido más ayudantes mujeres; en muchas mujeres he encontrado una continuidad, una confianza y complicidad que se ha podido plasmar hasta en media docena de proyectos.

En general, los ayudantes vienen de muchas especialidades; algunos proceden del mundo actoral y ayudan enormemente en la dirección de actores; otras veces provienen de la música o de la danza; cada ayudante puede aportar sus conocimientos específicos (a mí me ha tocado a veces trabajar con directores que sabían menos música que yo, y a los que presté ayuda con el sonido) y sus personalidades particulares (un ayudante paciente solventa la impaciencia de un director en un momento dado). Para ser ayudante puedes llegar de muchos lugares, ya que no hay una formación concreta hoy en día. Sería interesante que se crease una formación en el Centro de Tecnología del Espectáculo, y tendría que existir de obligado cumplimiento una asignatura en las carreras de Dirección (hay otras materias que son más coyunturales, y esta es fundamental y no se enseña) que explique cómo se hace una tablilla, cómo se hace una citación, cómo se hace un plan de trabajo, cómo se coordina, cómo se organizan los horarios, qué es un ensayo antepiano o conjunto en ópera, cuál es la cadena de mando, cómo se le da la información al regidor para que la distribuya, cómo se formula una queja formal si algo no ha salido bien, cómo se repasa texto con los actores, etc. Normalmente se aprenden de una manera demasiado intuitiva.

El trabajo del ayudante es permitir que el director sueñe y cree problemas, porque hay alguien que se los está resolviendo. La tarea consiste en allanar el terreno para que cuando llegue el director se pueda concentrar en un trabajo libre y creativo, porque la organización, la logística, los objetos, el plan, la dinámica, la sala, el sonido, los entrenamientos previos, el repaso de texto y todo lo que hace falta están preparados. El trabajo que es más mecánico y no depende de la vista y de la sensibilidad específica de la creación del director tiene que estar resuelto para que este pueda concentrarse cien por cien en su labor y desarrollar la difícil tarea de plasmar aquello que está imaginando. El ayudante se encarga de que todos los ingredientes estén puestos sobre la mesa, como un pinche en una cocina, que tiene todo preparado, lavado y cortado, con los instrumentos dispuestos, de modo que quien cocina puede entregarse a ello de una manera libre y concentrarse en lo fundamental.

El ayudante ideal requiere tener voluntad de ayuda, capacidad de resolución de problemas y habilidad en la gestión de equipos (este aspecto es muy importante). El director tiene que tener un liderazgo filosófico, estético, espiritual, poético y humanístico, y es quien decide lo que se cuenta y transmite; pero la gestión de la logística del día a día debe estar en manos del ayudante: él es quien afianza, apoya y garantiza la perspectiva del director. El ayudante es quien coordina producción, quien coordina técnica, quien hace que el mundo de las ideas que el director está inventando se transforme en una realidad.

Quizá yo soy ahora muy exigente con mis ayudantes de dirección porque el haber desempeñado muchas veces ese trabajo me hace por un lado conocer bien cómo es la mecánica y por otro querer que ese trabajo se realice de una manera ejemplar. Siempre he dicho que la figura que no puede faltar en un ensayo es la de ayudante de dirección.

En la ópera es mucho más sencillo definir las tareas del ayudante, ya que, al ser muy cara, como el cine, está todo mucho más claro y codificado, pero en teatro a veces resultan muy difusas.

El ayudante de dirección es alguien que tiene unas funciones de coordinación técnica, de coordinación logística y de operatividad; igual que cuando se entrega una función en el escenario el jefe es el regidor, de algún modo en la dinámica de ensayos el jefe es el ayudante de dirección. Otra cosa es que la decisión estética y artística la tome el director, pero hasta que llegue ese momento en el que el director interviene, quien hace que el ensayo empiece y fluya, quien marca la pausa, quien determina los elementos que hacen falta y cómo se gestionan debe ser el ayudante, y en ese sentido, debe ser respetado como jefe operativo. El director, por su parte, es el jefe conceptual, el jefe artístico.

No siempre se respeta y valora el trabajo del ayudante, ni la especialización, y hay diferencias entre los países. En España la remuneración en los teatros públicos y en los líricos sí es razonable. Los contratos no suelen ser claros; tampoco los de dirección en España lo son, de manera que es difícil que el ayudante tenga definidas en sus contratos las funciones, los horarios y otros elementos que le competen.

El ayudante de dirección ha de tener con el resto del equipo una relación de liderazgo y autoridad, nunca de miedo. Es clave la comunicación con los departamentos técnicos, con producción y con los intérpretes.

Hay muchos trabajos mecánicos, repetitivos o de matiz en los que el director marca el camino, pero no necesita estar al tanto de cada cosa; sucede así en producciones grandes, por ejemplo. En la ópera, en muchos casos, el ayudante es el que dirige al coro o a la figuración.

El ayudante comienza a trabajar cuando se empieza a crear el proyecto, cuando se hacen las reuniones con los diseñadores y con producción y cuando se planifican los ensayos porque de esa manera tiene el conocimiento acerca del resultado que se busca y de los calendarios, instrumentos y elementos de producción que se ponen al servicio del proceso para poder llegar a ese resultado y gestionarlo. Si conoce el proyecto a fondo, puede liberar al director para que este pueda concentrarse en otras cosas o pueda descansar y estar más lúcido en un trabajo. Incluso hay ciertas reuniones en las que la presencia del ayudante es más importante que la del director. Hay situaciones que obligan a negociar duro ciertos elementos, y es el director quien tiene que tomar la iniciativa; en cambio, en el día a día, quien tiene que estar en las reuniones es el ayudante; pero para eso tiene que haber participado en el proceso desde su génesis y haber mantenido profundas conversaciones con el director para que le transmita sus ideas.

Benjamín Alonso

Benjamín Alonso trabaja en el teatro profesional desde 1989, es director de escena, coreógrafo, actor y pedagogo teatral. Ha realizado más de una decena de ayudantías para directores como Ignacio Aranaz, Ricard Salvat, José Carlos Plaza, Juanjo Granda o Carlos Marchena. Es doctor por la Universidad del País Vasco, con una tesis doctoral sobre Robert Lepage.

Mi trabajo como ayudante de dirección ha estado muy vinculado a mi labor como director de movimiento escénico y coreógrafo. Cuando terminé mis estudios con el maestro Jacques Lecoq en su Escuela Internacional de Teatro de París, en los años noventa, y regresé a España, algunos directores mostraron interés en esta formación y me solicitaron trabajar con ellos para realizar una labor de movimiento escénico con los actores. Así comencé a trabajar en producciones de teatro clásico, que presentamos en el Festival de Almagro, en las que participaban un grupo numeroso de actores: ajustando movimientos, dinamizando escenas, creando coreografías; poco después, me convertí en coreógrafo de zarzuelas, fundamentalmente en el Teatro Gayarre de Pamplona, donde trabajé de manera regular hasta la crisis de 2008 montando los números musicales, creando coreografías y desarrollando el movimiento escénico con el coro, los solistas y la figuración. Posteriormente vinieron algunas producciones de ópera (en el Teatro Villamarta de Jerez o en el Teatro Real de Madrid) y empecé a compaginar este trabajo de movimiento escénico con la ayudan-

269

tía de dirección. Son dos labores que, en mi caso, han estado muy unidas.

A partir de estas ayudantías descubrí la importancia de tener mucha capacidad de adaptación y mano izquierda para saber tratar con todo tipo de personas. El espacio que ocupa el ayudante es un lugar tenso pero relajado, porque la última palabra es del director. El ayudante hace el seguimiento, se ocupa de respetar el plan trazado, supervisa, transmite, cuida de que todos hagan lo que tienen que hacer en el tiempo acordado, facilita la labor del director y anticipa los problemas o necesidades que puedan surgir. La labor del ayudante es, como su nombre indica, ayudar.

Desde mi punto de vista, la figura del ayudante de dirección está condicionada por dos aspectos fundamentales, cada uno de los cuales se puede desarrollar en mayor o menor medida, y ambos son complementarios. Uno es el acompañamiento, y el otro, la capacidad resolutiva. En cuanto al acompañamiento, hablamos de empatizar con el director o directora y con su visión escénica del proyecto, y, en su caso, de conocimiento o proximidad con el género de la obra (teatro lírico, *performance,* títeres, danza, etc.). En este sentido, este acompañamiento supone por parte del ayudante una estrecha relación de confianza y, sobre todo, de complicidad con la persona que se va a encargar de la dirección de escena, que es con quien va a tener una relación más próxima. Habrá directoras o directores más abiertos o más herméticos. Dado que dirigir es tomar decisiones, la compañía que ofrece la ayudantía a la dirección viene muy bien para contrastar esas decisiones. Hablar es terapéutico. La figura de la ayudantía ayuda a sobrellevar el peso. Además, hay ayudantes que te salvan la vida. Los directores son los que seleccionan a sus ayudantes, y, lógicamente, cuando encuentran a un ayudante apropiado, quieren contar habitualmente con él.

En cuanto a la capacidad resolutiva, entra en juego la relación con todo el grupo de trabajo: nos movemos en un arte colectivo y cada una de las personas tendrá su responsabilidad. El resultado será la consecuencia del trabajo de cada uno. Considero que el ayudante tiene una función bisagra entre los equipos artístico, técnico y de producción, y ha de saber dialogar, interactuar y comunicarse con cada uno de ellos de una manera proactiva, empática y también resolutiva. Hay que tener el oficio suficiente para resolver tareas de mayor o menor complejidad, para lo cual será necesario comunicarse adecuadamente con personas muy diversas, desde la prima donna hasta el último figurante, pasando por los tramoyistas o diseñadores. En este sentido, es muy conveniente que el ayudante de dirección sea una persona organizada, buena comunicadora, con capacidad de escucha y también de anticipación. Es un lugar complicado, dado que está en medio y se puede llevar todas las tortas. Se comunica con dirección y mantiene al equipo al corriente de todo, al tiempo que transmite las directrices. Lo que sí es cierto es que hay que concretar o comprender los límites del trabajo de cada uno: es necesario conocer el oficio y definir las competencias, y, si no estuvieran definidas, habría que pactarlas con el director. El ayudante está en todas las salsas, y es importante que reconozca cuál es su espacio y cuál no lo es. Hay ayudantes que, con buena fe, invaden otros terrenos. Es fundamental respetar la parcela de cada uno, con cuidado para no generar malestar. Además, cada ayudantía de dirección es muy diferente, y siempre va a estar condicionada por el tipo de producción y por la relación que se establezca con el director o directora de escena y el carácter que tenga (algunos piden muchas cosas y otros no), aunque, como es lógico, siempre hay tareas fijas.

En lo que respecta al aspecto de la formación, el teatro se ha ido profesionalizando poco a poco. Hay muchas labores que se han realizado anteriormente sin que existiera en su momento una formación determinada para ello, como las de regiduría, atrezo, iluminación, etc. Poco a poco, con cada especialización, han ido apareciendo formaciones específicas y, que yo sepa, de momento no hay una formación precisa para abordar la labor de la ayudantía de dirección. También es cierto que la gran mayoría de los oficios se aprenden con la práctica, pero nunca está de más tener cierta preparación cuando llega el momento de dar el primer paso. Por tanto, creo que en la propia formación que se ofrece actualmente en los estudios superiores de dirección y dramaturgia convendría abrir un apartado que se centrara en esta disciplina. Sería una manera de poner en valor el trabajo y de reconocer este oficio específico.

Como muchas otras tareas escénicas, la ayudantía es una labor que ha sido realizada muchas veces por personas con cierta proximidad al director de escena y en las que este consideraba que podía confiar. Creo que se trata, fundamentalmente, de un puesto de confianza y, en muchas ocasiones, esta confianza se puede poner por delante de la propia competencia profesional.

Aunque haya veces que se entienda la ayudantía como un puente para acceder finalmente a la dirección de escena, la lógica de la vida dice que tiene que haber capitanes de barco pero también marineros, y la ayudantía de dirección puede ser una labor independiente de la dirección de escena, igual que hay actores secundarios y protagonistas. A veces pensamos que lo que no brilla no existe y solo miramos las luces de neón. El puesto de la ayudantía de dirección puede ser apropiado por ejemplo para alguien que no quiere tener responsabilidades excesivas. Si bien es habitual encontrar ayudantes jóvenes, he conocido ayudantes de mayor edad. La edad puede proporcionar también madurez y mayor conocimiento del oficio.

El comienzo y el fin de la labor de la ayudantía depende de cada producción, pero en general el ayudante se puede incorporar al proyecto desde su inicio, en el que se empieza a diseñar todo. También podría ser más tarde, pero, en cualquier caso, siempre antes del inicio de los ensayos. Y su labor terminaría, en general, con la última representación (puede suceder que el director quiera que se quede en gira, y hay que entender que en los teatros nacionales hay dinero como para tener a un ayudante permanentemente, y a este se le exige que mantenga la calidad y que todas las funciones estén al mismo nivel). Una vez que se efectúa la planificación de las tareas, el ayudante supervisa que estas se realicen en el periodo estimado para ello, y está disponible para facilitar, directa o indirectamente, su ejecución.

En cuanto al sueldo de un ayudante de dirección, se trata de un caché que comprende todo (ensayos, funciones, dietas, etc.). También hay un caché por reposición. En general el cobro es ambiguo; hay mucho meritoriaje, que es la manera de adquirir formación y entender verdaderamente cómo funciona una producción. Habrá asimismo muchos tipos de empresas (con más o menos medios) y producciones. Cuando uno empieza, se le paga poco, pero, cuando se tiene experiencia, hay que exigir, negociar y comprender las labores que se van a pedir.

Realicé mi tesis doctoral sobre el director canadiense Robert Lepage, por lo que conozco bien su forma de trabajo y creo que puede ser interesante hablar de ello. Robert Lepage desarrolla proyectos muy diversos en teatro, ópera, circo, etc. En ocasiones repite con el mismo ayudante de dirección, pero también cambia de ayudante en función del género del espectáculo, incorporando ayudantes con conocimientos específicos en áreas determinadas como pueden ser las grandes producciones de ópera. Lepage ha contado con muchos ayudantes de dirección muy diferentes, algunos con experiencia profesional en el teatro y otros sin ella, en cuyo caso el bagaje procedía de la gestión y de la capacidad para la organización de equipos y tareas.

Si bien es cierto que en algunos directores hemos encontrado posturas autoritarias, yo personalmente priorizo el buen entendimiento y la buena marcha de los proyectos. A Lepage jamás se le escucha un grito. Es exigente, pero da mucha libertad. Le conviene un buen ambiente de trabajo porque va a exigir mucho. A mí me gustan los directores que entienden la dirección como una colaboración, no como una jerarquía.

He trabajado habitualmente en teatro lírico; en lírica el regidor es fundamental (está en todos los ensayos de ópera y de zarzuela, salvo quizá en los de texto), y el ayudante desarrolla mucho trabajo con él. En este caso la partitura es el libreto, por lo que es conveniente saber música y también idiomas para ser ayudante. Por su parte, el regidor tiene que tener obligatoriamente formación musical. La tablilla se diseñará contando con la opinión del ayudante y también con dirección y regiduría. En teatro lírico es habitual encontrar ayudantes de más edad, a los que se les respeta más, y con suficiente experiencia como para incluso encargarse de las reposiciones. Tienen, por tanto, todas las capacidades del director. En estas reposiciones los solistas pueden ser los mismos, pero el coro y la figuración cambian, son locales; se dispone de menos tiempo, pero el resultado tiene que ser el mismo.

Además de esa tablilla mencionada, otras actividades del ayudante son la realización de una plantilla escena por escena y personaje por personaje, la actualización del libreto, las necesidades de atrezo, el registro de acciones, etc. Tiene que apuntarlo todo: yo siempre trabajo con lápiz y goma y con un texto con una cara en blanco para poder escribir en ella.

Para terminar, quiero recalcar mi especial preocupación por la profesionalización de la tarea del ayudante: creo que la evolución de esta figura es una consecuencia directa de la propia profesionalización del teatro. En el proceso de profesionalización y de especialización de las artes escénicas, como ya he mencionado, también han ido apareciendo otras figuras que antes tampoco existían. Una mayor profesionalización de una labor determinada viene acompañada de una mayor valoración y, por tanto, de mayor respeto. Si te profesionalizas, serás más demandado.

Silvia Montesinos

Especialista en teatro musical, es directora de escena, directora asociada, directora residente, directora de *casting* y ayudante de dirección; también trabaja como autora y adaptadora (de texto y letras). Se formó en España y en Nueva York, y ha sido profesora en la ESAD de Murcia. Ha colaborado con la empresa Letsgo y actualmente trabaja en Stage Entertainment. Ha formado parte de musicales como *La familia Addams, El fantasma de la ópera* y *Cabaret*. También ha hecho teatro de texto, fundamentalmente en Valencia.

En teatro musical tenemos cuatro o cinco figuras responsables de la dirección: el director artístico, el director asociado, el director residente, el ayudante de dirección y los posibles asistentes. Excepto la primera, las tareas de las restantes tienen mucho que ver con aquellas que se adjudican a la ayudantía de dirección del teatro no musical.

El director asociado es la persona que se encarga de dirigir el espectáculo cuando se va a hacer nuevamente en otro país (como sucede con las franquicias), se va a retomar tras un tiempo o va a empezar una gira y cambia, por ejemplo, algo del reparto, por lo que hay que montarlo nuevamente. Se puede ser director asociado y no ser el residente o el ayudante de dirección. Se trata de replicar el trabajo de dirección cuando se vuelve a hacer la producción. Yo misma he hecho esta función en espectáculos en los que no había participado previamente. En otras ocasiones, he sido ayudante de dirección desde el principio (es lo más habitual), por lo que tengo la información incorporada con más detalle; conozco la producción y me voy al extranjero a montar nuevamente la propuesta yo sola.

Puede haber varios directores asociados en un mismo espectáculo. No obstante, no es común que haya más de un director residente. El director residente es la persona que mantiene el espectáculo mientras está en cartel. Hay que tener en cuenta que los musicales son de larga duración, con lo cual el mantenimiento del espectáculo es necesario porque la maquinaria de un musical es muy compleja: se hacen ocho funciones semanales, entran *covers,* alternantes, etc., y se necesita una persona que cuide la propuesta. El director residente habitualmente ve la función a diario, aunque no todos lo hacen, ya que algunos consideran que se pierde perspectiva.

Entre las funciones del director residente se incluye la de estar pendiente de los *castings,* presentando opciones al director, debatiendo con los responsables o conduciendo el proceso. Es importante tener todo el equipo en mente cuando haces un reparto, porque cuando llega la temporada de gripes, puedes perder a gran parte de los integrantes y es fundamental vislumbrar cómo vas a encajar los roles en esos casos.

Otra labor es preparar a los *covers.* Todos los personajes tienen como mínimo dos *covers* que van a hacer una réplica de lo trabajado; empiezan a ensayar en cuanto el espectáculo está estrenado, de manera que estén disponibles cuando los titulares se pongan enfermos o tengan vacaciones. Dependiendo de la maestría del responsable, se conseguirá que el intérprete encarne el personaje desde sí mismo y no desde la copia.

En España somos pocos los directores residentes de teatro; casi todos de unos cuarenta años, porque es un puesto donde la experiencia y los conocimientos ayudan notablemente. Entre ellos están Víctor Conde, José Luis Sixto, Zenón Recalde, Álex de los Santos y Sara Pérez.

Mi profesión me da enormes satisfacciones, como conocer a figuras internacionales de prestigio, al margen de una necesaria estabilidad. Además, tanto yo como otros compañeros hacemos otras actividades, como traducciones o adaptaciones. La mayoría han sido previamente actores de musical. Algunos también dirigen, dan clase, etc. Somos *multitasking*.

Curiosamente, la figura del director residente se está perdiendo; más en otros países que en España, y principalmente por una cuestión de ahorro. Tenemos un pago mensual. Vamos por temporadas, que se pueden ampliar. Lo más común es que trabajemos en un solo *show* durante la temporada y, si la siguiente se va a hacer otro nuevo, empecemos a colaborar en la preproducción y el *casting* del siguiente.

La realización de adaptaciones me enriquece para mi trabajo posterior como ayudante o directora residente, porque soy de las primeras que ha empezado a trabajar y la que más información tiene del *show*.

Con respecto a la ayudantía de dirección, es diferente el ayudante de dirección de una dirección nueva al de un franquiciado, que lo que hace es estudiar el espectáculo tal y como se concibió. Normalmente el ayudante de dirección arranca el trabajo con el director cuando comienza el proyecto y asiste a las reuniones artísticas, al tiempo que conversa largamente con el director y escucha sus motivaciones, razones o ideas. A veces puede suceder que dirección no tenga una especial predilección por el título y haya que valorar qué hacer con la propuesta para encontrarle el atractivo; el director de *El fantasma de la ópera*, Federico Bellone, estaba muy interesado en refrescar las interpretaciones, hacer un trabajo de personajes analítico, aunque se mantuviese el contexto clásico, y yo deseé dar protagonismo a Christine, ya que considero que se cuenta principalmente su historia. Él además es escenógrafo, por lo que parte de la concepción espacial en sus propuestas. Fuimos de viaje a Londres para ver el montaje y me enseñó toda la configuración visual que había concebido (figurines y demás elementos). Comentamos el espectáculo escena por escena y lo analizamos antes de verlo con los actores. Con otros directores he hecho un trabajo distinto, asistiendo a los ensayos y tomando notas. En el caso del director al que aludo, en ocasiones ha traído espectáculos ya configurados desde Italia o, como en el caso de *Ghost,* con una directora asociada que era la coreógrafa, con lo cual el análisis lo hizo con ella; yo me sumé en esa circunstancia el primer día de ensayos. Él llega, monta, yo trascribo el movimiento escénico que se va haciendo y tomo notas de las cosas que va comentando sobre los porqués. Intentamos que la sala de ensayo tenga la misma medida que el escenario y, si no la tiene, lo ajustamos a escala, definimos las calles y reguiduría lo marca, ya que, cuando lleguemos al teatro, la técnica nos absorbe y el tiempo apremia, por lo que los actores tienen que adecuarse a lo que va a ser.

En relación con la reguiduría, ámbito que está muy próximo a la ayudantía y con el que tiene que haber una comunicación fluida, tenemos al *caller* (jefe de reguiduría que hace el *calling* y pide todos los cambios técnicos) y al regidor de suelo, que revisa que todo pase como tiene que pasar (movimientos de utilería, maquinaria, etc.). En los ensayos el regidor de suelo ya prevé lo que se va a necesitar y el *caller* está junto al director y al ayudante para escuchar lo que se dice, ver y transmitir las necesidades técnicas, aprender el proceso de la función, hacer matemáticas del desarrollo de los acontecimientos y asentar las cosas. En función, el regidor a veces no puede estar en uno de los laterales del escenario porque no hay sitio; por ejemplo, en *El fantasma de la ópera* en el Teatro Albéniz, el regidor estaba en una estrada, pero tenía cámaras infrarrojas, una cámara con el maestro, comunicación con todos los jefes de departamentos, etc. No se perdía ni el escenario completo ni las subidas y bajadas de telar. El regidor de suelo está en un hombro u otro del escenario, y lo ideal es tener uno en cada lado: dan las cosas a los actores, introducen algún elemento, acompañan a un actor para pasar de un sitio a otro si no ve y ayudan al *caller* cuando no ve o necesita un segundo ojo. Yo, por mi parte, veo cada noche las funciones en sitios distintos; al principio la suelo ver no centrada para detectar todos los problemas (de visibilidad, por ejemplo), y la limpio por los laterales, ya que el director la suele dirigir desde el centro dado que no da tiempo a todo.

Hablando de la reguiduría, considero que es tan afín su universo al nuestro que hasta tenemos la misma personalidad: perfeccionista, cuidadoso, protector, con capacidad de ver las cosas desde diferentes prismas (dramaturgia, luces, sonido, vestuario: todo es importante) y con habilidad para establecer miradas globales. En mi caso tengo memoria visual para fijar las cosas y capacidad para ver los detalles (si hay un hilo estorbando y hay que cortarlo, si alguien se ha dejado las patillas más largas, etc.).

En funciones como *El rey León* o *Aladdín,* además, se realiza una supervisión internacional, que graba todos los días y revisa el transcurso de las representaciones. Incluso son capaces de solucionar problemas a distancia en el momento.

Cuando se monta una escena y se está conforme con el resultado, lo que solemos hacer es registrarla en vídeo para que esa grabación sirva como modelo de trabajo, aunque luego se cambien pequeñas cosas. Yo transcribo todo, saco *frames* en fotos y lo estructuro como si fuese un cómic; esto lo hago para mí porque me pone nerviosa trabajar con vídeos y prefiero evitarlos. Grabo desde arriba, para que se vea el suelo y la profundidad, y luego hago los *frames.* Me funciona aprenderme el espectáculo y conocerlo absolutamente para poder explicarlo. Los *swings* (que se saben todos los roles del *ensemble)* y los *dance captains* (que revisan las coreografías), por su parte, trabajan con el *blocking:* planos, con posiciones y flechas.

En el sector usamos una aplicación digital llamada Stage Write que cada vez se va desarrollando más y que facilita el trabajo de dirección y de coreografía. La aplicación permite grabar y modificar el *blocking* de las coreografías, es decir, el movimiento escénico de las coreografías, variando las dimensiones del espacio, si se quiere, o colocando los elementos de escenografía, e incluyendo el texto y el análisis. Pero a esta aplicación le falta una sistematización de la interpretación; se ahonda en la forma, pero se deja de lado el fondo.

En el día a día, antes de empezar la función, los intérpretes tienen calentamiento vocal (con el director musical) y físico (con el *dance captain),* y yo dispongo de diez minutos de notas en los que también intento avivar el fuego para que la repetición no pese. En esos minutos los actores me cuentan cosas (por ejemplo, «me he encontrado una silla en medio del pasillo y no podía pasar», «normalmente me ponen una cosa en un sitio y ayer me la pusieron en otro», o «ayer no veía nada en una zona determinada, por lo que tienen que iluminar mejor para que pueda pasar»), me proporcionan información para mejorar su comodidad y hacerme saber detalles que yo no puedo ver porque no estoy dentro. Por mi parte, yo les doy notas generales (las particulares, en camerinos).

Asimismo, como responsable de la parte artística, mando todos los días entre diez y treinta notas, que voy escribiendo en el transcurso de la función, a los responsables de la parte técnica (regiduría, en este caso, que las entregará a los técnicos): si un foco no está bien dirigido o un efecto no entra en el momento preciso. Las envío en cuanto termina la función y las comentamos ese mismo día en las oficinas antes de irnos y después de preparar la tablilla. Con regiduría y producción tengo un grupo telefónico para que fluya toda la información (ahí lo ponemos todo: si alguien se hace daño en un pie puede afectar a muchas secciones, por poner un ejemplo). Personalmente, en lo referente a documentos, hago la rotación de actores (preparo un documento semanal y cada día se pone en tablilla).

El ayudante de dirección tiene que aprender a analizar una obra sin imponer su punto de vista. Quizá tú pienses que el tuyo es mejor e incluso quieras compartirlo con el director en cierto momento, pero hay que renunciar a él y defender el del director; solo puedes dar ideas o ayudar si apoyas ese punto de vista, entendiendo de dónde parte, su lenguaje o cómo funciona. Hay que interpretar su cerebro, conocer el contexto y recordar la información que se ha verbalizado. Entender al director permitirá también rellenar los huecos que deje libres (¡todos dejan huecos libres donde podemos meternos!). Es importante preguntar aquello que no entendamos, o a veces esperar a que nos cuadre o podamos justificarlo. Yo me llamo a mí misma «Justificator» porque una de mis labores es justificar las cosas para mí misma y para los demás.

Otra cosa que tiene que saber un ayudante de dirección de musicales es algo de solfeo. No es necesario que toque un instrumento, pero sí que tenga unos conocimientos musicales mínimos.

Para ir cerrando la reflexión sobre la ayudantía, destacaría lo importante que es la confianza entre el director y su ayudante (incluso en el caso de Antonio Banderas, su asistente personal es su ayudante de dirección). Casi siempre los directores suelen escoger a los mismos ayudantes. Como ayudante tienes que saber que vas a ser la persona con la que el director hable, se desahogue y sea honesto. Hay que entenderlo, comprender la presión que tiene y conocer los recortes a los que se ve sometido. Hay que admirar y respetar al director con el que estás trabajando, pues, de lo contrario, no tiene sentido. Hay que perseguir sus intereses (si una peluca despeinada le preocupa especialmente, hay que defender esa preocupación concreta) y saber cuáles con los momentos adecuados para transmitirle información.

Como es normal, mi experiencia como ayudante de teatro de texto en Valencia con directores como Rafa Calatayud es diferente al trabajo en musical. Un recuerdo bonito que conservo es que la Generalitat, en torno al año 2005, editó los textos sobre los que trabajamos y en la publicación incluyó mis notas como ayudante de dirección.

Yoko Taira

Exbailarina, coreógrafa, asistente y maestra repetidora, trabaja en la Compañía Nacional de Danza desde hace más de treinta años. Ha colaborado con nombres como Nacho Duato, Jirí Kylián, Johan Inger, Joaquín de Luz, Mats Ek, Ohad Naharin, Antonio Ruz o Muriel Romero.

En la actualidad yo estoy contratada en la CND como repetidora. La figura de *coach,* profesor, ensayador o supervisor ha existido siempre en danza, ya que ningún grupo ensaya solo… Se trata de algo parecido al entrenador de fútbol, que nunca abandona a sus futbolistas. El repetidor es, en líneas generales, la persona que se queda día a día a cargo de las piezas del coreógrafo y las cuida a todos los niveles para que sigan vivas y mantengan la misma idea que les quiso dar el creador, las perfecciona a nivel técnico e inspira a los bailarines para que cada día las piezas estén mejor (frescas y mejor bailadas).

En cualquier caso, en mi trabajo hay varios escenarios. Una posibilidad es comprar una obra ya creada y traer a un repetidor o un *stager* que la remonta, por lo que yo asisto al ensayo y mi misión es aprender todo el material para luego, una vez que esta persona se ha ido, quedarme cuidando de ese material y velando por que la compañía mantenga su calidad y no se pierda la esencia y rigurosidad de lo que nos han enseñado (corrigiendo, realizando las sustituciones, adaptando los pasos a los diferentes espacios a los que se viaja, etc.). Otra posibilidad es contratar a un coreógrafo, por lo que se parte de cero, y, dentro de esta posibilidad, hay a su vez otros dos escenarios: el creador puede venir solo (por lo que se utiliza como ayudante al repetidor que tenga la propia compañía) o puede venir con un asistente de coreografía que trabaja habitualmente para él (con lo cual yo paso a un tercer nivel, dependiendo del papel que me quiera otorgar el coreógrafo).

Los asistentes de coreografía apoyan al coreógrafo. Hay coreógrafos que los usan más y otros menos y no comparten con ellos su proceso de creación. Es normal que los coreógrafos vengan con su asistente de confianza para no encontrarse con un mundo demasiado ajeno: Mats Ek solía ir con Ana Laguna; Morau, que no es bailarín, trae consigo a Lorena Nogal, que es su vínculo con los bailarines. Los asistentes suelen ser *freelance,* y trabajan con varios coreógrafos o son coreógrafos a su vez (están acostumbrados a la irregularidad laboral).

Cuando llega un nuevo coreógrafo, intento estar pendiente para ver rápidamente cómo va a ser el trabajo con él y cómo va a enseñar la pieza; si voy a tirar más de vídeo, de notas, si va a dar tiempo a escuchar la música y entenderla, etc. Me fijo para absorber todo lo que pueda. Cada creación es una aventura; tengamos en cuenta que, hasta ahora, han sido profesiones autodidactas en las que los creadores han generado sus métodos.

Otro escenario posible es que yo tenga que montar ballets de hace más de una década con la plantilla de la que se dispone y que se lo aprenda un nuevo elenco. Empiezo a enseñarlo en esos casos desde el principio. Ese también es mi cometido. Si viajo para montar una pieza con otra compañía, pido un permiso sin sueldo a la CND, y son los coreógrafos los que me contratan para llevar sus piezas a otro lugar. Es muy poco habitual que vaya directamente el coreógrafo; se trata de un trabajo duro, de repetición, en el que se requiere paciencia, y ellos están en otro estatus. Para hacer esa labor de repetidora, no he tenido que estar en el proceso de montaje de la coreografía; me lo he podido aprender simplemente a través de un vídeo.

Por lo tanto, en definitiva, un repetidor es la persona que mantiene viva una coreografía y sigue mejorándola, siempre bajo el criterio del repetidor en cuestión. No se hacen cambios, pero se pasa por un filtro personal (la misma coreografía realizada por diferentes compañías tiene distintas versiones o matices dependiendo del repetidor o *stager* que la haya remontado). Podemos matizar que *stager* es quien enseña la pieza, y repetidor, quien la ensaya. Repetidor viene de la palabra *répétition* en francés, que es «ensayo», o sea, «ensayadora». La figura del repetidor es exactamente la misma en todos los países. De puertas afuera de la danza, nadie conoce esta especialidad, pero dentro del sector es una figura muy reconocida: tener un buen repetidor es básico para mantener el nivel de la compañía. El coreógrafo se marcha inmediatamente y se queda el repetidor. El coreógrafo puede reaparecer de cuando en cuando, al año, a los dos años, o si hay un cambio de elenco, y siempre dependiendo del contrato y de si se ha acordado que venga a dar el visto bueno pasado un tiempo.

En términos generales, el repetidor es una figura bien pagada; cobra más que un solista y algo comparable a un primer bailarín. Es una profesión que tiene cierto estatus y suele desempeñarla una persona de más edad que los bailarines.

Creo que es importante subrayar que, con la directora de comunicación, Maite Villanueva, tengo habitualmente problemas a la hora de especificar las labores de los colaboradores que ayudan al coreógrafo. No es fácil etiquetar este tipo de trabajos con un nombre; a veces resulta confuso, y son diversos los términos que se emplean para designar esta suerte de labores.

El trabajo de asistencia, como decíamos previamente, depende de cómo trabaje cada coreógrafo y las ganas que tenga de atender a otras miradas: en Inger o Marcos Morau, por ejemplo, hay un proceso de escucha y conversaciones más activo que con otro tipo de artistas como Mats Ek o Nacho Duato. Hay millones de maneras de crear: coreógrafos que vienen con un concepto clarísimo pero no tienen pensados los pasos, otros que empiezan a crear material coreográfico y luego le quieren dar un sentido, otros que ponen a los bailarines a improvisar…

En definitiva, no hay unas medidas exactas de cuál debe ser nuestro rol. Lo que sé básicamente es que me tengo que poner en la piel del coreógrafo. Adopto la mirada del creador dejando de lado el matiz que personalmente le daría. Soy muy rigurosa con los detalles, las transiciones, las calidades y la emoción; intento que sea un paquete completo y no se quede exclusivamente en un aprendizaje correcto de los pasos; los pasos son solo el vehículo, pero hay que traspasar el mensaje al espectador.

El asistente puede en ocasiones acudir a las primeras reuniones con otros miembros del equipo artístico o de producción. Sin embargo, el repetidor empieza a trabajar directamente en el estudio (donde también disponemos de otros compañeros, como los utileros, que nos pueden ayudar si tenemos necesidades específicas). Es decir, el repetidor está un paso por detrás del asistente. Hay directores que hacen presentaciones exhaustivas de los proyectos, lo que permite un conocimiento profundo de la idea que traen, y otros que llegan y, directamente, te hacen el primer paso de la coreografía sin ninguna explicación previa.

Hoy en día los asistentes (y también los bailarines) coreografían partes de las piezas; el abanico se ha abierto mucho y se tiene muy en cuenta la creación coreográfica que aporta el propio intérprete (por ejemplo, el bailarín puede preparar un solo inspirándose en alguna idea y el coreógrafo da el último toque).

Para trabajar usamos mucho los vídeos, pero también redactamos notas y hacemos nuestros dibujos personales, que solo uno entiende, para registrar el material de trabajo (yo tengo por ejemplo mi manera de dibujar mujeres frente a los dibujos que hago para los hombres). Todavía nos apañamos con bolígrafo y papel (incluso los más jóvenes hacen sus dibujos y usan colores); no hemos incorporado demasiado las pantallas para nuestros apuntes. No conozco coreografías contemporáneas que empleen el método Laban de escritura.

Lo normal en la carrera profesional, cuando se deja de bailar, es hacer la transición hacia profesiones como la mía (puedes incluso vivir un año o dos de transición haciendo las dos cosas). A casi todo el mundo que conozco le interesa más esta especialidad que la coreografía, porque es algo con lo que convivimos día a día y que notamos próximo. Además, tampoco hay que seguir ningún tipo de formación porque no la hay; ni siquiera en los conservatorios tenemos asignaturas relacionadas. Esto se traduce en que hay multitud de profesionales, cada uno con su método, por lo que es un mundo un poco anárquico.

Por compañía suele haber dos, tres o cuatro repetidores (en nuestra compañía no hay asistentes), y dependiendo del perfil, nos repartimos las piezas (yo estoy especializada en neoclásica y contemporánea). A veces los repetidores pueden ser los propios bailarines en las compañías pequeñas, pero es preferible que sea una mirada externa. Considero que es una buena combinación que haya repetidores que sean una pareja de hombre y mujer, porque, si hay que hacer un paso a dos, los hombres tienen una información, una fuerza y una experiencia de las que las mujeres carecemos (las mujeres hacen cosas diferentes a los hombres en los pasos a dos). Es habitual que haya dos repetidores en una pieza, porque en las compañías grandes, si uno falla, es conveniente que haya otro que lo domine y no se quede el bailarín sin ensayar.

No estamos demasiado en contacto con el equipo de diseñadores, los técnicos o el personal de producción, porque ahora existe ya la figura del coordinador artístico, al que se hacen directamente las demandas artísticas (por ejemplo, necesito una cuerda para mañana, o faldas de ensayo, o que cambien una música, etc.) y él teje la red entre los diferentes miembros de los equipos. Antes esta función la asumía el director adjunto, que podía hacer tablillas u otras cuestiones.

Mi trabajo (para bien y para mal) es ser el eslabón del medio entre el coreógrafo y el bailarín. Te conviertes en intermediario entre unos y otros, y receptor de los momentos difíciles. Actuamos en muchos casos como *coach*. En nuestra compañía es complicado porque no todos venimos del mismo país, ni de la misma escuela, ni tenemos la misma educación o experiencias vitales. Tenemos que liderar ese grupo, con lo que ello entraña de complicación, en los viajes y demás. No ya desde el plano físico o técnico, sino desde el puramente humano y psicológico, hay que acompañar al grupo completo en estos procesos que a veces son muy complicados (el 99 por ciento de mi energía se va en esto); hay que inspirarles, retarles, guiarles emocionalmente, entenderles, infundirles respeto, empujarles cuando ellos creen que no es posible sin tratarles con excesiva dureza. Hay que aprender cómo hablarles, y cada día me pregunto si puedo hacerlo mejor. Además, no solo hay que acompañar al bailarín, sino que también se ayuda al coreógrafo, que está mucho más expuesto, ya que abre su universo para que otros digan si es válido o no. Son procesos que también dependen enormemente del momento de trabajo (cada día es muy diferente, e incluso cada coreografía lo es también).

Nuestro día a día empieza con una clase de ballet sagrada de setenta y cinco minutos que a veces la dirige el repetidor y otras veces el maestro de baile, y luego se desarrollan los ensayos. En la sede, cuando no hay representación, nuestro horario de trabajo es de 10 h a 16:30 h. En gira la clase suele ser de una hora, dos o tres horas de ensayo y hora y media de descanso, antes de la función. En los estrenos se ensayará con ambos elencos, si los hubiera. Un ballet de dos horas son dos horas de correcciones que se dan al día siguiente.

Para mi labor tengo la suerte de contar con una buena retentiva, una gran memoria visual, que me ayuda enormemente para dominar los pasos, y facilidad para aprenderme los nuevos estilos. Suelo tener clara la parte de la ejecución. Además, me beneficia ser una persona coordinada, y poseo un buen ojo para ver lo que está fallando. Me esfuerzo para tratar de pensar en el espectador, como ya he dicho antes, y mantener la mirada fresca como si fuese la primera vez que veo la pieza (¡algo bastante difícil!). También trabajo para obtener cada vez más conocimientos de técnica teatral, musicales, etc. Sigo, por otro lado, trabajando mi cuerpo para poder experienciar y enseñar desde la práctica; hay que tener en cuenta que en la danza contemporánea y la neoclásica, a diferencia de la clásica, no está todo estructurado en pasos, por lo que hay que estar en forma y lo tienes que hacer tú misma para que el bailarín lo entienda. Grandes maestros rusos que han sido repetidores de danza clásica estaban sentados en la silla, pero fuera del clásico eso no es posible. Yo cada vez encuentro más herramientas para describir verbalmente lo que necesito (con imágenes, emociones, etc.) sin tener que mostrarlo, porque, evidentemente, mi cuerpo por edad no es ya el mismo que hace unos años.

En el futuro probablemente se use la IA y les pongan sensores a los bailarines para que quede todo transcrito y resulte absolutamente fiel a lo que el coreógrafo pide (un humano nunca encuentra la exactitud absoluta), pero, aun así, será importante mantener la figura humana para las calidades de las emociones. Nuestra directora actual ya trabaja mucho con sensores.

Eva Luna García-Mauriño

Exartista, gestora cultural especializada en circo, directora e investigadora, se licenció en Filología, hizo un Máster en Gestión Cultural y se formó en circo contemporáneo en Italia y Holanda. Ha sido coordinadora general de MADPAC y ejerce labores de defensa del sector del circo. Forma parte de CircoRED y de Circusnext. Ha trabajado con instituciones como el INAEM y el FIC de Uruguay. Actualmente dirige el Festival Riesgo.

En circo no es habitual la figura del ayudante de dirección entre otras cosas porque no hay medios y, en muchos sentidos, nos hemos acostumbrado a trabajar en condiciones no idóneas. Ni siquiera la figura del director está instituida. Para empezar, tenemos que tener en cuenta que el circo es un sector que ha estado un poco en los márgenes; es un ámbito precario, delicado y complejo si se compara con otras artes escénicas (quiero decir, por ejemplo, que en teatro la metodología de trabajo está más estructurada, está todo más compartimentado y las jerarquías o los roles están más definidos, mientras que en el circo el trabajo es más variado en cuanto a las metodologías empleadas y la distribución del equipo humano es más horizontal). Por supuesto, dejamos de lado en las reflexiones que vamos a desarrollar industrias como el Circo del Sol, producciones propias de los teatros con periodos de exhibición marcados (como las habituales de Navidad del Teatro Circo Price) o grandes compañías de circo (como Productores de sonrisas o el Circo de los horrores) que se rigen por otros parámetros, mueven dinero, están bien arropados a nivel institucional y pueden hacer frente a sus necesidades.

He hecho tres ayudantías de dirección. Una exclusivamente de circo, en Holanda, con Francesco Sgro, un director italiano que había sido mi profesor previamente. Se llamaba *Vanishing* y era un espectáculo de fin de escuela producido con Korzo Theater; coincidió con un momento en que tuve una lesión, y dejé de ser artista sobre la pista para empezar a enfocarme en la dirección, que era lo que me interesaba. Empecé a realizar esa labor sin unos conocimientos claros de lo que se podía esperar de mí. Y luego hice ayudantías con Marta Pazos para *Twist,* en el Teatro Circo Price (allí ayudé incluso a montar un número de la que fue mi especialidad cuando fui artista —mano a mano: portes acrobáticos—), y con María Folguera para *Elena Fortún,* en el CDN. Entrar en la complejidad mental e inteligencia de Folguera fue todo un reto: comprender su simbología, sus matices o sus objetivos. Hubo aspectos que fui entendiendo según iba evolucionando el proceso.

Como ayudante para mí ha sido siempre importante no molestar (comprender lo que sucede pero dando un espacio). Creo que hay que prestar atención, absorber lo que el director está construyendo, pero sin interrumpir para no cortar la dinámica de creación. Por lo tanto, creo que el ayudante tiene que ser alguien discreto, con capacidad de escucha, despierto, detallista, paciente, resistente, analítico y buen conocedor del universo personal y artístico del director. Mi experiencia dentro de la ayudantía ha sido ser un doble de los ojos, la cabeza y los oídos de la persona encargada de la dirección, establecer una vista de pájaro sobre todos los hechos y ser capaz de organizar aspectos como la planificación de cada día y la calendarización, así como la sistematización de las necesidades del proyecto y la atención al director para cubrir aquellas cuestiones a las que no llega.

Yo llevaba tiempo queriendo dirigir circo, y me encontré con que no había una formación como tal, por lo que estuve varios años picoteando, haciendo cursos de dirección de teatro, de coreografía y de dramaturgia. Fui investigando fuera del entorno para ver qué aplicabilidad podría tener en circo. Observé en ese momento que había aspectos difícilmente aplicables al circo; formarse en dirección teatral no es formarse en dirección escénica. En esa búsqueda, al ver que Marta Pazos iba a trabajar en el Price, mandé mi currículum para ofrecerme como ayudante; elegí esa ayudantía porque quería aprender de ella: me gustaban su mirada, su plástica y su dramaturgia visual (aspecto fundamental en el circo y que no siempre está presente). En esa ayudantía preparaba la tablilla, escribía el cuaderno de dirección, organizaba los ensayos, citaba a los participantes, hablaba con producción, conversaba con el equipo técnico, intercambiaba opiniones con los escenógrafos para explicarles los materiales que podían usarse (una patinadora, por ejemplo, no podía trabajar en moqueta), anticipaba posibles problemas para que no chocasen con la mirada artística, comentaba con la directora el desarrollo de las funciones, etc.

En el circo suele ser habitual que una compañía estable, normalmente con no demasiados miembros, tenga una idea y llame a una persona para que dirija. Al tener la compañía la idea central, puede ser que la persona encargada de la dirección no consiga intervenir en ese planeamiento partiendo de su punto de vista y se establezca cierta indefinición o pugna entre las opiniones de todos, ya que nadie quiere ser conducido al lugar del otro (la compañía no quiere perder su idea original y el director no quiere firmar algo que no ha pasado por su filtro personal o no ha podido desarrollar a su gusto). De esa manera se confunde la tarea de la dirección con la tarea algo indefinida del llamado «ojo externo», otro trabajo desempeñado en el universo del circo que implica en definitiva una dirección sin compromiso o una ayudantía de dirección que aporta una mirada fresca para desatascar un proceso de trabajo; es aquella persona que va puntualmente a una creación, mira el punto en el que se encuentran los creadores, proporciona *feedback* y encamina el proyecto sin un exceso de implicación, dando su opinión y una serie de pautas. Incluso es habitual que las compañías llamen a varios ojos externos, a veces incluso de forma gratuita (se suele pagar por horas), y se produzca una enorme confusión, ya que puede que tampoco esté claro por qué se llama a una persona o a otra. Como ojo externo es factible que te requieran una semana antes del estreno; en ese caso, yo intento meterme lo menos posible y ayudo a limpiar lo que tienen sin cambiar nada ni cuestionar el resultado. Algunas compañías buscan algo más continuado y te pueden pedir que te reúnas con ellos dos veces a la semana. Otras veces te piden que vayas una semana intensiva, pasan cuatro meses, te vuelves a reunir con la compañía otros dos días y luego los ves más adelante y al final del proceso; no hay que olvidar que los ensayos en circo abarcan normalmente un mínimo de un año y pueden extenderse hasta dos o tres años, y así sucede también en países donde existe una regularización como Francia o Bélgica y donde además los artistas tienen las espaldas cubiertas económicamente a través de la denominada *intermittence*. Este tiempo extendido permite abarcar las diferentes capas físicas, técnicas y dramatúrgicas que exige esta disciplina y solventar dificultades como la búsqueda de espacios apropiados (con altura, puntos de anclaje, etc.) o el hecho de que los profesionales compaginen varios proyectos a la vez. Los ensayos no se suelen cobrar, lo que favorece que los procesos creativos se alarguen.

Bien es cierto que falta la definición de lo que es la dirección dentro del circo, falta consolidar esa profesión. Aunque cada vez hay más direcciones puras, que establecen sus maneras y sus reglas. Es el caso por ejemplo de Lucas Escobedo, que se ha formado en el Institut del Teatre de Barcelona y es famoso porque hace una mezcla de teatro y circo musical. En conclusión, definir las funciones del ayudante o del asistente de dirección (figura de menor relevancia que el ayudante) en circo es muy difícil porque todavía no están establecidas las funciones de la dirección de escena, ni en España ni en el extranjero, salvo en las grandes productoras que sí existen en otros países, por ejemplo, Chamäleon Theatre, en Berlín.

En el circo son especialmente importantes las necesidades técnicas, que condicionan a la hora de crear. La compañía Teatro en Vilo, por ejemplo, al trabajar en circo, se dio cuenta de que en un número sobre Miss Mara no podían pedir rápidamente que la intérprete hiciese su parte sin previo aviso porque tenía que calentar o ponerse los elementos necesarios de vestuario; los ritmos cambian enormemente entre unas y otras disciplinas. En este sentido, la ayudantía de circo tiene que tener muy presentes los horarios de trabajo, por lo extenuante que es este y por la dificultad técnica. Al trabajar como ayudante con Marta Pazos, como ya he dicho, le indicaba los tiempos que había que respetar, compartía con el vestuarista los tipos de tejidos que podían usarse y cuáles podían por ejemplo resbalar en exceso o resultar molestos o revisaba con el iluminador la dirección de las luces para no cegar a los artistas que exponen su vida. Los ayudantes tienen que valorar todos estos aspectos y conocer en profundidad las características de las diferentes disciplinas de circo para evitar problemas posteriores (el ayudante debe anticipar lo que pueda pasar).

La concienciación sobre la importancia de la dirección en todas sus dimensiones está cambiando, y se observa incluso en el ámbito académico. La Escuela Nacional de Circo de Francia tiene micropíldoras formativas, una de ellas sobre dramaturgia en el circo. También la Universidad de Bath hace unos años desarrolló un máster sobre dirección de circo, asociado a Circomedia, que es una escuela en Bristol. Asimismo, tanto en Madrid como en Barcelona se han organizado jornadas de dirección y dramaturgia para crear un banco de conocimiento.

Aunque la música esté muy presente en el circo, muchos intérpretes toquen instrumentos y sea habitual la composición original, la educación musical no ha sido obligatoria en España. En Holanda, no obstante, en el grado sí tienen cuatro años de música. Sí es conveniente tener nociones rítmicas, pero no es algo fundamental ni se exige una especialización instrumental. Hay que tener en cuenta que hay circos más coreográficos o que dan una importancia mayor a la música, pero, por lo general, el circo no es como en la danza que vas a medición de música, sino que entiende la música más como un apoyo dramatúrgico.

Hay compañías además que tienen su propio *rigger* o especialista en seguridad y montaje de estructuras aéreas, o disciplinas que necesitan que esta figura esté presente en el proceso creativo y vaya adecuadamente acompasado con el artista. Este profesional comprueba que las estructuras soporten el peso, que los materiales estén bien, que las cuerdas sostengan adecuadamente al artista, que los motores estén bien instalados y sean adecuadamente manipulados, etc. Para desarrollar este trabajo existe un título especial (IRATA) que suele sacarse fuera de España. Cuando trabajé con Marta Pazos como ayudante, tuve que conversar con el *rigger* que se encargaba del motor de la suspensión capilar para marcar el calendario de ensayos y que tuviese el motor preparado, y con la artista para que hubiese calentado bien el cuello y estuviese lista en esa franja horaria de ensayos, que no puede superar los veinte minutos porque si no se destroza las cervicales. El trabajo como ayudante es prever y trabajar con esas múltiples necesidades.

La ayudantía en circo, como vemos, requiere un conocimiento amplio de disciplinas. En el circo desemboca gente que viene de la gimnasia rítmica y artística, del teatro, de la danza o de la rama de gestual (como Sara Gilsanz Grandas). El circo contemporáneo nace precisamente de esa hibridación, bebe de todas las artes escénicas, plásticas, etc. Actualmente se rompe con la idea de la fragmentariedad que hay en el circo clásico (el Circo del Sol todavía mantiene la fragmentariedad) y se tiene una visión más global próxima a la danza o al teatro.

En las producciones grandes de circo tradicional indudablemente ha habido ayudantes. Pienso por ejemplo en Graziella Galán, una trapecista nacida en 1958 que también es ayudante de dirección y que suele trabajar en circos de carpa. Ella combina ambas actividades. A veces incluso hay equipos conformados, personas que acompañan a directores prestándoles asistencia en muchos sentidos; se suele tratar de una persona todoterreno que sabe producción, dirección, etc. Roberto Magro, por ejemplo, es un director italiano asentado en España que llevaba consigo una ayudante estable.

En cuanto al seguimiento de los espectáculos en circo, cuando no son grandes producciones, los directores, tras estrenar, desaparecen, y las obras pueden transformarse mucho con el paso de los meses. Hay que tener en cuenta que el tiempo de explotación de un espectáculo de circo es infinitamente superior al de teatro; en circo los espectáculos pueden estar hasta diez años de gira, y mínimo cuatro años. Hay directores que tienen productora, con lo cual sí pueden hacer el seguimiento permanente, como es el caso de la madrileña Zenaida Alcalde, pero no es lo habitual.

Por último, en lo que respecta a la redacción del cuaderno de dirección en circo, no hay una manera única de hacerlo. Yo tengo mi metodología, y en ocasiones les he explicado a las compañías cómo los redacto para que aprendan a hacerlo y tengan un modelo adaptado a sus necesidades, para incluir sus trucos, movimientos, dibujos, intenciones, texto o subtexto.

De la sombra a la luz

Natalia Menéndez

Al releer cada capítulo y revivir este proceso, siento que el proyecto es aún más pertinente ahora que cuando lo concebí. Todas las voces reunidas aquí señalan, por un lado, la precariedad de esta profesión y, por otro, cómo la ayudantía de dirección les permitió crear sus propias compañías. Apuntan también a la necesidad urgente de que instituciones como las escuelas superiores de arte dramático o las universidades aborden esta carencia formativa mediante másteres, posgrados o titulaciones específicas. Así quedarían claras varias cuestiones fundamentales: la ayudantía no es un cajón de sastre ni un desastre; tampoco quien la ejerce pertenece a una época de esclavitud. Es una profesión que exige un nivel de dedicación y trabajo intenso, y el buen desempeño asegura el reconocimiento y la continuidad laboral. Debemos sistematizar la profesión sin caer en la tentación de dogmatizar nuestro conocimiento para alcanzar la deseada flexibilidad y competencia en esta materia.

Existe un déficit bibliográfico que tiene consecuencias directas en la formación y capacitación de quienes desempeñan la ayudantía de dirección. Si los estudios teatrales reconocieran la relevancia de esta figura, no solo mejoraríamos los resultados artísticos de los procesos, sino que impulsaríamos el pleno desarrollo de las artes escénicas. Por eso nos parece necesario abrir un camino que haga posibles nuevas perspectivas.

Sabemos que la ayudantía es diversa y diferente según trabajemos en teatro, danza, teatro musical, ópera o circo. Por ejemplo, en danza existe la figura del repetidor o repetidora, encargada de hacer repetir los movimientos de una coreografía, sus respiraciones y pausas, aunque también puede asumir otras funciones propias de la ayudantía de dirección. En lírica, por su parte, suele ser la ayudantía la que repone el espectáculo, y, por lo general, posee un amplio conocimiento musical. A esto se suma que la labor de la ayudantía no es la misma en un teatro privado, en una compañía independiente, en la calle, para la calle o en un teatro institucional. Estas variaciones nos interesan especialmente, y por ello incorporamos también sus enfoques vivenciales.

Al ser la ayudantía de dirección el eje por el que suelen transitar los creativos, los artistas, los técnicos y los diferentes departamentos, debemos prestar atención a la comunicación, las relaciones, las funciones, las herramientas y la creatividad que implica. Esta profesión está a medio camino entre la dirección escénica y la regiduría. Quienes la hemos ejercido o la ejercemos sabemos que requiere capacidad multitarea, discreción, habilidad para establecer las bases de las relaciones, no dar nada por sentado, curiosidad por el ser humano, por su fuerza y su fragilidad, y atención a la psicología del equipo.

Implica buscar la cercanía, la empatía y la comprensión; generar confianza sin pretender la amistad. Los lazos de confianza e intimidad son muy estrechos, y eso puede generar algún malestar. Exige definir las tareas, tener capacidad resolutiva y sentido del orden, anticiparse a los problemas o cuestiones que puedan surgir y comprender que los presupuestos nos obligan o nos permiten.

Supone no desacreditar a la dirección escénica y respaldar su creación, no tener miedo a preguntar ni a pedir ayuda y saber que formamos parte de la magia: no nos despojemos de esa responsabilidad ni renunciemos al privilegio de disfrutarla.

Con este libro damos un paso más para visibilizar una profesión poco conocida y, por tanto, poco apreciada tanto por muchos profesionales como por el público. Es también una manera de permitir a los amantes de las artes escénicas ver lo que estaba en la oscuridad y conocer un poco más el engranaje y todo lo que hay detrás cuando asisten a un espectáculo. Que descubran esa figura, que debe tener la medida del tiempo, el rigor, la empatía, la profesionalidad y el orden; que sabe que, aunque esté en una cuenta atrás permanente con respecto al día del estreno, cada minuto es valioso para mejorar lo que hay, para conseguir que se produzca el goce, y que, tal vez, el aplauso sea lo más hermoso posible.

Hay algo simbólico en poner luz sobre una profesión que habita, por naturaleza, en la penumbra. La ayudantía de dirección trabaja desde la sombra, y nos produce especial ilusión saber que con este trabajo contribuimos a hacerla visible.

Glosario

Ana Barceló

Alemana: Disposición o sistema escenográfico en el que los elementos laterales (bambalinas, telones) se colocan de forma visible y funcional, sin conformar una caja escénica cerrada, lo que favorece una percepción más abierta del espacio.

Audición: Proceso de selección de intérpretes en el que se evalúan sus capacidades interpretativas, su adecuación a un personaje y su disposición profesional. Uso habitual en contextos artísticos e institucionales.

Biblia de vestuario: Documento que registra de forma detallada las prendas utilizadas en el espectáculo, incluyendo distribución por personaje, cambios, reposiciones y responsables.

Bolo: Función teatral realizada generalmente fuera de la sede habitual de la producción, normalmente en el contexto de una gira o circuito de exhibición.

Calling **(reguiría):** Acción propia de la reguiría que consiste en dar las órdenes de ejecución de luces, sonido, vídeo, maquinaria y entradas durante la función.

Camerino de transformación: Espacio cercano al escenario destinado a cambios rápidos de vestuario o caracterización durante la función.

Casting: Proceso de selección de intérpretes, equivalente a audición, con uso especialmente extendido en producción audiovisual y en contextos contemporáneos.

Citaciones: Convocatorias oficiales de ensayo o función que especifican horarios, tareas y personas citadas, con validez legal ante producción.

Convenio: Marco legal que regula las condiciones laborales del sector teatral (horarios, descansos, retribuciones, derechos y obligaciones).

Coproducción: Proyecto desarrollado conjuntamente por dos o más productoras, públicas o privadas, que comparten recursos, riesgos y derechos de exhibición.

Cuaderno de dirección: Documento que recoge la totalidad de la información artística y técnica del montaje: movimiento escénico, ritmo, intenciones, transiciones y referencias.

Cue: Señal precisa que indica la ejecución de un cambio técnico o acción durante la función. Término equivalente a *top* o «pie técnico» según tradición.

Dar primera: Aviso de regiduría treinta minutos antes del inicio de la función para que el equipo se prepare.

Dar segunda: Aviso de regiduría quince minutos antes del inicio de la función.

Dar tercera: Último aviso de regiduría, cinco minutos antes del comienzo, en el que todo el personal debe estar en su puesto.

Derechos de autor: Conjunto de normas legales que protegen la propiedad intelectual de textos, adaptaciones y creaciones escénicas.

Dirección escénica: Conjunto de decisiones artísticas y técnicas que articulan la puesta en escena y la interpretación del texto o propuesta dramatúrgica.

Dirección técnica: Área responsable de coordinar los recursos humanos y materiales necesarios para el montaje, garantizando seguridad, viabilidad y tiempos técnicos.

Diseño de iluminación: Concepción artística y técnica del sistema lumínico de un espectáculo, desarrollada por el diseñador o diseñadora de iluminación en diálogo con la dirección escénica.

Diseño de sonido: Creación del paisaje sonoro del espectáculo (música, efectos, voces y ambientes), realizada por el diseñador o diseñadora de sonido en diálogo con la dirección escénica.

Diseño de vestuario: Concepción artística y funcional de las prendas, accesorios y caracterizaciones que visten a los personajes, realizada por el diseñador o diseñadora de vestuario en diálogo con la dirección escénica.

Diseño de videoescena: Propuesta artística que define el uso de imagen proyectada o cámara en directo como parte de la dramaturgia visual del espectáculo, realizada por el diseñador o diseñadora de videoescena.

Dosier de escenografía: Carpeta que reúne referencias, bocetos, materiales y versiones del diseño escenográfico hasta su forma definitiva.

Dramatis personae: Listado de personajes de una obra, habitualmente acompañado del reparto correspondiente.

Ecualizar: Ajustar las frecuencias del sonido para equilibrar y mejorar su calidad en el espacio de representación.

Elenco: Conjunto de intérpretes que participan en una producción teatral, tanto en papeles principales como secundarios.

Ensayo general: Ensayo completo previo al estreno que integra interpretación y técnica en continuidad, en condiciones lo más cercanas posibles a la función.

Entrecajas: Espacio lateral oculto al público donde se preparan actores, técnicos y elementos antes de su entrada a escena.

Equipo creativo: Conjunto de profesionales responsables del diseño escénico: escenografía, vestuario, iluminación, sonido, vídeo y otros lenguajes escénicos.

Escaleta: Documento que ordena las escenas, entradas, transiciones y efectos técnicos en la secuencia temporal de la función.

Estilo: Forma particular en que se presenta una obra, reflejo de las decisiones estéticas del equipo creativo y la dirección escénica.

Ficha de contactos: Documento que recopila los datos personales y de contacto del equipo artístico, técnico y de producción.

Figurines: Dibujos que representan el vestuario de los personajes y sus variaciones a lo largo del espectáculo.

Fungible: Material de consumo recurrente, artístico o técnico (pilas, confeti, comida escénica, etc.), cuya reposición coordina producción o ayudantía.

Género teatral: Categoría narrativa que define el tipo de historia que se cuenta (tragedia, comedia, drama, etc.).

Gira: Periodo en el que un espectáculo se presenta en distintos espacios o ciudades, requiriendo adaptaciones técnicas y logísticas.

Hecho escénico: Acontecimiento teatral entendido en su totalidad, donde convergen texto, interpretación, espacio, técnica, tiempo y público.

Implantación: Disposición y distribución del espacio escénico y del público dentro del lugar de representación.

Italiana: Disposición escénica frontal en la que el público se sitúa frente al escenario, separado por la embocadura.

Libreto: Texto que contiene las palabras de una obra teatral.

Maqueta: Modelo a escala del diseño escenográfico que permite visualizar el espacio antes del montaje real.

Memorias de luces: Programas grabados en la mesa de iluminación que recogen los diferentes estados lumínicos del espectáculo.

Montaje en sala: Proceso de implantación técnica y artística del espectáculo en el espacio de exhibición antes del estreno.

Notas de función: Observaciones entregadas al elenco tras una función para mantener la calidad artística y técnica del espectáculo.

Pasada de utilería: Revisión completa de los objetos escénicos para comprobar su disposición, sustitución y funcionalidad.

Pasada técnica: Ensayo centrado en la coordinación y comprobación de los elementos técnicos del espectáculo, generalmente sin continuidad interpretativa completa.

Pie técnico: Señal precisa para la ejecución de una acción o cambio técnico. Término equivalente a *cue* o «top».

Plan de ensayos: Documento que organiza la estructura temporal de los ensayos en coordinación con la dirección escénica.

Plan de montaje: Documento técnico que detalla fases, tiempos y responsables del montaje escénico.

Plástica escénica: Dimensión visual y material de la puesta en escena, resultado de la integración de los elementos sensoriales del espectáculo.

Producción ejecutiva: Responsable de la gestión económica, contratación y viabilidad del espectáculo.

Puesta en escena: Materialización visual, sonora y corporal de una propuesta teatral en el espacio escénico.

Regiduría: Departamento que asume la dirección del hecho escénico durante la función, ejecutando señales técnicas y garantizando seguridad y orden.

Seguimiento de función: Supervisión continuada del espectáculo tras el estreno para asegurar la coherencia artística e interpretativa.

Separata: Fragmento de texto seleccionado para trabajar en audiciones, *castings* o pruebas de interpretación.

Site-specific: Creación teatral concebida para un lugar concreto, en diálogo con su arquitectura, historia o contexto.

Sustitución: Incorporación de un nuevo intérprete en lugar de otro, proceso que requiere acompañamiento artístico y técnico.

Tablilla: Documento diario o semanal que recoge horarios y citaciones del equipo artístico y técnico.

Teaser: Pieza audiovisual breve destinada a la promoción de un espectáculo.

Top: Señal precisa que indica la ejecución de una acción o cambio técnico. Término equivalente a *cue* o «pie técnico».

Toro: Jerga profesional que designa la sustitución urgente de un intérprete por otro para una función próxima en el tiempo.

Utilería: Conjunto de objetos que se utilizan en escena durante ensayos y funciones.

Videoescena: Uso de imagen proyectada o en directo como elemento escénico integrado en la dramaturgia del espectáculo.

Agradecimientos

Este proyecto no habría sido posible sin el apoyo y la colaboración de numerosas personas que, de una u otra forma, contribuyeron a su gestación y realización. Nuestro más sincero agradecimiento a quienes participaron directamente en su elaboración, aportando su tiempo, conocimiento y dedicación. Igual de profunda es nuestra gratitud hacia aquellas que, quizás sin saberlo, alimentaron estas páginas con sus conversaciones, reflexiones o simplemente con su presencia inspiradora en momentos clave del proceso creativo.

Gracias a Cristina Macía, Javier Patiño, Mar Eguiluz, Sergi Heredia, Marcos Carballido, Violeta Segura, Laia Torrens Carulla, Malala Ricoy, Tero Rodríguez, Clara Gayo, Alberto Huici, Cristina Ramos, Jordi Duran, Itziar Pascual, José Ramón Fernández, Manuel José Álvarez Novoa, Quico Cadaval, Juanjo Llorens, Monique Martínez Thomas, Sophie Proust, Ángela Monleón, Javiera Guillén y Enric Majó.

Gracias a Benjamín Alonso, Ignacio García, Eva Luna García-Mauriño, María Goiricelaya, Silvia Montesinos, Yoko Taira y Ana Zamora.

Gracias a Rakel Camacho, María Herrero, Edi Liccioli, Javier Mateo, Juan Mayorga, Amelia Ochandiano y Evaristo Sánchez.

Gracias a Paula Paz, Paco Mola y Marlene Michaelis.

Bibliografía

REferencias bibliográficas

Arendt, Hannah, *La condición humana,* Barcelona, Paidós, 1998.

Artekale, *Guía orientativa a las artes de calle (La calle y sus trucos)* (ilustraciones y diseño de Josune Urrutia Asua), Bilbao, Documento creado dentro de las 5.ªs Jornadas de Formación celebradas en Rentería en noviembre de 2021, 2022, págs. 2-4, 7-8.

Banu, Georges, *Les récits d'Horatio,* Arles, Actes Sud / Le Temps du Théâtre, 2021.

Delgado, Manuel, y Malet, Daniel, «El espacio público como ideología», *Jornadas Marx siglo XXI,* Logroño, Universidad de La Rioja, diciembre de 2007.

Duran i Roldós, Jordi, *Panorama de les arts de carrer a Europa: Experiència i estat de la qüestió (2011-2014),* trabajo final de máster, Lleida, Universitat de Lleida, 2015, págs. 5-7.

Font, Joan, «Fragilidad», *Primer Acto: Cuadernos de Investigación Teatral,* 343, 2012, págs. 98-99.

Habermas, Jürgen, *Historia y crítica de la opinión pública: la transformación estructural de la vida pública,* Barcelona, Gustavi Gili, 2012.

Herreros, Enrique, *Una lectura naturalista del teatro del absurdo,* Valencia, Crítica, 1996.

Ionesco, Eugène, «El humor negro contra la mixtificación», *Primer Acto,* 7, marzo-abril de 1959, págs. 63-64.

Jiménez, Sergio, y Ceballos, Enrique, *Técnicas y teoría de la dirección escénica,* México, Gaceta, 1985.

Lehmann, Hans-Thies, *Postdramatisches Theater, 1999.*

311

Martínez Valderas, Jara, y López Antuñano, José Gabriel, *El análisis de la escenificación,* Madrid, Fundamentos, 2021.

Mateo, Javier, *Los lenguajes teatrales. Géneros y estilos. Incidencia en la escena* (manuscrito no publicado), Murcia, Temario ESAD, 2020.

Medina Vicario, Manuel, *Los géneros dramáticos,* Madrid, Fundamentos, 2000.

Miquel, Jean-Pierre, *Propos sur la tragédie (essai),* Arles, Actes Sud, 1998.

Pavis, Patrice, *El análisis de los espectáculos,* Buenos Aires, Paidós, 2000.

Porter, Lisa, y Alcorn, Narda E., *Stage Management Theory as a Guide to Practice: Cultivating a Creative Approach,* Nueva York, Routledge, 2019 (accessible en https://doi.org/10.4324/9781351130837).

Vilanova, Manuel V., «Ágora ultrajada» (documento inédito), 2003.

— «Mercado callejero», *Primer Acto: Cuadernos de Investigación Teatral,* 343, 2012, págs. 118-119.

Webgrafía

Dunkelberg, Kevan, «Much Ado About the Assistant Director», *StageAgent* (blog), 6 de octubre de 2023 (accessible en https://stageagent.com/blog/much-ado-about-the-assistant-director).

Girvan, Anna, «So What Does an Assistant Director Actually Do?», *Whisper #6,* Royal Shakespeare Company, s.f. (accessible en https://www.rsc.org.uk/blogs/whispers-from-the-wings/so-what-does-an-assistant-director-actually-do).

Hernández Hierro, Ana, «La estética trágica en la tetralogía *La Sangre de las Promesas,* Wajdi Mouawad», *Investigartes, s.f.* (accesible en https://investigartes.com/la-estetica-tragica-en-la-tetralogia-la-sangre-de-las-promesas-wajdi-mouawadla-estetica-tragica-en-la-tetralogia/).

Julián, Miguel, «Pasar la gorra», *Fiestacultura,* 99, s.f. (accesible en https://fiestacultura.com/; consultado el 7 de febrero de 2025).

Moréas, Jean, *Manifeste du Symbolisme,* Biblioteca Virtual Miguel de Cervantes, s.f. (accesible en http://www.cervantesvirtual.com/obravisor/manifeste-du-symbolisme/html/).

Olguín, Damián, «George Meredith: la apoteosis de la comedia: Molière, una risa que dura ya cuatro siglos», *Liber,* 2022 (accesible en https://revista-liber.org/articulo/la-apoteosis-de-la-comedia-moliere-una-risa-que-dura-ya-cuatro-siglos).

Ostermeier, Thomas, «Dialogue entre Thomas Ostermeier et Denis Podalydès», *Le Monde,* 27 de septiembre de 2015 (accesible en https://www.lemonde.fr/festival/article/2015/09/02/dialogue-entre-thomas-ostermeier-et-denis-podalydes_47).

Outdoor Arts Portugal, *Outdoorarts.pt,* s.f. (accesible en https://www.outdoorarts.pt/; consultado el 25 de febrero de 2025).

Rodrigo Breto, Juan Carlos, «George Meredith: Ensayo sobre la comedia o el humor como progreso», *Achtung!,* 18 de enero de 2018 (accesible en https://achtungmag.com/ensayo-la-comedia-george-meredith-humor-progreso/).

Royal de Luxe, *royal-de-luxe.com,* s.f. (accessible en https://royal-de-luxe.com/es/; consultado el 22 de febrero de 2025).

Ruiz, Borja, «Site-specific Performance (1): El concepto y la diana», *Artezblai,* 23 de septiembre de 2019 (accessible en https://www.artezblai.com/site-especific-performance-1-el-concepto-y-la-diana/).

Sagaseta, José Emilio, «Site specific en teatro y artes», *Territorio Teatral. Revista digital,* 11, 2014 (dosier 2: Performatividades) (accesible en http://territorioteatral.org.ar/html.2/dossier/n11_2_04.html).

Teatroaccesible.com.

Bibliografía sugerida

Borja, Jordi, «Ciudadanía y espacio público», en P. Subirós (ed.), *Ciudad ideal, ciudad real,* Barcelona, Centre de Cultura Contemporània de Barcelona, 1998, págs. 43-58.

De la Parra, M. Ángeles, «La calle es el escenario», *Primer Acto: Cuadernos de Investigación Teatral,* 345, 2013, págs. 41-42.

Martínez Thomas, Monique, y Proust, Sophie, *La notation du travail théâtral: du manuscrit au numérique,* Carnières, Lansman, 2016.

Patea, *La mujer en las artes de calle: Informe para la proyección de las acciones de promoción de la igualdad entre mujeres y hombres, 2023-2025* (accesible en http://www.pateacalle.org).

Proust, Sophie, «Written Documents of the Assistant Director: A Record of Remaking», *Theatre Research International,* 33 (3), 289-306, Cambridge University Press, 2008.

— «Les écrits de l'assistant à la mise en scène», en A. Grésillon, M.-M. Mervant-Roux y D. Budor (eds.), *Genèses théâtrales,* París, CNRS Éditions, 2010, págs. 73-86.

— «Assistant à la mise en scène», «coach», «direction d'acteurs», «italienne», «répétitions», «souffleur», «techniques», en V. Amiel, G.-D. Farcy, S. Lucet y G. Sellier (dirs.), *Dictionnaire critique de l'acteur. Théâtre et cinéma,* Rennes, Presses Universitaires de Rennes, 2012.

— «La notation du travail théâtral aujourd'hui», en Monique Martínez Thomas y Sophie Proust, *La notation du travail théâtral: du manuscrit au numérique,* Carnières, Lansman, 2016, págs. 27-38.

SAUMELL VERGÉS, Mercè, *Teatro de calle (1960-2017),* Barcelona, Institut del Teatre, 2017.

SEGURA CELMA, Vicente, *Reguiduría: arte y técnica,* Madrid, La Avispa, 2004.

VILANOVA, Manuel, *Fiestacultura,* 101, s.f. (accessible en https://fiestacultura.com/; consultado el 7 de febrero de 2025).

Autoras

AINHOA AMESTOY (Madrid, 1977)

Licenciada en Dirección de Escena y Dramaturgia, y en Teoría de la Literatura y Literatura Comparada. Es doctora en Ciencias del Lenguaje y de la Literatura.

Ha trabajado como actriz con directores como Miguel Narros, Juan Carlos Pérez de la Fuente, Antonio Malonda y Paco Vidal. Entre sus direcciones destacan: *Los cuernos de don Friolera, Hablando (último aliento), Desengaños amorosos, Lope y sus Doroteas* y *Amor, amor, catástrofe*. Sus trabajos han sido vistos en España y en el extranjero (Ohio, Texas, Nueva York, Toulouse, Budapest, etc.). Ha recibido el Premio José María Rodero, el Premio ADE de Dirección y el Premio Ercilla, entre otros. Ha sido ayudante de dirección de profesionales como Mariano de Paco Serrano y Guillermo Heras.

Es profesora en la UCM, y ha trabajado en la RESAD y en universidades norteamericanas. Además, está vinculada al ITEM y al GLESOC. Ha realizado labores de gestión cultural para el Ayuntamiento de Madrid y el Ayuntamiento de Alcalá de Henares, y se ha encargado de *La noche de Max Estrella* (CBA). Ha ocupado el puesto de coordinadora artística en el CDN y ha sido miembro de su Consejo Asesor. Es directora residente en los Teatros del Canal y posee una productora teatral (Estival Producciones) desde el año 2005.

ANA BARCELÓ (Murcia, 1992)

Graduada en Dirección Escénica y Dramaturgia por la ESAD de Murcia y en Filosofía por la Universidad de Murcia, y máster en Creación Teatral por la Universidad Carlos III de Madrid (Matrícula de Honor).

Ha desarrollado su formación en distintos contextos de investigación y creación escénica, entre los que destacan la Scuola Cònia (Italia) con Claudia Castellucci, el Nuevo Teatro Fronterizo con José Sanchis Sinisterra y Aves Migratorias de Madrid con SleepWalk Collective (Centro Conde Duque). Asimismo, fue residente en el Teatro Español y en las Naves del Español en Matadero, dentro de su programa de formación en ayudantía de dirección.

Como directora y dramaturga ha realizado montajes como *Así que pasen cinco años,* Primer Premio CreaMurcia de Artes Escénicas; *Fuente Ovejuna, ¿quién mató al Comendador?,* Segundo Premio del Certamen de Teatro Clásico de Moratalaz, y *Apnea,* obra galardonada con el Accésit a Mejor Obra Teatral por Ediciones Mutis, además de otros reconocimientos. Paralelamente, ha desarrollado una amplia trayectoria como ayudante de dirección, trabajando en producciones del Teatro de La Abadía, Teatro Español, Teatro de la Zarzuela y Nave 10 Matadero, colaborando con directores y directoras como Juan Mayorga, Natalia Menéndez, Amelia Ochandiano, Rakel Camacho, María Herrero y el coreógrafo Israel Galván.

Ha participado en congresos y jornadas de investigación teatral, cuenta con publicaciones en revistas especializadas y ha sido beneficiaria de diversas becas y residencias de investigación, entre ellas la Beca de la Residencia de Estudiantes de Madrid y la Beca Toji Cultural Foundation y Acción Cultural Española en Corea del Sur con su proyecto *El último traductor.*

CRISTINA HERMIDA (Madrid, 1989)

Licenciada en Arquitectura Superior por la Universidad Politécnica de Madrid y titulada en el Máster de Creación Teatral de la Universidad Carlos III de Madrid con Matrícula de Honor.

En 2023 se le concede la beca de Residencias Artísticas de Ayudantes de Dirección de Escena del Teatro Español y Naves de Matadero, donde participa en los siguientes proyectos: *Psicosis 4.48,* de Sarah Kane, dirigida por Luz Arcas (La Phármaco); *Arder y no quemarse,* de José Padilla y Grumelot, dirigida por Íñigo Rodríguez-Claro; *Run baby Run,* de Fátima Delgado, dirigida por Jana Pacheco, y *Tan solo el fin del mundo,* de Jean Luc Lagarce, dirigida por Israel Elejalde. Además, en 2024 ha sido ayudante de dirección en el *Ciclo de Lecturas Francesas* dirigidas por Cristina Rojas, Gena Baamonde, Beatriz Jaén y Paula Amor en Naves de Matadero; y en 2025 de *¡Esta noche, gran velada!,* de Fermín Cabal, dirigida por Pilar Valenciano (Teatro Español).

En paralelo escribe y dirige proyectos propios, destacando *Rafa soy yo* (Ediciones Mutis, 2023), estrenado en el festival IMPARABLES 2022 (Nave 73) y Premio a Mejor Texto Dramático Extenso en el Festival Mutis 2023. Posteriormente escribe *En la ventana* (Continta me tienes, 2024), texto ganador del Premio de Textos Escénicos LEB-CTMT y actualmente en fase de preproducción.

En 2024 realiza la dramaturgia de *Enborrak,* en coautoría con Paula Gironi (Harreman teatro), estrenado en el Festival BAD 2024 y seleccionado en el 26.º Festival de Olite. Ese mismo año, su texto teatral breve *No tenemos ni puta idea* es publicado en el XIV volumen de la revista *El tamaño No Importa,* editada por la AAT y Ediciones Antígona.

En 2025, el Centro Navarro de Creación Punto Gunea le concede una Residencia de dramaturgia para el desarrollo de su obra *Esto debería estar vacío,* actualmente en fase de preproducción. Durante ese mismo año es seleccionada como residente de escritura dramática en la sala Beckett de Barcelona, donde comienza a escribir *Antártida,* su siguiente pieza.

Compagina su actividad teatral con la arquitectura y la escenografía. En este último ámbito ha sido ayudante de escenografía de Blanca Añón en *La casa de Bernarda Alba,* dirigida por Alfredo Sanzol (Teatro María Guerrero, 2024), y escenógrafa de *Añoranza y Siesta. Una utopía ibérica,* de Eva Mir, dirigida por Eva Carrera y Javier Hernández (Teatro Quique San Francisco, 2024)

Natalia Menéndez (Madrid, 1967)

Actriz, directora, dramaturga, pedagoga y gestora artística. Licenciada y máster en Teatro, en la rama de Dirección Escénica, por la Real Escuela Superior de Arte Dramático de Madrid (RESAD) y Diplomada Superior de Interpretación, también en la RESAD.

Ha realizado más de cuarenta direcciones escénicas en teatro, música, danza, zarzuela, ópera de cámara, tanto en España como en Colombia, Rusia o Uruguay, entre ellas: *El invierno bajo la mesa,* de Roland Topor; *El curioso impertinente,* de Guillén de Castro; *Las cuñadas,* de Michel Tremblay; *Tantas Voces,* de Pirandello; *2 Delirios,* de José Sanchis Sinisterra; *Realidad,* de Tom Stoppard; *Con el amor no se juega,* de Alfred de Musset; *La amante inglesa,* de Marguerite Duras; *Tebas Land,* de Sergio Blanco; *Mi niña niña mía,* de Amaranta Osorio e Itziar Pascual; *Tartufo, un impostor,* de Molière; *El pequeño poni,* de Paco Becerra; *Tres sombreros de copa,* de Mihura; *El vergonzoso en palacio,* de Tirso de Molina; *El salto de Darwin,* de Sergio Blanco; *La vida es sueño,* de Calderón de la Barca; *Queen Lear* y *Malquerida,* ambas de Juan Carlos Rubio y Natalia Menéndez; *Uz, el pueblo,* de Gabriel Calderón, o *El zoo de cristal,* de Tennessee Williams.

Ha sido ayudante de dirección de Jean-Pierre Miquel, Miguel Bosé o Juanjo Menéndez, entre otros.

Colabora años como dramaturga de danza junto a 10&10 Danza y otras compañías; fue la cocreadora junto a Israel Galván de la coreografía *Dream.*

Autora de las obras *Llevarnos lo malo* y *Querido Mozart,* la novela *Clic* o el libro de relatos *A voces.* Participa en la autoría con

Juan Carlos Rubio en obras como *Malquerida* o *Queen Lear*. Colabora en revistas teatrales tanto en España como en América Latina.

Versiona textos como *Tartufo, un impostor,* de Molière; realiza más de una docena de adaptaciones como *La cantante calva,* de Ionesco; *Se van los días,* de John Fosse, o *Las falsas confidencias,* de Marivaux.

Comenzó en 1987 su carrera profesional como actriz, faceta artística en la que posee una amplia experiencia en teatro, cine y televisión.

Es comisaria y directora artística de exposiciones tanto en Latinoamérica como en España. Imparte cursos, talleres y conferencias en Europa, América, África y Asia.

Entre 2010 y 2017 fue directora de la Fundación Festival Internacional de Teatro Clásico de Almagro, y de 2019 a 2023, la directora artística del Teatro Español y Naves del Español en Matadero, Madrid.

A lo largo de su trayectoria ha sido reconocida con galardones como los premios Ojo Crítico y Ágora del Festival de Almagro. Obtiene la medalla Celcit e ingresa en la Orden Civil de Alfonso X el Sabio, en la categoría de Encomienda. En 2020 recibe el rango de Chevalier de l'Ordre des Arts et des Lettres, Orden Ministerial de la República Francesa.

Valle del Saz (Toledo, 1994)

Licenciada en Filología Hispánica por la Universidad de Castilla-La Mancha. En 2017 cursó el Máster en Teatro y Artes Escénicas de la Universidad Complutense de Madrid. También es graduada en interpretación en el Laboratorio Teatral William Layton de Madrid. Su formación dramatúrgica se produce de la mano de profesionales como Antonio Rojano o José Padilla.

Completa su formación con maestros como Miguel del Arco, Mar Navarro, Fernanda Orazi, Shara Kane, Iñaki Ricarte o Joaquín Notario.

Comenzó su carrera en 2017 en la dirección artística de los Teatros del Canal. En 2022 fue becada en la segunda promoción de las Residencias Artísticas de Ayudantías de Dirección de Escena del Teatro Español. Allí trabajó en diversas producciones junto a directores como Pilar Valenciano, Raquel Alarcón, Laura Ortega y Francesco Carril, entre otros.

Ha sido ayudante de dirección de directoras como Natalia Menéndez o Beatriz Argüello. Actualmente trabaja como ayudante de dirección y producción en diversos teatros públicos y privados.

PILAR VALENCIANO (Madrid, 1971)

Formada en dirección escénica en la Real Escuela Superior de Madrid (2000-2005). Como directora destacan sus trabajos: *¡Esta noche, gran velada!,* de Fermín Cabal, estrenado en el Teatro Español de Madrid en 2025; *El perro del teniente de Benet i Jornet,* estrenado en Naves del Español en Matadero en 2024; *The taming of the shrew,* de W. Shakespeare, para la National School of Drama de Nueva Delhi en colaboración con el Instituto Cervantes, en 2018; *Pericles,* de W. Shakespeare, estrenado en el Festival de Clásicos de Alcalá en 2017; *Entremeses barrocos,* en la CNTC en 2011-2012; *La esclusa,* de Michel Azama, en 2012; *Don Juan Tenorio,* de Zorrilla, estrenado en el Círculo de Bellas Artes en 2009.

Como ayudante de dirección destacan sus trabajos en la Compañía Nacional de Teatro Clásico con directores como Eduardo Vasco, Ana Zamora, Natalia Menéndez, Carlos Aladro o J. Carlos Pérez de la Fuente, con el que realiza varias ayudantías además en Teatro Español y Centro Dramático Nacional, al igual que con Natalia Menéndez.

En la empresa privada es ayudante con compañías como Kamikaze teatro, Secuencia 3, Euroscena, Pérez de la Fuente Producciones, Noviembre Teatro y Mansfield S.A., con directores como Emilio Gutiérrez Caba, Israel Elejalde y Chema Cardeña.

Forma parte de los equipos de gestión y coordinación artística en la Compañía Nacional de Teatro Clásico en 2005-2011 y en Teatro Español y Naves del Español en Matadero en 2014-2016 y 2020-2023.

Nota al pliego de imágenes

Los planos de escenografía y pasada, así como el texto de la escena y los respectivos esquemas de movimiento, pertenecen al proyecto *¡Esta noche, gran velada!,* estrenado el 8 de abril de 2025 en la Sala Margarita Xirgu del Teatro Español.

Texto: Fermín Cabal. Dirección: Pilar Valenciano. Diseño de escenografía: Lua Quiroga. Ayudante de dirección: Cristina Hermida.

Autoría de los dibujos, ilustraciones y tablas: Cristina Hermida.